알고리즘,
생각을 조종하다

Mindmasters:
The Data-Driven Science of Predicting and Changing Human Behavior

Original work copyright © 2025 Harvard Business School Publishing Corporation
Published by arrangement with Harvard Business Review Press
Unauthorized duplication or distribution of this work constitutes copyright infringement.

이 책의 한국어판 저작권은 KCC에이전시를 통한 Harvard Business School Publishing Corporation사와의 독점계약으로 ㈜상상아카데미가 소유합니다.
저작권법에 의하여 한국 내에서 보호를 받는 저작물이므로 무단전재 및 복제를 금합니다.

알고리즘, 생각을 조종하다

1판 1쇄 펴냄 2025년 7월 31일

지은이 산드라 마츠
옮긴이 안진이
발행인 김병준·고세규
발행처 생각의힘
편집 박소연·정혜지 디자인 이소연·김경민 마케팅 김유정·신예은·최은규

등록 2011. 10. 27. 제406-2011-000127호
주소 서울시 마포구 독막로6길 11, 2, 3층
전화 편집 02)6925-4185, 영업 02)6925-4188 팩스 02)6925-4182
전자우편 tpbook1@tpbook.co.kr 홈페이지 www.tpbook.co.kr

* 책값은 뒤표지에 있습니다.
* 잘못된 책은 구입하신 서점에서 교환해 드립니다.

ISBN 979-11-94880-10-3 (03320)

[데이터는 어떻게 우리의 심리를 설계하는가]

알고리즘, 생각을 조종하다

산드라 마츠 지음
안진이 옮김

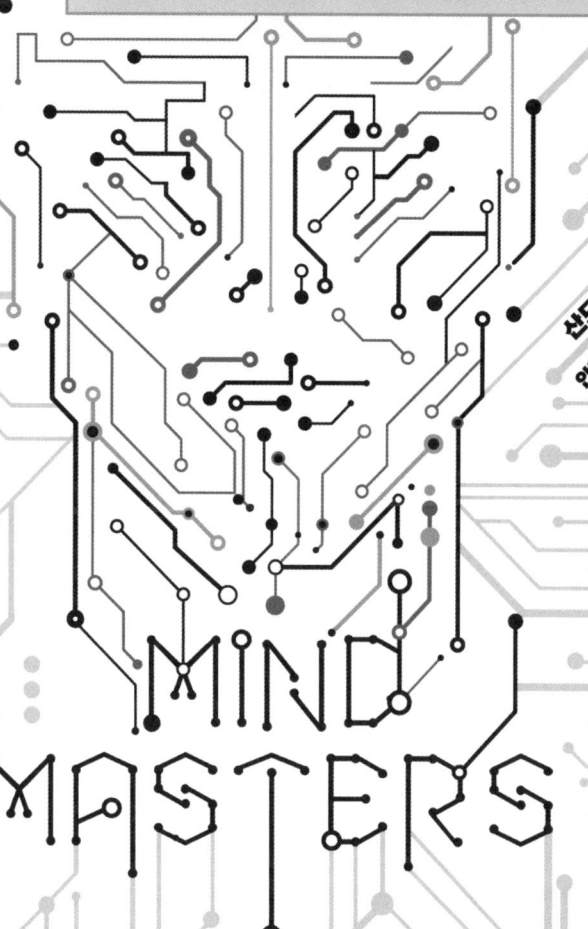

MIND MASTERS

생각의힘

일러두기

1. 단행본은 겹화살괄호(《》), 신문, 잡지, 영화, 방송 프로그램 등은 홑화살괄호(〈 〉)로 표기했다.
2. 옮긴이 주는 본문에서 각주로 표기했다. 미주는 출처를 밝힌 원서의 주이다.
3. 인명 등 외래어는 국립국어원의 표준어 규정 및 외래어 표기법을 따르되 일부는 관례와 원어 발음을 존중하여 그에 가깝게 표기했다.
4. 국내에 소개된 작품, 프로그램 등은 번역된 제목을 따랐고, 국내에 소개되지 않은 작품명은 독음대로 표기하거나 우리말로 옮겼다.
5. 동양인이지만 미국 등 서양에서 주로 활동한 경우 영어식 이름을 병기했다.

모런과 벤, 두 사람의 사랑과 웃음이 날마다 내 삶을
마법으로 채워주네요.

추천의 말

이 책은 인류 역사상 가장 흥미롭고도 두려운 발전 중 하나인 빅데이터가 우리를 우리 자신보다 더 잘 이해하게 된 능력을 다룬다. 저자는 빅데이터에 내재된 통찰과 위험성을 놀랍고 소름 끼치는 사례들로 보여주며, 사회 전체에 도움이 되는 방향으로 빅데이터를 활용할 수 있는 명확한 해결책까지 제시한다. 이 책은 흥미롭고, 도발적이며, 현명하고, 무엇보다 반드시 읽어야 할 중요한 책이다.

— 세스 스티븐스 다비도위츠 (《모두 거짓말을 한다》 저자)

디지털 발자국이 어디에 남고 누가 그것을 추적하고 있는지 궁금해 하거나 걱정해 본 적 있다면, 이 책이 그 모든 것을 말해줄 것이다. 저자는 빅데이터와 심리 프로파일링이라는 새로운 과학에서 누구보다 깊은 통찰을 지닌 학자다. 이 책에는 더 공정하고 안전하며, 모두가 행복할 수 있는 디지털 데이터 사회를 위한 구체적인 제안이 담겨 있다.

— 앤절라 더크워스 (《그릿》 저자)

이 책은 빅데이터의 힘에 대해 독보적으로 인간적인 관점을 제시하고 있다. 저자는 작은 마을에서 자란 자신의 개인적 서사와 혁신적인 심리 타깃팅 연구를 능숙하게 엮어낸다. 그 결과 알고리즘이 어떻게 우리의 정신세계에 침투하는지 보여주며, 우리가 어떻게 그 데이터 게임을 다시 설계하고 주도할 수 있는지 흥미진진하게 조망한다. 반드시 읽어야 한다!

— 댄 애리얼리(《미스빌리프》 저자)

흥미진진한 이 책은 알고리즘이 우리의 성격을 어떻게 예측하고, 행동을 어떻게 구성하는지, 그것이 왜 중요한지 보여준다. 재치 있고 쉽게 읽히며, 인간 본성에 대한 깊은 통찰로 가득하다. 디지털 시대, 이 새로운 흐름의 잠재력과 함정을 더 잘 이해하게 해줄 것이다.

— 케이티 밀크먼(《슈퍼 해빗》 저자)

개인정보를 넘기는 대가로 맞춤형 기술을 누리는 데 익숙해진 시대, 이 책은 디지털 발자국이 어떻게 해독되고 수익으로 전환되는지 조명하며, 우리가 그 통제권을 되찾기 위한 길을 제시한다.

— 〈파이낸셜 타임스〉

저자는 명확하고 설득력 있는 문체로, 데이터 기반 심리 타깃팅이 불러올 수 있는 위협을 우리가 얼마나 진지하게 받아들여야 하는지 시의적절하게 강조한다.

— 〈사이언스〉

눈이 번쩍 뜨이는 이 놀라운 데뷔작은, 인공지능이 인터넷 사용자들의 모든 행동을 좋든 나쁘든 감시하고 있다는 사실을 낱낱이 드러낸다.

— 〈퍼블리셔스 위클리〉

차례

추천의 말 6
한국어판 서문 디지털 세상에서 한국만이 해낼 수 있는 일 10
들어가는 말 심리 타깃팅을 역이용하라 14

1부
데이터는 심리를 들여다보는 창이다

1장 **SNS에 남긴 '좋아요'로 성격을 알 수 있을까?** 33
알고리즘이 죽마고우보다 나를 더 잘 알게 되는 이유

2장 **데이터는 정체성을 사냥하는 완벽한 장소다** 51
당신이 좋아하는 걸 말해주면 당신이 누구인지 말해주겠다

3장 **우리가 남긴 디지털 발자국을 추적하는 자들** 89
우리가 하는 모든 것이 데이터다

4장 **배고플 때는 성격도 달라진다** 115
상황(맥락)은 우리를 어떤 사람으로 만드는가

2부
심리 타깃팅은 흉기일까, 도구일까?

5장 **알고리즘으로 어디까지 조종할 수 있을까?** 133
심리 타깃팅의 원리와 놀라운 실험 결과

6장 심리 타깃팅을 우리에게 유리하게 사용하는 법 157
저축을 늘리고, 우울증을 개선하고, 민주주의를 확산하기

7장 개인정보는 어떻게 차별과 통제의 먹이가 되는가 191
우리가 잃게 되는 건 단지 사생활만이 아닌 이유

3부
데이터가 우리를 위해 일하게 하라

8장 모두가 개인정보를 보호하기에는 너무 바쁘다 215
데이터를 스스로 관리하면 문제가 해결될까?

9장 개인정보 보호와 편리한 서비스, 둘 다 잡는 법 229
취소 옵션과 등록 옵션, 그리고 연합 학습에 대해서

10장 개인정보 권력을 되찾으려고 모인 동맹군들 251
와인 협동조합에서 집합적 데이터 관리의 실마리를 얻다

나가는 말 통제권을 회복할 희망이 있다 267
감사의 말 270
부록 A 274
부록 B 277
주 281
찾아보기 289

한국어판 서문

디지털 세상에서 한국만이 해낼 수 있는 일

기술에 관한 책을 쓰는 것은 항상 위험한 작업이다. 거침없는 속도로 혁신이 이뤄지므로, 인쇄된 책이 독자의 손에 닿을 때쯤이면 내용이 시대에 뒤떨어졌다고 느낄 수도 있기 때문이다. 이 세계에서는 새로운 발명이 매주 이뤄진다. 하룻밤 사이 담론이 바뀌기도 한다. 처음에 미래지향적이라고 여겨지던 도구가 몇 달 만에 널리 알려진 도구가 된다. 하지만 이처럼 빠른 진화가 이뤄지는데도, 아니, 오히려 빠른 진화가 이뤄지기 때문에,《알고리즘, 생각을 조종하다》의 핵심 질문들은 이 책이 미국 출판 시장에 처음 출간되었을 때보다 더 시급하고 중요한 문제가 되었다.

《알고리즘, 생각을 조종하다》는 기술에 관한 책이 아니라 사람에 관한 책이다. 이 책은 우리의 일상을 결정하는 보이지 않는 아키텍처architecture를 탐구한다. 여기서 아키텍처란 우리가 생성하는 데이터, 그 데이터를 해석하는 알고리즘, 그리고 조용히 우리의 선택을 조종하는 시스템을 가리킨다. 무엇보다도 이 책은 알고리즘 의사 결정의 이면에 있는 인간의 경험을 이야기한다. 이 책은 '개인 데이터와 인공지능을 어떻게 활용해야 우리의 개성과 복잡성이 잘 살아날까'라는 질문을 던진다. 디지털 세상에서 기업과 개인이 모두 핵심 가치를 희생하지 않으면서 번창하려면 어떻게 해야 할까? 또 단순히 알고리즘의 피해를 방지하는 데 머물지 않고 적극적으로 편익을 극대화하는 과정에서 진보적인 규제, 첨단 기술, 새로운 형태의 공동체 기반 집단적 데이터 거버넌스는 어떤 역할을 할까?

내가 이 책의 원고를 출판사에 처음 전달했을 무렵 세계는 대규모 언어 모델의 힘을 조금 맛본 상태였다. 지금 우리가 '생성형 AI'라고 부르는 시스템은 아직 걸음마 단계였다. 그때 생성형 AI는 실수를 자주 했고, 유의미한 맥락을 잘 유지하지 못했으며, 기업 또는 사회의 핵심 작업 흐름에 통합되어 있지도 않았다. 생성형 AI의 출력값은 주로 텍스트 기반이었지만 그조차도 신기하게 여겨졌다.

지금은 풍경 자체가 달라졌다. 최신 AI 시스템은 완벽하지는 않아도 점점 많은 영역에서 인간과 경쟁하거나 심지어 인간을 능가한다. 최신 AI는 이제 화면 속 단어만이 아니라 이미지, 음성, 영상을 처리할 수 있는 멀티모달multimodal 시스템이며 자연어로 막힘없는 대화를 나눌 수 있다. 우리는 친구, 동료, 비서와 이야기하듯이 인공지능과 대화한다. 인공지능은 우리의 집과 일터, 일상생활에 녹아드는 중이다.

새로운 현실은 《알고리즘, 생각을 조종하다》에서 다루는 모든 것을 더 강력하게 한다. AI 시스템은 인간을 이해하고, 인간에게 봉사하고, 인간의 권한을 키울 전례 없는 기회를 제공하는 한편, 몇 배나 커진 감시와 조작과 비인간화의 위험을 야기한다. AI의 활용 범위와 성능이 확대될수록 AI를 현명한 방향으로 이끌 우리의 책임도 커진다.

그래서 리더십이 그 어느 때보다 중요한 시기다. 이 책에서 나는 기술사학자 멜빈 크란츠버그Melvin Kranzberg의 유명한 말을 인용한다. "기술은 좋은 것도 나쁜 것도 아니며 중립적인 것도 아니다." 기술의 성능에 가속도가 붙고 있는 지금 세상에서는 이 문장의 마지막 부분이 특히 중요하다. 기술의 영향력은 기술을 설계하고 배포하고 규제하고 활용하는 사람들, 즉 우리에게 달려 있다.

우리에게는 세심한 규제를 통해 개개인의 권리와 혁신의 균형을 맞추는 정책 입안자들이 필요하다. 기술을 오직 이윤을 위한 도구로만 보지 않고 인류의 번영을 위한 수단으로 바라보는 기업가들도 필요하다. 그리고 우리 각자가 소비자와 시민으로서 의식적으로 참여해야 한다. 우리는 호기심을 품고 정보를 획득하면서 적극적인 태도로 우리가 사는 디지털 세상을 만들어가야 한다.

이렇게 앞으로 나아가는 길을 개척하고 있는 모든 나라 중에서 한국은 단연 눈에 띈다. 한국이 도입한 데이터 보호와 AI 규제의 일부는 세계에서 가장 진보적이다. 한국은 제도적 신뢰, 수준 높은 기술, 혁신에 열려 있는 문화라는 보기 드문 조합의 혜택을 누리고 있다. 그래서 한국은 디지털 세상에서 시민들을 보호하는 데서는 물론이고 데이터와 AI를 공익적으로 활용하는 방법을 선도적으로 보여줄 수 있는 독특하고 유망한 지위를 가진다.

《알고리즘, 생각을 조종하다》가 여러분에게 영감과 실용적인 통찰을 모두 제공하기를 바라며, 앞으로 펼쳐질 이야기에 바로 여러분, 한국의 독자들이 등장하기를 바란다. 여러분이 정책 입안자든, 기술 개발자든, 기업 경영인이든, 또는 그저 미래 사회의 모습이 어떨지 궁금한 사람이든 간에 각자의 역할이 있다. 내 생각을 공유할 수 있어서 영광이며, 이 책에 담긴 아이디어를 바탕으로 여러분이 어떤 방향으로 나아갈지 기대가 된다.

이번 한국어판은 내게 특별한 의미가 있다. 나는 우리에게 가족 같은 존재가 된 민희를 딸로 두신 김 씨 부부께 이 책을 헌정하고 싶다. 민희를 통해 우리는 한국의 따뜻함과 강인함, 연대의 정신을 알게 되고 사랑하게 되었다. 그런 취지에서 이 책을 여러분에게 권한다.

감사합니다.[i]

---

[i] 이 인사말은 저자가 한국어로 썼다.

들어가는 말

심리 타깃팅을 역이용하라

나는 몇 주 전부터 오토바이를 타게 해달라고 남자친구를 졸랐다. 스즈키 밴디트 600. 윤기가 흐르는 진한 빨강. 아름다운 녀석이었다. 우리는 함께 오토바이에 올라 모험을 떠나는 걸 좋아했다. 내가 어린 시절을 보낸 작은 마을을 둘러싼 산들의 휘어진 길을 따라 올라가고, 구불구불한 시골 도로를 달렸다. 하지만 나는 오토바이 뒤에 타는 것이 싫증이 났다. 운전석에 앉고 싶었다.

마침내 남자친구가 한번 타보라고 했을 때, 나는 근처의 버려진 군용 비행장을 찾아냈다. 남자친구의 설명은 간단했다. "우선 오토바이에 앉아봐. 네가 앞에, 내가 뒤에 타는 거야. 그리고 나서 가르쳐줄게." 나는 황홀했지만 떨리기도 했다. 고작 열다섯 살이고 면허증도 없었으니까. "걱정 마." 남자친구가 나를 안심시켰다. "네 뒤에 내가 있어."

다음에 벌어진 일은 정확히 기억나지 않는다. 비행장 옆 잔디밭에 둘이서 나뒹굴었던 기억은 난다. 오토바이를 도로 빼내려다 내가 실수로 손잡이를 틀어서 클러치가 빠졌을 것이다.

몇 초 후, 마치 말이 앞발을 들어올리는 것처럼 오토바이의 앞바퀴가 공중으로 솟구쳤다. 남자친구는 뒤쪽으로 튕겨져 나갔고("네 뒤에 내가 있어"의 결말이었다), 나는 오토바이 다루는 법을 전혀 모르는 상태로 질주를 시작했다.

생각할 틈도 없이 오토바이 손잡이를 밀고 당기면서 균형을 잡으려고 애썼다. 한없이 길게 느껴지던 순간이었다. 왼쪽, 오른쪽, 다시 왼쪽으로 갔다가 한쪽으로 팍 쓰러져 1미터쯤 미끄러져 가다가 멈췄다.

우리는 운이 좋았다. 둘 다 다친 데가 없었다. 사고를 목격한 사람도 없었다. 문제는 우리가 낯선 곳에 있었고 오토바이는 시동이 걸리지 않았다는 것이다.

어떤 선택이 가능한지 생각해 보고 나서, 잔디밭에 앉아 마음을 진정시켰다. 심호흡을 하고 나서 스마트폰의 통화 버튼을 눌렀다. 마음 한편으로는 아무도 안 받았으면 했다. 신호음이 울릴 때마다 심장이 점점 크게 뛰고 마음이 불안해졌다. 그냥 끊어버릴까 하는 순간 아빠가 전화를 받았다.

"여보세요, 아빠… 음… 오토바이 사고가 났어요. 걱정은 마세요. 천천히 가고 있었거든요. 우리 둘 다 괜찮아요."

"네가 운전하다 그랬지?"

나는 부모님과 심각한 대화를 나눴고(놀랍게도 부모님은 화를 내지 않으셨다) 오토바이 수리비는 내가 지불하기로 했다. 꼬박 1년 동안 개인 과외로 벌어들인 돈이 날아갔다. 괴로웠지만 그게 다가 아니었다.

우리가 동네 수리점에 오토바이를 맡기자마자 내가 사고를 냈다는 소식이 온 마을에 들불처럼 퍼져나갔다. 그건 더할 나위 없이 좋은 이야깃거리였다. 내가 열다섯 살이고 무면허였기 때문만은 아니었다. 하필 나는 그 동네 경찰관의 딸이었다.

숨을 곳은 없었다. 다음 날 스쿨버스를 타러 가는데, 길 건너편에 사는 베르너 아저씨가 손짓으로 나를 부르더니 괜찮냐고 물으셨다. 아저씨도 사고 소식을 들은 것이었다. 나는 10분 동안 붙잡혀서 아저씨가 10대 때 사고 쳤던 이야기를 들었다.

우리 집 근처에 살던 바우어 아주머니는 집 앞마당에서 잡초를 뽑다가 나를 보고 고개를 절레절레 흔들었다. '네가 어떻게 그렇게 무모한 행동을 했니? 똑똑한 아이인 줄 알았는데.' 오토바이 사고는 이제 나만의 흑역사가 아니었다. 내게 일어난 일을 모든 사람이, **정말로 모든 사람이** 알고 있었다.

시골 마을의 역설

푀기스하임Vögisheim에 오신 걸 환영합니다! 독일의 남서쪽 끝에 있는 작은 마을 푀기스하임은 예쁜 포도밭과 들판과 구릉으로 둘러싸여 있다. 인구는 500명, 식당은 두 개, 교회는 한 개, 상점은 없다.

나는 푀기스하임에서 태어나고 자랐다. 우리 엄마, 엄마의 엄마, 그 엄마의 엄마도 그랬다. 나는 인생의 첫 18년을 그곳에서 보냈는데, 번화한 장소의 자극을 갈망하던 10대 시절에는 그 18년이 영원처럼 느껴졌다. 푀기스하임은 내가 처음으로 말을 하고 걸음을 내딛었던 곳이고, 처음으로 사랑에 빠지고, 처음으로 실연을 경험하고, 세계여행을 떠나겠다고 결심한 곳이고, 결국에는 심리학 공부를 시작했던 곳이다.

다른 시골 마을과 마찬가지로 푀기스하임에 살던 다른 주민들 499명은 내 오토바이 사고 외에도 많은 걸 알았다. 그들은 내 삶의 온갖 사소한 일을 다 알았다. 그들은 내가 라몬즈Ramones라는 밴드의 노래를 즐겨 듣는다는 것, 내가 주말 저녁에 동네의 해적 테마 레스토랑에 자주 놀러간다는 것, 내가 지리 선생님을 못 견디게 싫어한다는 것을 알았다.

그런 사소한 일들만 알려져 있었다면 침해당하는 느낌이 들지는 않았을 것이다. 하지만 동네 사람들은 마치 내가 인간 퍼즐이라도 되는 것처럼 내 존재의 조각들을 짜맞춰 내 내면세계를 그림으로 그려냈다. 내 희망, 내 걱정, 내 꿈, 내 야심을 구석구석 그려냈다. 그들은 진짜로 나를 아는 것 같았다. 그래서 그들은 시골 마을 이웃들의 특기를 발휘해서 내가 원하든 원하지 않든 조언을 해주고 내 사생활에 간섭했다.

그건 내게 두 가지를 의미했다. 한편으로는 나를 이해하는 사람들로 이뤄진 공동체의 지지를 받는 느낌이었다. 마을 사람들은 내가 큰 꿈을 품은 아이라서 마을 바깥의 삶을 갈망한다는 것을 알고 있었다. 그래서 내가 고등학교를 졸업한 후 진로를 결정할 시점이 됐을 때 마을 사람들은 기꺼이 조언을 해주고 기회를 제공했다.

내 이력서를 자기 친구들에게 전달하기도 하고, 갭이어gap year[i]가 옳은 선택인지 결정하는 데도 도움을 주었다.

한편으로 나는 마을 공동체에 내가 다 노출되어 있고 조종당한다는 느낌을 받았다. 내가 거절을 잘 못한다는 건 공공연한 비밀이었다. 그래서 뭔가를 부탁하려는 사람들에게 나는 쉬운 표적이었다. 다른 집으로 이사한다고요? 산드라에게 부탁하세요. 클럽에서 집까지 누가 태워다 줘야 한다고요? 산드라에게 물어봐요(물론 오토바이로 이동하진 말아야겠죠). 다른 사람들이 지켜보는 가운데 자랐다는 것은 축복인 동시에 저주였다.

마을에서 세상으로

나는 고등학교를 졸업한 후에 푀기스하임을 떠났다. 지금은 뉴욕에 살면서 컬럼비아대학교에서 교수로 일하고 있다. 그때의 생활과 지금의 생활은 낮과 밤만큼이나 다르다. 지금 나는 이웃을 잘 모르고 지낸다. 그들도 나를 알지 못한다. 복도에서 마주치면 서로 인사를 나누지만, 그들은 내가 무슨 일을 하는지도 모른다. 그들은 내 친구와 가족을 모른다. 그리고 당연히 그들은 내 마음속 깊은 곳의 소망이나 걱정을 알지 못한다.

하지만 반드시 작은 시골 마을에 살지 않아도 누군가가 내 모든 발걸음과 모든 선택을 지켜볼 수 있다. 우리 모두에게는 **디지털**

---

[i] 고등학교 졸업 후 대학교 생활을 시작하기 전에 일하거나 여행하면서 보내는 1년을 말한다.

이웃이 있기 때문이다.

　내 이웃인 예순 살의 클라우스 씨가 현실에서 디지털 세계로 옮겨와서 데이터 크롤링data-crawling을 한다고 생각해 보자. 그는 내 페이스북 메시지를 보고, 내가 어떤 뉴스를 읽고 엑스X, Twitter에서 공유하는지 지켜보고, 내 신용카드 구매 내역을 수집하고, 내 스마트폰의 GPS 센서로 내 위치를 추적하고, 미국 전역에 설치된 공공 카메라 약 5,000만 대를 활용해 내 얼굴 표정과 일상적인 만남을 기록한다.

　세월이 흐르면서 시골 마을의 이웃들이 전문가 수준으로 나를 엿보고 조종하게 됐던 것처럼, 컴퓨터는 평범하고 무의미해 보이는 **우리의 행동**에 대한 정보들을 해석해서 **우리가 어떤 사람인지** 속속들이 파악하고 최종적으로는 **우리가 했으면 하는 행동**을 처방할 수도 있다.

　이처럼 심리적 특성에 대한 예측을 토대로 사람들의 생각, 감정, 행동에 영향을 미치는 과정을 나는 심리 타깃팅psychological targeting이라 부른다. 그리고 나는 심리 타깃팅을 연구하고 실행한 지 10년이 넘었다.

　나는 동료들과 함께 머신러닝과 AI를 활용해서 컴퓨터로 인간을 내밀하게 파악하는 원리를 담은 논문을 여러 편 발표했다. 어떤 심리적 특성이나 데이터를 선택하는지는 중요하지 않다. 예를 들어 알고리즘은 내 스마트폰의 마이크나 카메라에 침투해서 내가 신이 났는지, 슬픈지, 사람들과 잘 어울리는지 아닌지, 불안한지 아닌지를 알아낸다. 소셜 미디어 게시물을 보고 내 소득을 예측할 수도 있다. GPS로 내 위치를 추적해서 내가 우울증 또는 조현병에 걸릴 확률이 높은지 낮은지를 알아낼 수도 있다.

하지만 여기까지는 이야기의 절반에 불과하다. 나는 연구를 할 때마다 "그래서 뭐?"라는 질문을 던졌다. 컴퓨터가 인간 심리를 들여다보고 겉으로 드러나는 행동의 기저에 무엇이 자리하는지 알아낼 수 있다는 것이 무슨 의미가 있는데? 그게 보통 사람들에게 어떤 의미가 있을까? 사회 전체에 어떤 의미가 있을까? 심리 타깃팅이 나쁜 의도로 사용되면 강력한 무기가 될 수 있다는 점은 상상력을 조금만 발휘하면 이해할 수 있다.

청소년기에 나는 자존감이 낮아서 힘들었다. 그때는 그저 소속감을 원했고 남들이 나를 좋아해 주기만을 바랐다. 하지만 인기 있는 사람은 내가 아니라 나와 제일 친한 친구였다. 나는 마을 사람들에게 내 자신감 부족을 숨기고 오만해 보이기도 하는 표정을 드러내는 데 익숙해졌다. 바깥에서 보는 나는 강하고 자신만만한 아이였다. 속으로는 나 자신을 믿지 못했다. 그런 감정은 내 일기장에만 털어놓았다.

만약 내가 오늘날의 10대라면 구글에서 조언을 구할 것이다. "인기를 끌려면 어떻게 해야 하죠?" "자존감을 높이려면 어떻게 해야 할까요?" 이런 질문들이 내 검색 기록에 쌓일 것이고, 그렇게 생성된 프로필은 내게 불리하게 이용될 가능성이 있다. 2017년 페이스북은 10대 청소년의 우울증 유무를 예측해서 그 정보를 광고주에게 판매한 혐의로 기소됐다.[1] 불안하고 힘들어하는 10대 청소년들만큼 쉬운 표적이 어디 있겠는가. 우울한 이야기다.

하지만 조금 더 긍정적인 시각으로 바라보자. 심리 타깃팅을 이용해서 수많은 사람이 더 건강하고 행복하게 살도록 해줄 수 있다면? 예를 들어 지금까지 내 연구는 대학교 중퇴자를 예측해서 예방하고, 저소득층이 돈에 대해 더 나은 결정을 하도록 돕고, 우울증의 초기 징후를 감지하는 데 활용됐다.

그렇다. 내가 '우울한 이야기'라며 페이스북을 비난했던 바로 그 일이 진정한 기회가 될 수도 있다. 전 세계에서 우울증에 시달리는 사람만 2억 8,000만 명이고, 해마다 자살하는 사람이 100만 명쯤 된다. 살인과 테러와 자연재해로 발생하는 사망자 수를 모두 합친 것보다 많은 사람이 우울증으로 죽어가고 있다.

이 수치가 특히 안타까운 이유는 우울증은 치료가 가능한 질병이기 때문이다. 문제는 사람들이 우울증 진단을 받지 않는다는 것이다. 진단을 받더라도 너무 늦을 때가 많다. 계곡의 밑바닥에서 다시 올라가려고 하면 하강 국면의 초기에 올라가는 것보다 훨씬 힘들다.

사람들을 광고주에게 팔아넘기는 대신 사람들의 정신 건강 프로필 정보를 활용해서 조기 경보 시스템을 구축하면 어떨까? 우울증을 앓고 있는 다른 사람들에게서 발견되는 패턴과 유사한 행동 변화가 나타날 때 GPS 기록이나 트위터가 본인에게 알려준다면? 그러면 우울증 증상을 조기에(임상적 우울증으로 발전하기 전에) 발견할 수 있고, 개별화된 조언이나 지원을 제공할 수도 있다.

어떤 사람이 친구들과 대화하는 횟수가 줄었거나 집 안에서 보내는 시간이 부쩍 많아진 것이 감지된다고 치자. 친구 몇 명에게 연락을 해보거나 가까운 공원에서 시간을 보내라고 권유하면 좋지 않을까? 그리고 필요하다면 상담이 가능한 해당 지역의 심리치료사 몇 명의 연락처도 알려주면 어떨까?

정신 건강의 결과에 대한 예측과 개선은 심리 타깃팅의 힘을 보여주는 많은 사례 중 하나일 뿐이다. 심리 타깃팅으로 교육을 더 재미있게 하고, 사람들의 운동 목표 달성을 돕고, 정치적 분열을 넘어 건설적인 대화를 촉진할 수도 있다.

연구자가 되고 나서 나는 줄곧 개인 데이터를 분석하는 일의 위험성과 가능성 사이에서 다소 무력감을 느끼며 길을 잃었다. 나는 기술이 애초의 약속을 지키지 못하고 인류에게 해를 입힌다고 주장하는 기술 비관론자 진영에 속했을까? 아니면 기술이 인간을 더 나은 존재가 되게 해줄 밝은 미래를 믿는 기술 낙관론자 진영에 있었을까?

나는 종종 위선자가 된 기분이었다. 새로운 발견에 흥분하면서도, 이런 발견이 나쁜 사람의 손에 들어가면 끔찍한 결과로 이어질 수 있다는 생각에 마음이 불편했다. 그리고 반대로 심리 프로파일링의 위험을 언론에 알리면서도, 심리 프로파일링의 잠재력을 믿고 있는 학생들과 업계 동료들의 등에 칼을 꽂는 일이 될까 봐 걱정스러웠다.

크리스마스에 고향 마을을 방문한 후에야(그리고 따뜻하게 데운 와인을 여러 잔 마신 후에야) 현재 내 갈등과 어린 시절 그 마을에서 내가 했던 경험이 흡사하다는 생각이 들었다. 나는 자유로워지려는 욕구와 공동체가 제공하는 것에 감사한 마음 사이에서 끊임없이 갈등하고 있었다. 이 비유는 생각하면 생각할수록(그때 술에 취해 있지는 않았다) 선명하고 확실해졌다.

내가 연구하는 것은 인류가 오랫동안 경험한 갈등의 새로운 양상이었다. 우리는 사생활의 얼마나 많은 부분을 주변 사람들에게 기꺼이(그리고 기분 좋게) 공개하려고 할까? 우리는 집단이 제공하는 안정감과 힘을 얻으려고 우리의 사생활과 자율성을 어디까지 포기하려고 할까?

그 모든 건 힘으로 귀결된다. 마을 사람들이 내가 모두의 기분을 맞추는 사람이라는 사실을 알았기 때문에 잡일을 내게 쉽게 떠넘겼던 것과 마찬가지로, 우리의 심리적 요구와 선호, 동기를 누군가가 알게 되면 그 누군가는 우리를 움직이는 힘을 갖게 된다. 그 힘은 우리의 의견과 감정, 궁극적으로는 행동에도 영향을 미친다. 그게 좋은 일일 때도 있고 나쁜 일일 때도 있다.

하지만 시골 마을에서 살면서 나는 적어도 승패의 일부는 나 자신에게 달려 있다는 것을 배웠다. 내 삶의 모든 것을 마음대로 한 적은 없지만 삶의 기복을 헤쳐나갈 수는 있었다. 어릴 때는 마을이 어떻게 돌아가는지 전혀 몰랐지만, 시간이 가면서 내가 어떤 시스템 안에 있는지 알게 됐다. 사람들의 의도를 이해하고, 누가 누구와 대화를 나누는지 파악하고, 누구에게 안심하고 이야기를 해도 되는지 알게 됐다.

게임의 법칙을 이해하고 내가 그 게임에서 무엇을 얻고 싶은지 명확히 하고 나니 내게 유리하게 게임을 할 수 있었다. 갑자기 내가 잃는 것보다 얻는 것이 많아졌다.

디지털 마을에 대해서도 똑같은 노력, 아니 그 이상의 노력을 기울여야 한다. 우리는 현재의 데이터 생태계를 지배하는 플레이어들을 이해하고, 그들이 우리의 개인 데이터를 우리에게 유리하도록 또는 불리하도록 사용하는 원리를 알고, 우리가 주도권을 가지려면 필요한 지렛대가 무엇인지 알아야 한다. 하지만 게임을 잘하는 것만으로는 충분하지 않다. 우리는 게임을 재설계해야 한다.

데이터 게임을 재설계하자

지금까지 나는 오늘날의 데이터 중심 세계에서 우리가 느끼는 갈등이 2,000년 전 우리 조상들이 겪었던 갈등이나 내가 고향 마을에서 겪었던 갈등과 같다고 주장했다. 하지만 꼭 그렇지는 않다.

나는 고향 마을 사람들(그리고 흥미로운 소문을 찾는 그분들의 옆 동네 친구들)의 눈길에 노출되어 있었지만, 오늘날 우리의 디지털 행동은 전 세계에 우리를 노출시킨다. 게임의 규칙이 바뀌었다.

나는 시골 마을에서 자랐기 때문에 이웃들이 나에 대해 많은 것을 알고 있었다. 하지만 나 역시 그들에 대해 많은 것을 알고 있었다. 정말이다. 나는 누가 알코올 중독으로 고생하는지, 누구의 결혼 생활이 불행한지, 누가 세금을 탈루하는지 다 알고 있었다. 우리는 동등한 위치에서 게임을 했다. 우리 모두 대가를 치렀고, 우리 모두 혜택을 받았다.

오늘날의 데이터 게임은 전혀 다르다. 규칙은 불투명하고 경기장은 심하게 기울어져 있다. 소수의 개인과 조직이 우리 다수에 대해 굉장히 많은 것을 알고 있으며 그 정보로 막대한 이익을 누린다. 그 거래에서 우리가 얻는 것(예를 들어 검색 엔진과 소셜 미디어를 무료로 사용하는 것)도 있지만, 우리를 그렇게 열심히 추적하는 개인과 조직에 대해 우리는 그들만큼 모른다.

디지털 마을에서 우리가 참여하는 게임은 약간 다른 규칙이 있겠지만, 우리에게 유리하도록 카드를 쌓기 위한 최선의 출발점은 동일하다. 우선 우리는 심리 타깃팅과 같은 새로운 예측 기술로 무엇을 할 수 있는지 알아야 하며, 그 기술을 어떻게 활용해야 사회의 번영에 도움이 되고 어떻게 하면 도움이 안 되는지 집단적으로 결정해야 한다. 다음으로 심리 타깃팅의 긍정적 측면을 배가해 심리 타깃팅이 우리에게 해를 끼치는 것이 아니라 우리에게 도움이 되는 시스템을 설계해야 한다.

이 책은 바로 그걸 해보자는 제안이다. 이 책은 심리 타깃팅에 대해 사실에 근거해서 자세한 토론을 해보자는 초대장이다. 2016년 미국 대통령 선거에 개입했다는 의혹을 받은 '케임브리지 애널리티카Cambridge Analytica 사건'(5장에서 자세히 다룰 예정이다)과 같은 사례들이 대중에게 알려지면서 이 주제에 대한 공론의 장에 많은 정보를 제공했다.

이 책의 목표는 장막을 걷어내고 서사와 사실을 분리해 심리 타깃팅에 대한 과학적 설명을 제공하는 것이다. 그러기 위해 책을 세 부분으로 나누고, 각 부분에서 전체 프로세스의 중요한 퍼즐 조각 하나씩을 다루려고 한다.

1부에서는 컴퓨터로 우리의 디지털 발자국을 해석해서 우리가 어떤 사람인지 세밀하게 예측하는 원리를 알아본다. 우리의 성격, 성적 취향, 정치적 이념, 정신 건강, 도덕적 가치관 등은 모두 컴퓨터로 예측할 수 있다. 우리가 의도적으로 공유한 정체성(예를 들어 페이스북의 '좋아요', 소셜 미디어 게시물, 사진)과 사소한 행동 흔적(예를 들어 구글 검색 기록, 신용카드 데이터, GPS 기록)의 세계로 들어가는 순간 우리의 정신세계를 들여다보는 디지털 창이 열린다. 또한 1부에서는 특정 시점에 우리의 정체성에 대한 정보를 흘리고 다니는 맥락적 단서의 역할에 대해서도 살펴본다.

나는 블랙박스를 열고 우리 연구진이 오랫동안 구축한 AI 기반 예측 모델의 내부를 독자에게 보여주려 한다. 그걸 보면 아주 복잡한 수식이 없어도 우리의 온라인 행동을 우리 내면의 정체성으로 변환할 수 있다는 사실을 알게 된다.

컴퓨터가 반드시 사용자의 행동을 심리 프로필로 변환해야만 사용자를 속속들이 알고 사용자의 선택에 개입하는 것은 아니다. 이 책의 뒷부분에서 설명할 많은 잠재적 혜택과 위험은 개인 데이터 사용에 더 광범위하게 적용된다. 하지만 케임브리지 애널리티카 같은 사건이 대중의 상상력을 자극한 이유는 우리가 지극히 인간적인 방식으로 우리의 데이터와 교감하게 해주기 때문이다. 우리는 우리 자신을 소비 기록, GPS로 추적한 경도 및 위도 좌표, 구글 검색 기록의 조합으로 생각하지 않는다. 우리는 우리 자신이 외향적인 사람 또는 내향적인 사람이라고 생각하고, 자유주의자 또는 보수주의자라고 생각하고, 협력 또는 경쟁을 잘하는 사람이라고 생각한다.

2부에서는 1부에서 얻은 통찰을 바탕으로 "그래서?"라는 흥미로운 질문을 탐구한다. 우리가 왜 심리 타깃팅과 같은 기술의 확산에 관심을 보여야 할까? 알고리즘이 수많은 사람의 내면세계를 해독하고 그들의 사고방식과 감정과 행동을 바꿀 수 있다는 것이 우리에게, 그리고 사회 전체에 어떤 의미가 있을까? 우리는 걱정해야 할까, 기뻐해야 할까?

나는 우리가 걱정도 하고 기뻐하기도 해야 한다고 주장할 것이다. 기술의 역사를 연구하는 멜빈 크란츠버그의 유명한 말처럼 "기술은 좋은 것도 나쁜 것도 아니며 중립적인 것도 아니다."[2] 똑같은 메커니즘을 활용해서 정반대의 목표를 달성할 수도 있다. 사용자의 심리를 이용해서 필요 없는 제품을 구매하도록 유도할 수도 있지만, 어려운 날에 대비해 저축을 늘리도록 유도할 수도 있다. 사용자의 정서적 취약점을 이용해서 이익을 취할 수도 있지만 사용자가 취약점을 극복하도록 도울 수도 있다. 사용자의 기존 세계관을 강화할 수도 있지만, 세계관을 확장하도록 권장하고 지원할 수도 있다.

심리 타깃팅의 영향은 궁극적으로 우리 자신과 우리 자신이 하는 선택에 달려 있다. 최악의 경우 심리 타깃팅은 우리를 조종하고, 착취하고, 차별한다. 최상의 경우 심리 타깃팅은 우리와 상호작용하고, 우리를 교육하고, 우리의 권한을 키워준다.

생성형 AI를 비롯한 첨단 AI 기술을 활용해 초개인화 콘텐츠를 제작하고 타깃팅하기가 어느 때보다 쉬워지는 지금, 우리에게는 심리 타깃팅이 제공하는 기회를 확대하는 동시에 그 위험을 완화하는 방법에 대한 명확한 비전이 필요하다. 이것이 이 책의 3부에 담긴 내용이다. 데이터 게임을 어떻게 재설계해야 우리 모두에게 더 나은 미래를 만들 수 있을까?

그런 미래를 만들려면 우리가 마을로 돌아가야 한다는 것이 내 주장이다. 진짜로 시골 마을로 가자는 이야기는 아니다. 짐을 챙겨서 아이들을 데리고 푀기스하임 같은 곳으로 이사할 필요는 없다. 내가 말하는 마을이란 개인 데이터 관리를 위해 작은 마을처럼 설계된 공동체를 가리킨다. 데이터 신탁 또는 데이터 협동조합으로 불리는 이런 공동체는 구성원들에게 최선의 이익이 되도록 행동할 법적 의무(예를 들어 신탁 의무)가 있다.

오늘날의 데이터 환경은 지나치게 복잡해서 개인정보를 지키는 싸움을 혼자 해낼 수가 없다. 시골 마을에서 게임하던 시절에는 내가 나 자신을 지킬 수 있었을지 모르지만 오늘날의 글로벌한 경기장에서는 어림도 없다. 우리 모두 그렇다. 개인 데이터를 혼자 관리할 정도의 지식, 시간, 에너지가 있는 사람은 없다.

우리에게는 동맹군이 필요하다. 비슷한 관심사와 같은 목표가 있기에 마음이 통하는 사람들이 필요하다. 예를 들어 임산부들은 안전한 임신을 위한 최적의 영양 정보를 얻으려고 서로의 의료 및 생체 데이터를 공유할 수 있다. 교육자들은 효과적인 교육 전략을 개발하려고 각자의 교실에서 얻은 성과 데이터를 공유할 수 있다.

시골 마을의 이웃과 달리 디지털 동맹군은 우리와 같은 지역에 살지 않아도 된다. 그 문제는 기술이 해결해 준다(나중에 자세히 설명하겠지만 기술은 그 외에도 많은 문제를 해결해 준다). 세계에 약 80억에 달하는 사람이 살기 때문에, 언젠가는 우리와 같은 고민과 가치관이 있는 사람을 찾을 수 있다.

내 제안은 단순히 옛날 시골 마을의 방식으로 돌아가자는 것이 아니다. 새로운 문제가 등장할 때마다 이미 검증된 해결책을 변형해서 사용하자는 것도 아니다. 오늘날 우리가 온라인에서 하는 게임은 내가 푀기스하임에서 했던 게임과 다르기 때문에 해결책도 다르다. 좋은 소식은 우리가 이 문제를 잘 해결한다면 일거양득도 가능하다는 것이다. 다른 사람들을 우리 삶에 받아들일 때의 혜택은 누리면서 우리의 프라이버시와 자기결정권을 잃지 않을 수도 있다.

이 책은 데이터와 기술을 중심으로 이야기를 전개하지만, 그

핵심은 인간 경험을 탐구하는 것이다. 이 책은 우리가 드러내는 것과 숨기는 것을 동시에 원하고, 다른 사람을 우리 삶에 들어오게 할 때 얻는 것과 잃는 것이 있으며, 심리 타깃팅 같은 새로운 기술이 사회계약의 재검토를 요구한다고 이야기한다. 이 책은 내가 배운 것을 당신과 공유하려는 시도인 동시에 당신을 대화에 초대하려는 시도다. 게임을 재설계하는 일에 동참해 준다면 고맙겠다.

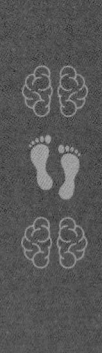

1부

데이터는 심리를
들여다보는 창이다

- ☐ 디지털 발자국과 행동 잔여물로 당신이 누구인지 알 수 있을까?
- ☐ SNS에 남긴 워드 클라우드로 정신 건강과 소득 수준을 알 수 있을까?
- ☐ 정부와 기업은 우리가 남긴 데이터로 무엇을 하려고 할까?
- ☐ 생김새로 외향형인지, 내향형인지 알 수 있을까?
- ☐ 장소가 바뀌면 우리의 성격도 바뀔까?

1장

SNS에 남긴 '좋아요'로 성격을 알 수 있을까?

월요일 아침 8시. 여느 때와 마찬가지로, 알람이 아니라 반려견 밀루가 내 얼굴을 핥는 소리에 잠에서 깨어난다(조금 지저분하긴 하다). 밀루를 한 번 안아주고 옆으로 밀어낸 다음 스마트폰으로 손을 뻗는다. 왓츠앱 WhatsApp[i]과 페이스북을 확인하고, 이메일을 훑은 다음, CNN에 올라온 최신 뉴스를 본다. 밀루를 데리고 산책을 나가기 전에 핏빗 Fitbit[ii]을 착용한다. 하루 목표치 1만 보를 달성하려면 한 걸음도 놓칠 수 없으니까. 밀루의 목줄에 핏빗을 채워주고 싶은 유혹이 들지만 참는다. 나를 이상하게 보지 마시라. 내 친구인 앨리스 문 Alice Moon의 조사에 따르면 편법으로 걸음 수를 늘리는 사람은 나

---

i   메타에서 운영하는 인스턴트 메신저 앱.
ii   걸음 수, 심박수, 수면 시간, 수면의 질 등을 측정할 수 있는 스마트워치.

만이 아니다.

밀루와 내가 산책을 하려고 교정에 나가면 밀루는 목줄을 풀고 뛰어다니며 일찍 일어난 학생들을 귀찮게 한다. 그러면 학생들은 밀루를 반갑게 안아준다.

집에서 간단히 샤워한 후 스마트폰과 지갑을 챙겨서 출근한다. 모퉁이를 돌면 나오는 가게에서 녹차 라떼와 크루아상을 산다. 오전 9시 직전, 사무실에 도착한다.

한 시간도 채 지나지 않았는데 나는 디지털 발자국 수백만 개를 생성했다. 세계 어딘가에 있는 서버에는 내가 주고받은 메시지(수신: 조카들의 귀여운 사진, 발신: 밀루의 귀여운 사진), 내가 집에서 페이스북에 접속했다는 사실, CNN 웹사이트에서 약 10분 동안 기사 다섯 개를 읽었다는 사실, 맨해튼의 컬럼비아대학교 교정에서 약 2,000보를 걷고 별로 건강하지 않은 아침식사를 했다는 디지털 기록이 있다.

게다가 내 스마트폰의 센서는 내가 오전 8시부터 신체 활동을 시작했다고 기록하고 내 GPS 위치를 계속 추적했다. 길모퉁이, 가게 앞, 엘리베이터 안에 설치된 카메라는 내 모습을 수집했으므로 내가 몇 시에 어디에 있었는지, 내가 혼자였는지 아니면 누구와 함께였는지, 내가 행복해 보였는지 아니었는지(오전 8시에 내가 행복해 보이는 일은 거의 없다)를 정확히 알려준다.

나 같은 평균적인 사람은 한 시간에 데이터를 약 6기가바이트 생성한다.[1] 한 시간마다! 평생 동안 축적되는 데이터를 다 저장하려면 USB 드라이브가 몇 개나 필요할지 상상해 보라. 나 한 사람의 데이터만 따져도 그렇다.

현재 세계에는 데이터 약 149제타바이트(149,000,000,000,000,000 바이트)가 존재하며, 그 수는 매년 두 배로 늘어난다. 그 모든 데이터를 CD-ROM에 저장하고 수직으로 쌓아 올리면 달까지 가고도 한참 남는다. 실제로 어떤 사람들은 오늘날 디지털 데이터 조각의 수가 광활한 우주의 별만큼 많다고 한다. 낭만적이지 않은가?

이 모든 데이터는 우리가 어떤 사람인지 알려주는 퍼즐의 작은 조각이다. 예를 들어 내 스포티파이 재생 목록을 보면 내가 테크노 음악과 테일러 스위프트Taglor Swift를 좋아한다는 것이 드러난다. 내 신용카드 사용 내역을 보면 내가 여행을 좋아한다는 것이 드러난다. 그리고 내 GPS 기록을 보면 내가 공원에서 오래 산책하기를 좋아한다는 것이 드러난다.

이런 데이터 조각들은 따로 떼어놓고 보면 별 의미가 없다. 퍼즐을 맞출 때와 마찬가지로, 처음에는 서로 연결되지 않은 혼돈의 더미가 있다. 하지만 조각을 맞추기 시작하면 서서히 그림 전체가 보이고 그 의미가 이해된다. 데이터도 똑같다. 우리가 남긴 디지털 발자국들을 연결하면 우리의 개인적인 습관과 기호, 필요와 동기에 대한 풍부한 그림이 나온다. 간단히 말해서 우리의 심리가 파악된다.

배우자보다 나를 잘 아는 인터넷

2015년 〈파이낸셜 타임스〉에 도발적인 제목의 기사가 실렸다. "페이스북이 배우자보다 나를 잘 안다." 디스토피아 공상과학 소설의 첫 문장 같다고? 아니다. 케임브리지대학교의 내 예전 동료들이

발표한 과학적 연구의 결과다.[2]

심리학자 요요 우$_{Youyou Wu}$의 연구진은 사람들의 페이스북 '좋아요'를 성격 프로필로 변환하는 일련의 머신러닝 모델을 구축했다. 그 결과는 놀라웠다. 어떤 사용자의 페이스북 프로필에서 '좋아요'를 단 10개만 관찰했는데도 그 모델은 사용자의 성격을 직장 동료들보다 잘 파악했다. '좋아요' 65개를 분석했을 때는 친구들보다 사용자를 더 잘 알았다. '좋아요' 120개는? 가족보다 사용자를 더 잘 알았다. 300개로 늘리면? 배우자보다 더 잘 알았다.

동료들에게 실험 결과를 처음 들었을 때만 해도 나는 그들이 실수했을 것이라고 확신했다(처음에는 그들도 그렇게 생각했다). '분명히 코드에 오류가 있었을 거야.'

그런데 오류는 없었다. 내 동료들이 옳았다. 7년이 지난 지금도 나는 동료들의 발견에 놀라움을 금치 못한다. 우리가 배우자를 '내 반쪽'이라고 부르는 데는 이유가 있다. 배우자는 우리에 대해 오랜 세월 동안 쌓인 데이터가 있다. 그들은 매일 우리와 함께 삶을 계획하고, 경험하고, 살아간다. 그런데도 컴퓨터가 불과 페이스북 '좋아요' 300개 정도에 접근할 수 있다는 이유로 우리를 배우자와 똑같이, 혹은 배우자보다 잘 안다니.

이것에 비하면 내 고향 마을 사람들의 정보력은 아무것도 아니다. 마을 사람들 중 호기심이 제일 많은 사람조차도 양질의 데이터에 접근할 수 있는 중간 정도 실력의 컴퓨터 전문가나 엔지니어보다 나에 대해 적게 알고 있다. 오늘날에는 부모님 집 지하실에 틀어박힌 열다섯 살짜리 아이가 마을 사람들을 전부 합친 것보다 나에 대해 많은 걸 알아낼 수도 있다.

컴퓨터는 어떻게 그렇게 염탐 능력이 뛰어날까? 컴퓨터는 어떻게 방대하고 체계도 없는 디지털 발자국의 바다를 분석해서 그 뒤에 숨은 사람의 모습을 그려낼까? 간단하게 대답하면 '컴퓨터는 관찰하고 학습'하기 때문이다.(그렇다, 뻔한 이야기다. 그래서 그걸 '머신러닝'이라 부른다). 지금부터 이 과정을 설명하기 위해 컴퓨터나 알고리즘과 무관한 예를 들겠다. 내 주인공은 닭이다. 정확히 말하면 병아리지만.

쉽게 알아보는 머신러닝의 원리

섹싱 sexing 이라는 단어를 들어본 적 있는가? 걱정 마시라. 섹싱은 직장에서 사용해도 괜찮은 용어니까. 섹싱은 '성 감별'을 뜻한다. 병아리의 섹싱은 암평아리와 수평아리를 구분하는 작업이다. 대규모 상업용 양계장에서는 병아리들이 태어난 직후에 가치가 높은 암평아리를 분리해 내려고 섹싱을 한다.

암평아리는 달걀 생산에 사용되지만, 양계장의 불필요한 비용을 줄이려고 수평아리는 보통 도살한다(갑자기 채식주의자가 되는 것도 나쁘지 않겠다는 생각이 든다).

성 감별은 '성 감별사 sexer'라 불리는 숙련된 인력의 몫이다. 감별사는 병아리 꽁무니의 구멍을 검사해서 그 병아리가 암컷인지 수컷인지 몇 초 안에 판단해야 한다(이 과정을 '구멍 섹싱'이라고 부른다).

병아리 성 감별은 쉬운 업무가 아니다. 갓 태어난 병아리의 생식기는 육안으로 구별하기가 거의 불가능하며, 예외가 너무 많아서 경험 많은 감별사들도 자신들의 의사결정 과정을 설명하기가 사실상 불가능하다. 그들은 오랜 훈련 끝에 그냥 안다. 그러면 그들은 맨 처음에 수평아리와 암평아리를 구별하는 법을 어떻게 배울까? 시행착오를 거치며 배운다.

당신이 대형 양계장에서 감별사로 일을 시작했다고 상상해 보라. 출근 첫날이고, 새로운 일을 시작하게 되어 마음이 설렌다. 그러나 병아리 성 감별의 신비를 알려주는 안내서도 없고, 50쪽 분량의 보고서도 없고, 파워포인트 자료도 없다. 그 대신 당신은 바로 옆에 서서 조용히 지켜보는 숙련된 병아리 감별사 한 명과 팀을 이룬다.

당신이 첫 번째 병아리를 들어 올려 꽁무니를 살펴본다. 물론 봐도 모른다. 출근 첫날이고 병아리 꽁무니에 대한 당신의 경험은… 적다고 해두자.

당신은 어깨를 으쓱하며 병아리를 암컷 통에 넣는다. 선배 감별사가 "맞아요"라고 말한다. 성공이다. 다음 병아리를 집어 들고 잠시 살펴본 후 수컷 통에 넣는다. 선배가 "아니에요"라고 말한다.

출근 첫날은 별로 만족스럽지 않을 것이다. 당신이 올바른 선택을 할 확률은 50퍼센트(동전 던지기의 확률)보다 조금 높을 것이다. 하지만 선배 감별사와 함께 시행착오 게임을 몇 주 동안 진행하다 보면 병아리 암수를 제대로 구별할 수 있도록 당신의 뇌가 훈련될 것이다. 그러면 당신은 섹싱 장인이다! 선배 감별사와 마찬가지로 당신도 의사결정에 적용되는 복잡한 규칙을 말로 설명하지는 못하겠지만, 그럼에도 불구하고 당신은 그 규칙을 내면화했다.

컴퓨터도 똑같이 시행착오를 거쳐 학습한다. 컴퓨터에 많은 예제를 던져주고, 컴퓨터의 예측이 옳았는지 틀렸는지 피드백으로 제공한다. 그러면 알고리즘은 입력값(병아리 꽁무니 또는 페이스북의 '좋아요' 모음)이 출력값(병아리의 성별 또는 사용자의 성격 특성)과 어떻게 연관되는지 점진적으로 학습한다.

당신의 페이스북 '좋아요'에 오스카 와일드Oscar Wilde, 레오나르도 다빈치, 플라톤에 대한 콘텐츠가 포함되어 있는가? 그렇다면 당신은 지적 호기심이 많고 열린 마음을 지닌 사람일 것이다. 회계, 마이캘린더MyCalendar,[i] 국가의 법 집행에 관심이 있는가? 그렇다면 당신은 체계적이고 책임감 있는 사람일 가능성이 높다.

시행착오 게임을 거치는 데이터가 많을수록 컴퓨터는 정보에 의거한 추측을 매우 정확한 예측으로 잘 바꾼다. 내 동료들이 인간과 기계의 대결 실험을 진행했을 때 했던 일이 바로 그것이다. 그들은 1만 8,000명이 넘는 페이스북 사용자에게서 대규모 데이터세트를 수집하고 그들의 '좋아요'를 그들이 스스로 쓴 성격 프로필과 결합한 후 몇 줄의 코드를 작성해 시행착오 학습 과정을 자동화했다(요즘엔 이런 간단한 작업은 사용자 친화적인 상용 소프트웨어로 처리할 수 있다).

다음 몇 개의 장을 통해 나는 당신에게 다양한 유형의 디지털 발자국을 보여주고 그 디지털 발자국이 개인의 정체성을 얼마나 많이 알려주는지 이야기하려 한다. 디지털 발자국 중 일부는 소셜 미디어 프로필처럼 의도적으로 만들어지며(2장), 일부는 스마트폰에서 추출한 GPS 기록처럼 기술과 상호작용하면서 생기는 부산물이

---

i 달력 및 일정 관리 앱.

다(3장).

하지만 모든 디지털 발자국에는 한 가지 공통점이 있다. 디지털 발자국은 사용자의 심리를 들여다보는 흥미로운 창을 제공한다. 육안으로 보이는 범위를 넘어, 사용자가 어떤 사람인지 결정하는 정체성의 여러 측면들을 보여준다. 정치적 이념, 성적 지향, 사회경제적 지위, 정신 건강, 인지능력, 개인적 가치관으로 이뤄진 세계로 함께 떠나보자.

하지만 우리가 함께하는 시간의 대부분은 성격 특성의 세계에서 보내게 될 것이다. 내 연구를 비롯해 현재 진행 중인 연구의 대부분은 그 세계에 있다. 또한 그 세계는 대중의 관심과 비판을 가장 많이 받는 곳이기도 하다(케임브리지 애널리티카를 생각해 보라).

성격은 워낙 인기 있는 목적지이기 때문에, 이 책에서 성격에 대해 무슨 이야기를 할지 당신에게 미리 밝히고 싶다. 지금부터 공유할 내용은 염탐의 달인이 되고 싶은 사람을 위한 단기 강좌와 비슷하다(성격에 대해 잘 아는 독자들은 1장을 건너뛰고 2장으로 바로 가도 된다).

5대 성격 특성

당신도 성격이 사람의 일상적인 행동과 사회적 상호작용을 결정한다는 점을 직관적으로는 알고 있을 것이다. 내가 어릴 때 다녔던 학교에서는, 베라는 파티광인 반면 나는 친구들 모두가 춤추며 놀고 있는 밤 11시에 집에 가버리는 괴짜라고 알려져 있었다.

우리 마을에서는 정육점 주인이 자주 화내는 건 충동적이고 짜증을 잘 내는 성격 탓이라고 다들 이야기했다. 그리고 대학교 시절에는 모든 사람이 앤이라는 친구가 승부욕이 강해서 변호사로 성공할 것이라고 예상했다.

이런 식의 성격 이론은 우리가 사회적 세계를 탐색하는 데는 도움이 되지만, 대부분은 암묵적이고 정의가 느슨하다. 성격 이론으로는 어떤 사람이 짜증을 잘 내는 이유를 온전히 설명하지 못할 수도 있다. 우리가 사용하는 용어에 일관성이 없을 수도 있다. 우리는 똑같은 행동을 가리켜 때로는 충동적이라고 표현하고 때로는 심술궂다거나 화를 낸다고 표현한다.

초보적인 성격 이론과 달리, 과학적 성격 모델은 사람들이 생각하고, 느끼고, 행동하는 방식이 서로 어떻게 다른지 설명하는 구조화된 접근법을 제공한다. 과학적 성격 모델은 개인의 복잡한 정체성을 온전히 설명하기보다는 사람들 대부분이 어떤지에 대한 실용적인 근사치를 제공한다.

예를 들어 성격 테스트를 해보면 내 학창시절 친구 베라가 매우 외향적이라는 결과가 나올 것이다. 하지만 베라가 사람들과 이야기를 나누려고 파티에 가는 사람인지, 아니면 그냥 춤을 추려고 파티에 가는 사람인지, 아니면 둘 다인지는 성격 테스트로 알아낼 수 없다.

과학적 성격 모델은 높은 수준의 일관성과 비교 가능성을 위해 아주 정밀한 분석은 포기한다. 그래서 과학적 성격 모델로 베라의 정체성에 대한 온갖 미묘한 사항까지 이해할 수는 없다. 하지만 베라의 성격을 다른 사람들의 성격과 직접 비교할 수는 있다.

가장 널리 알려진 과학적 성격 모델은 '5대 성격 특성'이다.[3]

이 모델은 경험에 대한 개방성Openness, 성실성Conscientiousness, 외향성 Extroversion, 우호성Agreeableness, 불안정성Neuroticism의 다섯 가지 특성의 영문 첫 글자를 따서 OCEAN 모델로도 불린다. 잠시 후에 간단한 성격 테스트를 해볼 기회를 제공하겠다. 염탐의 달인이 되는 여정을 시작하기 전에 각자의 성격 프로필을 알아보자.

하지만 먼저 다섯 가지 특성에 색깔을 조금 입혀보겠다. 표 1-1에 요약된 내용을 봐도 된다.

표 1-1 | 5대 성격 특성 요약

성격 특성	낮음	높음
개방성	실용적이다, 현실적이다, 전통적이다, 보수적이다, 익숙한 것을 선호한다	상상력이 풍부하다, 호기심 많다, 독창적이다, 예술·아름다움·미학을 좋아한다, 마음이 열려 있다
성실성	유연하다, 느긋하다, 정리를 못한다, 신뢰할 수 없다, 즉흥적이다	체계적이다, 책임감이 강하다, 목표지향적이다, 꼼꼼하다, 자제력이 강하다
외향성	침착하다, 조용하다, 내향적이다, 신중하다, 혼자 있기를 좋아한다	사교적이다, 말이 많다, 활기차다, 열정적이다, 적극적이다
우호성	비판적이다, 직설적이다, 회의적이다, 경쟁심이 강하다, 독립적이다	동정심 많다, 협력에 능하다, 사람을 잘 믿는다, 이타적이다, 외교적이다
불안정성	차분하다, 정서가 건강하다, 회복력이 좋다, 자신감 있다, 안정감 있다	불안하다, 감정적이다, 예민하다, 초조하다, 스트레스를 잘 받는다

출처: 제럴드 매슈스Gerald Matthews, 이언 J. 디어리Ian J. Deary, 마사 C. 화이트먼Martha C. Whiteman, ≪성격 특성 Personality Traits≫(케임브리지대학교 출판사, 2003)

경험에 대한 개방성: 피카소 특성

'경험에 대한 개방성'(또는 개방성)은 관습적인 것보다 새로운 것을 선호하는 정도를 나타낸다. 개방성 점수가 높은 사람은 지적 호기심이 많고, 아름다움에 민감하며, 개인주의적이고, 상상력이 풍부하며, 틀에 얽매이지 않는다. 이들은 철학적 토론에 참여하고, 세계를 여행하고, 새로운 맛집을 탐험하고, 박물관을 방문하고, 시를 쓰고, 그림을 그린다.

반면 개방성에서 낮은 점수를 받은 사람들은 현실적이고 보수적인 가치관(정치적 가치관 포함)이 있다. 이들은 새롭고 낯선 장소로 여행을 떠난다는 생각에 들뜨기보다는 자기가 원래 좋아하던 호텔로 패키지 여행을 한 번 더 가고 싶어한다.

스페인의 유명한 화가, 조각가, 판화가, 도예가, 무대 디자이너, 시인, 극작가인 파블로 피카소Pablo Picasso는 개방적인 성격의 훌륭한 예다. 20세기의 재능 있는 예술가이자 영감을 주는 인물로 인정받는 피카소는 화가로 활동하는 기간 내내 다양한 표현법을 실험했으며 당대의 어떤 예술가보다 참신한 예술 양식(예를 들어 콜라주 기법과 입체파 운동)을 탄생시켰다. "다른 사람들은 지금 있는 것을 보고 '왜'냐고 물었지만, 나는 가능성을 보고 '왜 안 되느냐'고 물었다"라는 말은 피카소의 지적 호기심, 새로움에 대한 선호, 예술적 흥미를 완벽하게 보여준다. 이런 모습들은 개방성이라는 성격 특성을 나타낸다.

성실성: 앙겔라 메르켈 특성

성실성은 사람들이 삶에서 체계적인 접근법 또는 유연한 접근법을 선호하는 정도를 나타낸다. 성실성은 충동을 통제하고, 조절하고, 지시하는 방식을 표현한다.

성실성에서 높은 점수를 받은 사람들은 체계적이고, 책임감 있고, 완벽주의자고, 효율적이다. 규칙을 잘 따르고, 유혹에 잘 넘어가지 않고, 일정을 고수하는 경향이 있다. 그리고 이들은 질서를 사랑한다. 모든 것이 제자리에 있어야 하고 모든 것이 완벽해야 한다.

반대로 성실성 점수가 낮은 사람들은 즉흥적이고 충동적이며 부주의하고 주의력이 부족하거나 정리를 잘 못한다. 이들은 성취에 크게 신경 쓰지 않는 대신 편안하고 즉흥적인 방식으로 삶을 살아간다. 마지막 순간까지 기다렸다가 시험 공부를 하거나, 공항으로 가는 길에 휴가 계획을 세우기도 한다. 그리고 알다시피, 이들은 친구의 생일이나 자신의 결혼기념일도 늘 잊어버린다.

어떤 사람들은 성실성을 독일인의 특성이라고 말한다. 독일인이라고 하면 정리를 철저히 하는 완벽주의자 이미지가 떠오르기 때문일 것이다. 양말을 색깔별로 정리하고 책을 알파벳 순서로 꽂아 두는 그런 사람. 그래서 나는 성실성을 앙겔라 메르켈Angela Merkel 특성이라고 부른다. 메르켈은 항상 완벽하게 준비되어 있는 든든한 사람이다(안타깝지만 이 특성이 모든 독일인에게 적용되는 건 아니다).

외향성: 레이디 가가 특성

외향성은 사람들과 어울리기를 즐기고 흥분과 자극을 추구하는 특성이다. 외향성의 징표는 자기 혼자 있으면서 편안함을 느끼기보다 외부 세계와 활발하게 교류한다는 것이다.

외향성 점수가 높은 사람은 활기차고, 적극적이며, 말이 많고, 사교적이고, 외향적이고, 열정적인 사람으로 묘사된다. 그들은 사람을 좋아한다. 아니, 사람을 '사랑'한다. 이런 사람들은 사교 모임에서 많이 볼 수 있다. 사교적인 자리에서 이들은 관심을 집중시키고 사람들을 즐겁게 해주려고 노력한다. 이들은 매력적이고 늘 활기차고 긍정적이다(이들 스스로 그런 이야기를 기꺼이 들려줄 것이다).

반대로 외향성 점수가 낮은 사람은 차분하고 조용하며 남들과 교류를 많이 하지 않는다. 이들은 외향적인 사람들보다 자기만의 시간을 소중히 여기며 내면을 더 많이 성찰한다. 혼자만의 생각과 공상에 빠져들 수 있는데 무엇 때문에 다른 사람에게 시간과 에너지를 낭비하겠는가?

외향성의 정수를 가장 잘 보여주는 유명인은 가수 레이디 가가 Lady Gaga 라고 생각한다(적어도 그가 공개적으로 보여주는 페르소나는 그렇다. 아쉽게도 내가 그를 직접 만나본 적은 없다). 독특한 가수인 레이디 가가는 극도로 외향적이고 에너지가 넘친다. 레이디 가가의 의상은 전설적이며 가능한 한 많은 관심을 끌려고 디자인됐다.

우호성: 테레사 수녀 특성

우호성은 사회적 협력과 화합에 대한 욕구를 반영하며, 의견을 표시하고 관계를 유지하는 방식에 대한 통찰을 제공한다. 우호성 점수가 높은 사람들은 일반적으로 타인을 신뢰하고, 마음이 약하고, 관대하고 따뜻하다. 이들은 사회적 화합을 대단히 중시하기 때문에 항상 대립을 피하고 불쾌감이나 모욕을 주지 않으려고 최선을 다하며, 타인을 위해 개인적인 희생을 감수할(예를 들어 기부나 자원봉사로) 준비가 되어 있다.

반대로 우호성 점수가 낮은 사람들은 승부욕과 자신감이 강하고 고집이 세며 공격적이다. 뭔가 마음에 들지 않거나, 바꿔야 한다고 생각할 때 거리낌 없이 의견을 말한다.

대중의 상상력을 사로잡은 우호성의 상징 중 하나로 테레사 수녀Mother Teresa가 있다. 테레사 수녀는 이타적이고 관대하며 따뜻한 사람으로서 사회의 가장 취약한 구성원들을 도우려고 수녀회를 설립했다. 테레사 수녀는 이타주의와 친절의 상징이다. 그의 자선 단체는 에이즈HIV, AIDS, 한센병, 결핵으로 죽어가는 환자들에게 집을 제공했으며 오늘날에는 무료 급식소와 이동 진료소를 후원하고 학교와 보육원을 운영한다.

불안정성: 피글렛 특성

마지막으로 불안정성(역은 정서안정성이라고 한다)은 사람들이 부정적인 감정을 경험하는 정도를 나타낸다. 삶의 압력에 편안하게 대처하고 반응하는 정도라고 생각하면 된다.

불안정성 점수가 높은 사람은 불안하고 초조하고 변덕스럽다. 사소한 문제에도 짜증을 내고 걱정을 많이 한다. 내가 병에 걸리지는 않을까? 나는 해고를 당하게 될까? 지하철을 타는 것이 안전할까?

반대로 불안정성 점수가 낮은 사람은 감정이 안정적이고 낙관적이며 자신감이 넘친다. 이들은 일반적으로 느긋하고 스트레스를 잘 받지 않는다. 지하철을 놓쳤다? 상사에게서 수수께끼 같은 이메일을 받았다? 가족을 초대했다? 정서가 안정된 사람들은 흔들림 없이 일을 처리해 나간다.

불안정성의 상징은 내가 좋아하는 가상 캐릭터 중 하나인 피글렛이다. 어린 돼지인 피글렛은 곰돌이 푸의 가장 친한 친구 중 하나다. 디즈니 만화영화에서 피글렛은 말을 더듬고, 끊임없이 긴장하며, 바람과 어둠을 두려워한다. 겁을 집어먹으면 귀를 씰룩거리기 시작한다. 피글렛은 상황이 잘못될 수 있는 온갖 가능성을 생각한다. 그러고 나면 머릿속에 온갖 부정적인 생각을 떠올리면서 최악의 시나리오에서 다음 최악의 시나리오로 넘어간다.

...

우리 정체성은 이 성격 특성들의 특정한 조합으로 결정된다. 이것을 성격 프로필이라고 한다. 다시 레이디 가가를 생각해 보자. 나는 그를 외향성의 상징으로 소개했지만 그는 개방성 점수도 높다. 그리고 외향성과 개방성은 본래 독립적이지 않으며 서로 영향을 주고받는다. 예를 들어 레이디 가가가 외향적이고 주목받는 걸 좋아하지 않는다면 화려하고 파격적인 의상을 이용해 개방성을 표현할 가능성은 매우 낮다.

개방적이지만 다소 내성적인 사람을 상상해 보라. 그런 사람이 떠오르는가? 내 머릿속에 맨 먼저 떠오르는 사람은 대학원에 같이 다녔던 어떤 여성이다. 그는 매우 개방적이었지만 극도로 내성적이기도 했다. 당신도 상상할 수 있겠지만 그는 화려한 옷을 즐겨 입지는 않았다. 대신 박물관에 가는 걸 좋아하고 고전문학을 탐독했다.

내 성격은?

이제 당신 자신에게 주의를 돌려보자. 5대 성격 테스트를 한 번도 안 해봤다면 지금부터 몇 분만 투자해서 해보기를 권한다. 이 책의 나머지 부분이 훨씬 흥미롭고 유익해질 것이다. 이 책의 공식 웹사이트 www.mindmasters.ai/mypersonality를 방문하거나 책의 마지막에 있는 부록 A에서 종이와 연필로 간단하게 테스트를 해볼 수 있다.

질문에 답하고 결과를 해석할 때 주의할 점 하나. 본질적으로 좋은 특성과 나쁜 특성은 없다. 다섯 가지 성격 특성 각각에 대해 점수가 높을 때와 낮을 때의 고유한 장점과 단점이 있다.

예를 들어 당신은 높은 우호성(타인을 신뢰하고 돌봐주는 경향)을 좋은 특성으로 간주하고 싶을지도 모른다. 친절하고 타인을 신뢰하는 성향은 삶의 일부 측면(예를 들어 인간관계나 팀워크)에서는 확실히 유리하다. 하지만 우호성이 지나치게 높다는 것은 속아 넘어가기 쉽다거나, 기회주의적이거나, 단호하지 못한 것일 수도 있다.

낮은 우호성(예를 들어 비판적이고 승부욕이 강한 성격)은 친구를 많이 사귀는 데는 도움이 안 되겠지만, 까다로운 결정을 내려야 하거나 경쟁 환경에서 주도권을 잡아야 할 때는 중요한 역할을 한다. 불안정성도 마찬가지다. 불안하고 취약한 사람으로 보이기를 원하는 사람은 거의 없다. 정서가 불안하다면 확실히 건강에 좋지 않은 영향을 미치겠지만, 정서 불안정은 뛰어난 혁신 능력이나 천재성과 결부될 때가 많다. 특히 불안정성이 높은 수준의 개방성과 합쳐질 때는 큰 힘을 발휘할 수도 있다. 애플의 창업자 스티브 잡스 Steve Jobs를 생각해 보라. 불안정성이 심하다고 알려진 잡스는 약간 괴팍한 성격과 자신의 감정을 잘 파악하는 능력으로 21세기에 가장 성공한 인물 중 하나가 됐다. 어쨌든 한번 해보시라.

· · · ·

이제 기계가 학습하는 원리를 알고 당신의 성격 프로필이 어떤 모습인지도 알았으니, 이제부터는 컴퓨터가 하는 예측에 대한 연구를 살펴보자. 우리가 설문지에 손도 대지 않아도 컴퓨터는 우리의 성격 프로필을 예측할 수 있다. 앞서 언급한 대로 컴퓨터는 우리의 페이스북 '좋아요'를 보고 우리의 성격을 동료, 친구, 가족보다 잘 예측한다. 그게 어떻게 가능할까? 그리고 우리의 소셜 미디어 프로필에 담겨 있는 성격 퍼즐의 다른 조각들은 어떤 것일까?

2장

데이터는 정체성을 사냥하는 완벽한 장소다

2020년 12월 17일, 인도 뉴델리에서 열세 살 소년 P. 수리야가 모험적인 셀카에 도전하려고 열차 차량 위에 올라갔다. 그는 전류가 흐르는 전선을 건드려 그대로 불에 타 죽고 말았다. 수리야의 죽음은 고립된 사건이 아니다. 2011년 이후 전 세계에서 셀카와 관련된 사고로 사망한 사람이 259명 이상이다. 상어에 공격당해서 사망한 사람 수보다 많다. 인도에서는 셀카 문제가 워낙 심각해서 뭄바이처럼 관광객들이 많이 찾는 도시에는 곳곳에 셀카 금지 구역을 지정했다. 러시아 정부도 셀카 관련 사망자가 늘어나는 것에 경각심을 느끼고 대중에게 안전한 셀카 촬영법을 알리는 전단지를 배포하기 시작했다.

우리는 왜 완벽한 인스타그램 사진을 찍으려고 목숨을 걸고, 완벽한 틱톡 동영상을 만드는 데 몇 시간을 투입할까? 우리는 왜 소셜 미디어에 우리의 삶을 공유하는 데 집착할까? 답은 간단하다. 우리는 관심을 끌려고 분투하고 있다. 사람들이 우리를 봐주기를 원한다.

과학적 연구에 따르면 자기를 드러내는 행위 자체가 보상으로 작용한다. 자신의 의견이나 태도를 타인에게 공유하면 뇌의 쾌락중추 활동이 급격히 증가한다.[1] 쾌락중추는 일반적으로 음식, 돈, 섹스, 헤로인 같은 보상을 받을 때 뇌에서 활성화되는 부분이다. 그렇다. 당신이 잘못 읽은 것이 아니다. 우리 자신에 대한 정보를 공유하면 돈을 받거나 섹스를 할 때와 비슷한 뇌 반응이 일어난다. 사실 우리 자신에 대해 이야기하면 기분이 정말 좋기 때문에 우리는 기꺼이 돈을 포기하면서 내면세계를 다른 사람과 공유하려고 한다.

하지만 그게 전부가 아니다. 소셜 미디어 플랫폼은 뭔가를 공유하기가 쉽고 공유에 사회적 보상이 따르도록 설계되어 있기 때문에 우리가 자기를 더 많이 드러내게 한다. 당신은 '좋아요', 공유, 리트윗을 얼마나 자주 확인하는가? 30분마다? 10분마다? 5분마다? 사회적 존재인 우리는 주변 환경과 주변 사람들에게 긍정적인 피드백을 받는 걸 갈망한다. 소셜 미디어가 중독성을 지니는 이유는 바로 이 피드백 기능에 있다.

같은 이유로 소셜 미디어 플랫폼은 심리학 용어로 정체성 주장 *identity claim*, 즉 개인의 정체성에 대한 의도적 표현을 찾기에 딱 좋은 사냥터가 된다. 과거의 내가 차에 자극적인 범퍼 스티커를 붙이고, 머리를 염색하고, 라몬즈 티셔츠를 입고 다니면서 마을 사람들에게 내 정체성을 알린 것처럼 소셜 미디어 플랫폼은 사용자가 자기 이야기를 들려주고 자기 정체성을 다른 사람들과 공유하기 좋게 되어 있다. 사용자는 비욘세의 공식 팬페이지를 팔로우할 수도 있고, 세이셸공화국 여행에 대한 게시물을 올릴 수도 있고, 점심으로 먹은 맛있는 햄버거 사진을 공유할 수도 있다. 페이스북이나 엑스 같은 소셜 미디어에 게시되는 상태 업데이트의 무려 80퍼센트가 개인의 즉각적인 경험에 직접적으로 초점을 맞추고 있다.[2]

당연히 이러한 흔적에는 그 게시물의 주인에 대한 정보가 담겨 있을 것이다. 그렇지 않다면 왜 기업의 채용 담당자들이 지원자의 소셜 미디어 페이지를 미리 확인하겠는가? 미국 정부는 왜 비자 신청자에게 소셜 미디어 계정을 연결하라고 권하겠는가? 그리고 왜 사람들 대부분이 데이트 상대를 실제로 만나기 전에 온라인에서 스토킹하겠는가?

연구 결과는 우리의 직관과 일치한다. 우리는 낯선 사람들의 소셜 미디어 프로필을 연구해서 그들의 심리에 대한 유효한 통찰을 얻을 수 있다.[3] 하지만 우리의 판단은 컴퓨터의 판단만큼 정확하지 못하다.

알고리즘 염탐의 ABC

심리 타깃팅에 동원되는 직관은 단순하다. 당신이 FBI의 프로파일링 부서에서 일한다고 생각해 보자. 다음과 같은 프로필이 주어졌다. 타깃 X, 헬로키티를 좋아하는 익명의 사용자. 일본 애니메이션과 만화 캐릭터에 대한 열정이 담긴 게시물을 올리고, 한국의 유명 밴드인 BTS의 동영상을 공유한다.

이제 사용자를 설명해 보라. 정보에 근거해서 X가 누구일지 추측해 보라. X의 연령과 성별, 혈통과 성격은? 내가 최선을 다해 추측한 결과는 다음과 같다. 아시아의 10대 소녀. 내향적이고 개방적이며 정서가 약간 불안정하다. 당신의 추측도 비슷했을 것이라고 생각한다(대부분은 높은 수준의 합의가 이뤄진다).

당신은 어떻게 그런 결론에 도달했는가? 아마도 경험을 바탕으로 했을 것이다. 미지의 타깃 X와 비슷한 관심사가 있는 사람들에 대한 기억과 인상을 활용했을 것이다. 그들은 당신과 가까운 사람들일 수도 있고, 친구 때문에 우연히 알게 된 사람들일 수도 있다. 또는 텔레비전에서만 본 사람들일 수도 있다. 낯선 사람들의 행동을 관찰해서 그 사람들을 판단할 때 우리는 동일한 행동 프로필의 전형적인 인물을 떠올리는 경향이 있다. 이 전형적인 인물을 '모드$_{mode}$(가장 일반적인 선택)' 또는 '평균'이라고 불러도 좋다.

다른 정보가 없는 상황에서 평균적인 인물을 비교 기준으로 삼는 것은 최선의 선택이다(컴퓨터도 그렇게 한다). 물론 그렇게 하면 실수를 저지르게 된다. 알고 보니 2017년에 헬로키티 기념품을 가장 많이 소장한 것으로 기네스북에 오른 사람은 일본의 은퇴한 경찰관인 예순일곱 살의 마사오 군지郡司正雄였다.⁴

우리가 하는 예측과 그 예측의 근거가 되는 인간관계는 결정론적인 것이 아니라 확률론적인 것이다. 우리가 불완전한 정보를 바탕으로 세상에 대해 추측할 때는 그런 것들이 도움이 된다. 타깃 X의 프로필이 예순일곱 살의 은퇴한 경찰관의 것일 가능성보다는 10대 소녀의 것일 가능성이 훨씬 높다. 하지만 우리의 직관을 사용해서 어떤 개인에 대한 확정적 결론으로 비약해서는 안 된다.

컴퓨터가 하는 예측도 마찬가지다. 컴퓨터의 예측은 인간의 예측보다 체계적일 수 있지만, 모든 예측은 정보에 근거한 추측일 뿐 진실이 아니다. 알고리즘이 어떤 개인의 성격을 판단할 때는 지나친 일반화를 하게 되고 따라서 하나의 전형에 가까워 보인다.

그림 2-1의 워드 클라우드word cloud를 보라. 2013년 앤드루 슈워츠Andrew Schwartz의 연구진이 논문에 발표한 이 워드 클라우드는 사람들의 페이스북 상태 업데이트에서 남성 또는 여성이라는 것을 알려주는 단어들(위=여성, 아래=남성)을 표시한다. 가운데에는 일반적인 워드 클라우드를 표시하고 가장자리에는 주제별로 단어를 모아 놓았다. (사람들이 소셜 미디어에 올리는 게시물만 봐도 정확도 90퍼센트 이상으로 성별을 알아낼 수 있다.) 글자 크기가 큰 단어일수록 남성 또는 여성과 높은 상관관계가 있으며 글자 색이 짙은 단어일수록 사람들의 게시물에 자주 등장한다. (스마트폰이나 태블릿으로 QR 코드를 스캔하면 워드 클라우드를 컬러로 볼 수 있다.)

워드 클라우드는 내가 예로 들었던 타깃 X와 똑같이 정형화되어 있지만 실제 데이터에 기반한 것이다. 여성들은 쇼핑, 아기, 남자친구에 대한 게시물을 올리는 반면 남성들은 스포츠와 게임에 대해 잡담과 욕설을 한다. 정말로 여성은 금성에서 왔고 남성은 화성에서 왔나 보다.

심리 타깃팅의 과학에 함께 뛰어들기 전에, 이제부터 내가 당신에게 보여주려고 하는 관계들은 모든 규범적 판단에서 자유롭다는 점을 기억하라. 그 관계들은 세상이 어떤 모습이어야 하는지가 아니라 세상의 지금 모습(우리는 대부분 과거의 데이터를 사용하므로 세상의 예전 모습이라고 해야겠다)을 있는 그대로 설명한다. 이는 설명과 해결책의 중요한 차이점이며, 나는 책의 1부에서 이 점을 반복해서

그림 2-1 | 사용자들의 페이스북 상태 업데이트에서 성별을 알려주는 단어들

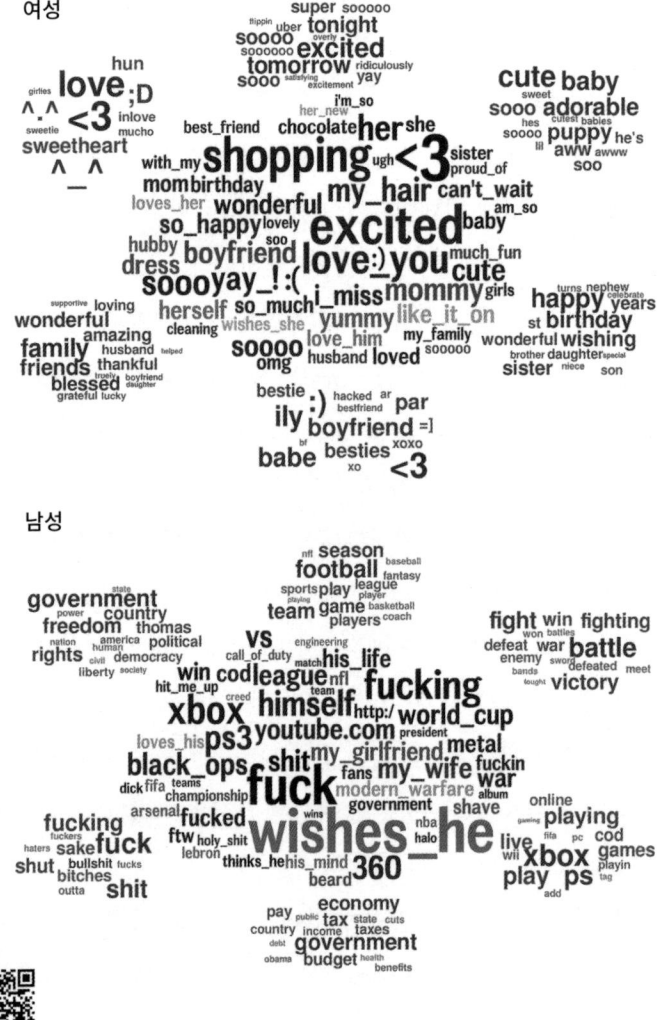

QR 코드를 스캔하면 워드 클라우드를 컬러로 볼 수 있다.

출처 : H. 앤드루 슈워츠H.Andrew Schwartz 등, "소셜 미디어 언어 속의 성격, 젠더, 연령: 개방형 어휘 Open-Vocabulary 방식", <플로스 원 PloS One> 제8권, 9호(2013): e73791, https://doi.org/10.1371/journal.pone.0073791. https://creativecommons.org/licenses/by/4.0/로 접속함.

강조할 것이다.

이 책에 담긴 통찰은 특정 플랫폼에만 해당하는 이야기가 아니라는 점도 밝혀둔다. 지금까지 내 연구와 내 동료들의 연구는 페이스북 데이터에 많이 의존했다. 하지만 틱톡, 인스타그램, 레딧, 스냅챗 같은 다른 모든 소셜 플랫폼의 데이터를 바탕으로 비슷한 예측이 가능하다. 사람들이 온라인에서 자기를 표현할 수 있는 곳이라면 어디에서나 사람들의 정체성 주장을 수집해서 그것을 심리 프로필로 변환할 방법이 있다.

페이스북 '좋아요'의 세계

'좋아요'(일명 '엄지척')는 페이스북 플랫폼의 대표적인 기능이다. '좋아요'는 사용자가 자신이 무엇에 관심 있는지 표현하고 다른 사용자들이 생성하고 공유하는 콘텐츠를 감상하는 쉬운 방법이다. 우리 모두 경험해 봐서 안다. '친구 1'이 귀여운 고양이 동영상을 올리고 우리는 '좋아요'를 누른다. 잠시 후에 '친구 2'가 '친구 1'이 고양이 동영상을 올렸다고 놀리는 댓글을 달고, 우리는 그 댓글에도 '좋아요'를 누른다. 재미있게 시간을 보내는 방법이긴 하다.

하지만 이 장에서 이야기하려는 '좋아요'는 이런 것이 아니다. 나는 사용자들이 '좋아요' 또는 '팔로우'를 누를 수 있는 페이스북의 공식 페이지에 초점을 맞춘다. 예를 들어 축구선수 리오넬 메시 Lionel Messi의 공식 페이스북 페이지는 팔로워 약 1억 1,100만 명을 보유하고 있다. 테일러 스위프트는 7,700만 명, 버락 오바마는 5,600만 명이다. 하지만 연예인들이나 유명인사들만 페이스북 페이지가 있는 건 아니다. 페이스북 페이지는 누구나 만들 수 있다. 2019년에는 6,000만 개가 넘는 활성 페이스북 페이지가 있었다.

왜 페이스북 페이지일까? 2013년 미할 코신스키Michal Kosinski는 동료 두 명과 함께 페이스북 '좋아요'로 사람들의 연령과 성별, 약물 사용, 정치 이념, 성적 지향, IQ, 삶의 만족도, 성격 등의 다양한 사회인구학적 및 심리적 특징을 예측 가능하다는 사실을 증명했다.[5] 그들의 논문에는 예측 모델의 정확성에 대한 내용 외에도 다양한 개인적 특성을 알려주는 페이스북 페이지의 예시가 다수 포함되어 있었다.

표 2-1의 페이스북 '좋아요' 목록 두 개를 보자. 둘 다 외향성이라는 성격 특성과 관련이 있는 목록이다. 둘 중 하나는 차분하고 조용한 사람들(내향형)을 반영하며, 다른 하나는 활발하고 사교적인 사람들(외향형)을 반영한다. 어느 목록이 어느 쪽인지 맞춰보라.

답을 찾았다고? 어디 보자. 외향형이 왼쪽이고 내향형은 오른쪽이다. (맥주잔에 공을 집어넣는 게임인) 비어퐁beerpong, 치어리더 활동, 마이클 조던(목록 A)을 좋아하는 사람은 외향형일 가능성이 높다. 일본 애니메이션, 마인크래프트, 소설가 테리 프래챗Terry Pratchett(목록 B)에 더 관심이 있는 사람은 내향형일 가능성이 높다.

이만하면 설득력이 있지 않은가? 외향성인 사람들은 활기차고 말이 많고 사교적이므로, 그들의 '좋아요'가 대부분 사교 활동(예를 들어 비어퐁, 치어리더 활동, 춤, 모임)과 관련이 있으며 관심을 끌 가능성이 있는 활동(예를 들어 치어리더 활동, 모델 활동, 춤)이라는 건 놀라운 일이 아니다.

내향형의 '좋아요' 목록에도 동일한 수준의 직관성이 적용된

표 2-1 | 외향성과 연관되는 페이스북 '좋아요'

목록 A	목록 B
비어퐁	RPG 게임
마이클 조던	팬픽션넷 fanfiction.net
춤	프로그래밍
사교 모임	일본 애니메이션
영화배우 크리스 터커 Chris Tucker	일본 만화
태닝을 하니 기분이 좋다	비디오 게임
모델 활동	롤플레잉 게임
치어리더 활동	마인크래프트
연극	극작가 볼테르 Voltaire
플립컵[i] flip cup	테리 프래쳇

출처: 미할 코신스키, 데이비드 스틸웰 David Stillwell, 토레 그레펠 Thore Graepel, "인간 행동의 디지털 기록을 통한 개인의 특성과 속성 예측", <미국국립과학원 기록물 Proceedings of the National Academy of Sciences> 제110권, 15호(2013), 5,802~5,805쪽.

다. 내향형인 사람들이 일반적으로 수줍음 많고 차분하고 조용하다는 점을 생각하면 그들이 혼자서도 할 수 있는 활동(예를 들어 프로그래밍, 만화책 또는 테리 프래쳇의 소설 읽기, 비디오 게임)을 선호하리라는 추론이 가능하다.

다른 예를 살펴보자. 이번에는 표 2-2의 두 목록이 어떤 성격 특성과 연관되는지 추측해 보라. 기억하겠지만 우리가 기준으로 삼는 성격 특성은 개방성, 성실성, 우호성, 불안정성이다(원한다면 표

---

[i] 술자리에서 빈 맥주잔을 다른 맥주잔에 아슬아슬하게 걸친 뒤 손가락으로 컵의 하단을 쳐서 컵을 뒤집으면 이기는 게임.

표 2-2 | 5대 성격 특성 중 하나와 연관된 페이스북 '좋아요'의 목록

표를 보고 어떤 특성인지 맞춰보라

목록 A	목록 B
컴패션 인터내셔널 Compassion International	난 세상 모든 사람이 싫어
유타주 로건 Logan[i]	난 네가 싫어
가수 존 포먼 Jon Foreman	난 경찰이 싫어
〈리디밍 러브 Reedeeming Love〉	프리드리히 니체
포르노의 유해성	〈사우스 파크 South Park〉의 등장인물 티미
뮤지컬 〈북 오브 모르몬 The Book of Mormon〉	무신론 또는 악마 숭배
기도 모임	프라다
교회에 간다	손자병법
기독교	율리우스 카이사르
메리앤 윌리엄슨 Marianne Williamson[ii]	칼

출처: 미할 코신스키, 데이비드 스틸웰, 토레 그레펠, "인간 행동의 디지털 기록을 통한 개인의 특성과 속성 예측", 〈미국국립과학원 기록물〉 제110권, 15호(2013), 5,802~5,805쪽.

1-1에 수록된 모든 성격 특성의 요약을 다시 보고 와도 좋다).

기도, 로맨스 영화 〈리디밍 러브〉, 구호단체 컴패션 인터내셔널의 공통점은 무엇일까? 그리고 이런 콘텐츠들은 '나는 세상 모든 사람이 싫고, 네가 싫고, 경찰이 싫어' '율리우스 카이사르'와 어떻게 다른가? 첫 번째 목록은 따뜻한 기운을 전달해 주지만 두 번째 목록은 상당히 불쾌한 감정을 불러일으킨다. 어떤 성격 특성인

---

i   자연경관이 아름다운 미국의 도시.
ii   미국의 영성 지도자.

지 알겠는가? 우호성이다(나머지 세 가지 성격 특성과 관련된 목록은 부록 B에 있다).

목록 A는 마음이 따뜻하고 타인을 신뢰하고 공감할 줄 아는 사람들, 즉 교회 공동체에 속해 있으며 자선단체에 기부하는 착한 사람들에게 호소력을 지닌다. 목록 B는 정반대다. 비판적이고 승부욕이 강한 사람들. 거의 모든 것을 싫어하고, 칼과 사탄에 빠져 있으며, 율리우스 카이사르, 고대 중국의 손자, 〈사우스 파크〉에 나오는 괴짜 소년 티미와 같은 역할 모델을 따른다. 그리고 마침내 과학적으로 확인된 사실, '악마는 프라다를 입는다!'

보너스로 한 판 더 해보자. 표 2-3은 당신이 알고 있는(내가 보증한다) 심리적 특성이지만 성격 특성은 아닌 것을 보여준다. 두 목록을 살펴보고 어떤 심리적 특성인지 맞춰보라.

힌트를 하나 주겠다. 목록 A에 집중해야 어떤 심리적 특성인지 알아내기가 쉬울 것이다. 내가 보기에 가장 직관적인 '좋아요'는 과학, 소설 《앵무새 죽이기》, 모차르트 세 가지다.

정답은 지능(오늘날 우리는 **인지 능력**이라고 부르기도 한다)이다. 목록 A는 높은 지능을, 목록 B는 낮은 지능을 반영한다. 보다시피 목록 A는 독서, 정교한 유머, 과학과 관련이 있다. 이와 대조적으로 목록 B에 포함된 항목들은 훨씬 현실적이고 실체적이다.

유일한 물음표는 컬리 프라이다. 휘어진 모양의 맛있는 감자튀김인 컬리 프라이를 좋아하는 것이 높은 지능과 대체 무슨 상관일까? 분명한 이유는 없다. 어쨌든 코신스키의 연구진이 연구한 데이터에는 컬리 프라이가 있었다. 한 무리의 지적인 대학생들이 일제히 컬리 프라이를 좋아하기로 결정했을 수도 있다. 아니면 어떤 논

표 2-3 | 심리적 특성 중 하나와 연관된 페이스북 '좋아요'의 목록

표를 보고 어떤 특성인지 맞춰보라

목록 A	목록 B
〈대부〉	가수 제이슨 알딘 Jason Aldean
모차르트	배우 타일러 페리 Tyler Perry
천둥번개	세포라 Sephora [i]
뉴스 쇼 〈콜버트 리포트 The Colbert Report〉	CHiQ [ii]
모건 프리먼의 목소리	가수 브렛 마이클스 Bret Michaels
뉴스 쇼 〈데일리 쇼 The Daily Show〉	클라크 그리즈월드 Clark Griswold [iii]
〈반지의 제왕〉	비비 Bebe [iv]
《앵무새 죽이기》	나는 엄마인 것이 좋아요
과학	할리 데이비슨 Harley Davidson
컬리 프라이	가수 레이디 앤터벨룸 Lady Antebellum

출처: 미할 코신스키, 데이비드 스틸웰, 토레 그레펠, "인간 행동의 디지털 기록을 통한 개인의 특성과 속성 예측", 〈미국국립과학원 기록물〉 제 110권, 15호(2013), 5,802~5,805쪽

리적인 이유가 있는데 내가 그걸 알아낼 만큼 지적이지 않을 수도 있다. 둘 다 이유가 될 수도 있고, 둘 다 아닐 수도 있다. 한마디로 이유를 모른다.

    이 사례를 소개한 이유는 디지털 발자국과 심리적 특성의 관계에 대해 중요한 사실을 알려주기 때문이다. 우리가 관찰하는 관계

---

[i]   프랑스의 럭셔리 화장품 편집숍 브랜드.
[ii]   중국의 가전 브랜드.
[iii]   미국의 코미디 영화 〈크리스마스 대소동〉에 나오는 인물로 예상치 못한 난관들에 부딪힌다.
[iv]   미국의 유명 가수 비비 렉사 Bebe Rexha를 가리키는 것으로 짐작된다.

는 인과관계가 아니다. 컬리 프라이를 먹는다고 해서 더 똑똑해지지는 않을 것이고, 지능이 높다고 해서 컬리 프라이에 끌리는 유전자가 있다고 보기도 어렵다. 하지만 둘 사이의 관계를 설명하지 못한다고 해서 그걸 활용할 수 없다는 뜻은 아니다. 전혀 이해할 수 없는 관계라도 예측에 도움이 될 가능성은 있다.

만약 내 목표가 어떤 사람이 똑똑한지 아닌지 예측하는 것이라면, 나는 단서의 의미를 깊이 따지지는 않을 수도 있다. 컬리 프라이를 좋아하는 것이 높은 지능과 연관되는 이유를 내가 이해하지 못해도 큰 문제가 되지 않는다. 중요한 건 상관관계가 있다는 것이다. 만약 내가 그 데이터를 신뢰한다면, 다음번에 페이스북에서 컬리 프라이를 좋아하는 사람을 만날 때 그 사람도 지능이 높을 것이라고 추측하게 된다.

물론 컬리 프라이를 좋아하는 것과 지능의 관계는 시간이 지나면 달라질 수도 있다(애초에 그 관계가 존재할 이유가 불분명하다는 사실을 고려하면 달라질 가능성이 매우 높다). 하지만 적어도 우리가 특정한 관계를 발견하는 순간에는 그 의미를 이해하는지 못하는지를 떠나서 그 관계가 결과 예측에 도움을 준다.

단어의 세계

엑스에 업로드된 게시물 두 개를 보고 그걸 작성한 두 사람을 머릿속에 그려보라. 어떻게 생겼을까? 몇 살일까? 여성일까, 남성일까? 외향적일까, 수줍음이 많을까? 진보적일까, 보수적일까?

굿바이 코로나 헬로 댄싱. 🧖💕 호주에 행복을! 곧 우리 모두 함께 춤출 수 있기를 바라며 전 세계를 위해 기도해요. 🙏

MLK의 날ⁱ입니다. 🗿 그의 삶을 기념하는 동시에 우리 스스로 봉사하며 그가 남긴 가치를 실천해야 합니다. 공동체에 참여하는 몇 가지 방법을 소개합니다.

첫 번째는 레이디 가가의 트윗이고, 두 번째는 버락 오바마의 트윗이다. 당신은 이걸 읽으면서 레이디 가가와 버락 오바마를 떠올리지는 못했겠지만, 머릿속에 떠오른 이미지가 두 사람과 아주 멀지는 않았을 것이다.

텍사스대학교 오스틴 캠퍼스의 심리학자 제임스 페니베이커 James Pennebaker는 사람의 마음속을 들여다보는 창으로서 언어가 가지는 힘을 최초로 긍정한 사람 중 하나다. 페니베이커는 트라우마 경험에 대한 글쓰기가 치유에 도움이 되는 원리를 연구했다.[6]

그는 환자들이 쓴 에세이 몇 편을 읽다가 그 내용과 형식이 천차만별이라는 점에 주목했다. 어떤 사람들은 자신의 트라우마를 거의 사실적인 어조로 서술하고 감정을 드러내지 않는 반면, 어떤 사람들은 분노와 절망에 사로잡힌 것 같았다. 또는 과거의 트라우마 돌아보면서도 미래를 낙관적으로 바라보는 사람들도 있었다.

이런 차이로 개개인이 트라우마에 얼마나 잘 대처할지 예측할 수 있을까? 이런 차이를 이용해 개개인의 내적 정신 상태에 대해 뭔가를 알아낼 수 있을까?

---

i   미국의 연방 공휴일로, 마틴 루터 킹 목사를 기념하는 날이다.

이러한 질문에 답하기 위해 페니베이커는 언어의 여러 측면을 객관적으로 정량화하고 그 측면들을 우리의 심리적 경험과 연관시킬 수 있다는 전제 아래 새로운 과학적 조사 방법을 탄생시켰다(페니베이커와 그의 연구 결과에 대해서는 나중에 다시 설명할 예정이니 기대하시라).

언어가 우리의 정체성을 보여주는 매혹적인 퍼즐 조각인 이유는 언어가 어디에나 존재하기 때문이다. 우리는 깨어 있는 시간의 약 50퍼센트에서 80퍼센트를 어떤 종류의 소통에 사용한다. 지하철에서 낯선 사람과 인사를 나누는 것, 친한 친구와 내밀한 대화를 나누는 것, 동료에게 이메일을 보내는 것, 자녀에게 음성 메시지를 남기는 것, 일기장에 생각을 적는 것은 모두 소통이다. 그리고 (실험을 위해 선택한) 소셜 미디어 플랫폼에 게시물을 올리는 것도 소통으로 볼 수 있다.

그림 2-2의 워드 클라우드는 페이스북 사용자 약 7만 5,000명의 상태 업데이트를 기반으로 생성한 것이다. 나이가 너무 많아서, 또는 너무 어려서, 아니면 자제력이 대단히 강해서 페이스북 계정이 없는 분들을 위해 상태 업데이트가 무엇인지 내가 간략하게 설명하겠다(그리고 그런 분들에게 찬사를 전한다. 잘했어요!). 페이스북 상태 업데이트는 사용자가 텍스트, 이미지, 동영상으로 생각을 공유할 수 있는 기능이다. 사용자는 콘텐츠를 친구들에게만 공개할 수도 있고 전체 공개로 전 세계에 알릴 수도 있다.

이와 같은 워드 클라우드를 생성해서 언어의 심리학적 비밀을 알아낼 때 필요한 일은 특정 사용자의 상태 업데이트에 여러 가지 단어가 얼마나 자주 등장하는지 세는 것밖에 없다. 사용자가 파티,

그림 2-2 | 사람들의 페이스북 상태 업데이트에 등장한 단어 중에 외향성 및 내향성과 상관관계가 강한 단어들

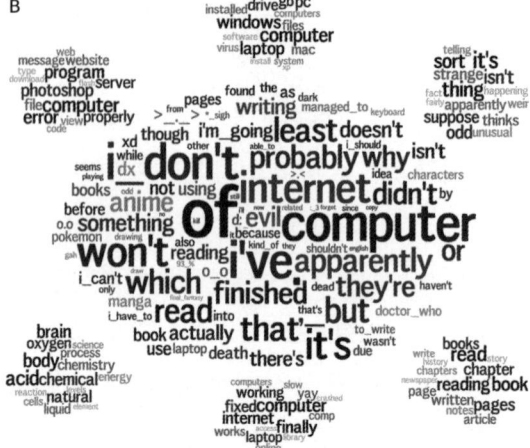

QR 코드를 스캔하면 워드 클라우드를 컬러로 볼 수 있다.

출처: H. 앤드루 슈워츠 등, "소셜 미디어 언어 속의 성격, 젠더, 연령: 개방형 어휘 방식", <플로스 원> 제8권, 9호 (2013): e73791, https://doi.org/10.1371/journal.pone.0073791. https://creativecommons.org/licenses/by/4.0/로 접속함.

주말, 컴퓨터에 대해 얼마나 자주 이야기하는가? 데이터세트에 있는 7만 5,000명의 사용자 전원에 대해 이 작업을 수행한 후에는 단어의 상대적 빈도와 성격 특성 간의 기본적인 상관관계를 계산해서 의미를 찾아본다. 아주 쉽다.

이제 워드 클라우드 두 개를 자세히 살펴보라(이전과 마찬가지로 단어의 크기가 클수록 각 성격 특성과 연관성이 높고, 단어의 색이 짙을수록 출현 빈도가 높다). 어떤 성격 특성을 나타내는 단어들일까? 이번에도 외향성이다(A = 외향성, B = 내향성). 내향적인 괴짜가 컴퓨터 앞에 앉아 방금 전까지 일본 만화를 보다가 지금은 인터넷을 검색하고 있는 모습이 눈앞에 그려진다. 그리고 외향적이고 활발한 사람이 다음 주말에 멋진 밤을 보낼 계획을 세워놓고 '너무너무' 기뻐하는 장면도 떠오른다. "여자들이랑 끝내주게 놀아봐야지!" 나는 그 외향적인 사람들이 파티에 대해 뭐라고 이야기할지 예측할 수 있었을 것 같다. 하지만 외향성 지표 목록에 '너무너무'라든가 '끝내주게'라는 단어를 넣을 생각은 하지 못했을 것이다. 오직 데이터만이 내게 그런 통찰을 제공한다.

그림 2-3은 내가 개인적으로 아주 좋아하는 그림이다(나머지 세 가지 성격 특성은 부록 B에 수록되어 있다). 이 그림은 처음 절반만 보여준다. 우호성이 높은 사람들이 자주 사용하는 단어들이다. 워드 클라우드에서 특유의 온기가 느껴진다. 칭찬, 축복이 깃든 감사 인사, 추수감사절과 크리스마스를 즐겁게 보내라는 인사말, 그리고 세상이 정말 멋진 곳이라는 벅찬 감정. 우호성이 낮은 사람들의 워드 클라우드는 어떻게 생겼을까? 실제로 보기 전에 한번 맞춰보라. 머릿속에 떠오르는 이미지가 있는가? 미리 경고하는데, 그 워드 클라우

그림 2-3 | 사람들의 페이스북 상태 업데이트에 등장한 단어 중에서 우호성과 상관관계가 강한 단어들

QR 코드를 스캔하면 워드 클라우드를 컬러로 볼 수 있다.

출처: H. 앤드루 슈워츠 등, "소셜 미디어 언어 속의 성격, 젠더, 연령: 개방형 어휘 방식", <플로스 원> 제8권, 9호 (2013): e73791, https://doi.org/10.1371/journal.pone.0073791. https://creativecommons.org/licenses/by/4.0/로 접속함.

드는 아름답지 않다. 그림 2-4에서 확인해 보라. 굳이 설명을 덧붙일 필요가 없다.

하지만 언어로 유추할 수 있는 심리적 특성은 성격만이 아니다. 앞서 나는 1980년대와 1990년대에 언어와 정신 건강 사이의 연관성을 연구하기 시작한 심리학자 제임스 페니베이커의 연구를 언급했다. 약 30년이 지난 지금은 방법론도 많이 발전했고, 페니베이커의 직관이 정확했다는 증거가 충분히 확보되어 있다. 우리의 언어는 우리의 심리적 웰빙과 정신 건강 상태를 드러낸다. 예를 들어

그림 2-4 | 사람들의 페이스북 상태 업데이트에 등장한 단어 중에서 낮은 우호성과 상관관계가 강한 단어들

QR 코드를 스캔하면 워드 클라우드를 컬러로 볼 수 있다.

출처: H. 앤드루 슈워츠 등, "소셜 미디어 언어 속의 성격, 젠더, 연령: 개방형 어휘 방식", <플로스 원> 제8권, 9호 (2013): e73791, https://doi.org/10.1371/journal.pone.0073791. https://creativecommons.org/licenses/by/4.0/로 접속함.

'내가' '나를' '나 자신'과 같은 일인칭 표현의 사용을 생각해 보자. 어떤 사람이 이런 표현을 사용한다는 것은 무엇을 보여주는가? 페니베이커가 학술대회에서 이 질문을 던졌을 때 내가 처음 떠올린 대답은 '나르시시즘'이었다. "왜 사람들이 내가 아닌 다른 것에 신경을 쓰죠? 진짜로 중요한 것에 집중하세요!" 내가 틀렸다. 나 자신을 언급한다고 해서 나르시시스트인 것은 아니었다. 나 자신에 대한 언급은 정서적 고통을 나타내는 지표였다.

놀랍다고? 나도 놀랐다. 하지만 잠시 시간을 내서 최근에 당신이 우울했던 때를 떠올려보라. 그때 무슨 생각을 하고 있었나? 인류의 미래? 그럴 리가 없다! 일반적으로 기분이 우울할 때는 자기 자신에 대해 생각한다. '나는 왜 이렇게 기분이 안 좋지? 언젠가 좋아질 수 있을까? 나는 왜 이 상황을 더 잘 처리하지 못할까?' 우리는 상황이 암울하다고 느껴지면 내면을 들여다보고 자신에게 집중하면서 똑같은 생각을 되풀이하는 경향이 있다.

그리고 우리가 우리 자신의 생각과 감정을 지속적으로 모니터링할 수는 없기 때문에(특히 우울할 때는 그게 불가능하다), 이러한 내면의 독백은 우리가 다른 사람에게 자기 표현을 할 때 사용하는 언어에도 알게 모르게 스며든다. 우울한 감정을 솔직히 털어놓지 않더라도 평소보다 우리 자신에 대한 이야기를 많이 하게 된다. 애리조나대학교의 앨리슨 태크먼Allison Tackman의 연구진이 수행한 연구에 따르면 우울증을 앓는 사람은 건강한 사람보다 일인칭 대명사를 약 40퍼센트 더 많이 사용한다. 하루로 따지면 600번이다.[7]

하지만 우리의 감정을 알려주는 단서는 우리 자신에 대해 얼마나 많이 이야기하는지가 아니다. 이와 관련해서 내가 좋아하는 연구 중 하나는 심리학자 요하네스 아이히슈태트Johannes Eichstaedt의 연구진이 환자 683명의 페이스북 상태 업데이트와 의료 기록을 조사한 것이다.[8] 사람들이 페이스북에서 자신의 경험을 묘사하는 데 사용한 단어만으로도 72퍼센트 확률로 그 사람이 우울증인지 아닌지를 정확히 예측할 수 있었다(우연에 맡기거나 동전 던지기를 할 때 확률은 50퍼센트다).

72퍼센트는 완벽과는 거리가 멀어 보인다. 그렇다. 이상적이라면 그 수치가 100퍼센트에 최대한 가까워져야 한다. 하지만 72퍼센트는 정신 건강 진단에 일반적으로 사용되는 짧은 설문조사의 정확도와 비슷한 수준이다. 그걸 알고 나면 컴퓨터 모델이 우리의 페이스북 상태를 염탐한 결과의 정확도 72퍼센트가 갑자기 대단해 보인다.

예측의 토대가 되는 관계들을 살펴보자. 그림 2-5의 워드 클라

그림 2-5 | 사람들의 페이스북 상태 업데이트에 등장한 단어 중에서 임상적 우울증과 상관관계가 강한 단어들

QR 코드를 스캔하면 워드 클라우드를 컬러로 볼 수 있다.

출처: 요하네스 C. 아이히슈태트 등, "페이스북 언어로 의료 기록의 우울증을 예측하다", <미국국립과학원 기록물> 제115권, 44호(2018): 11,203~11,208쪽.

우드는 우울함을 가장 잘 표현하는 단어들(주제별로 정리했다)를 보여준다. 이 단어들은 부정적 기분과 감정(눈물, 울다, 아프다), 외로움과 적대감 같은 대인관계 문제(그리움, 짜증, 속상함, 신경질, 미움), 신체적 고충(두통, 아프다, 상처, 통증, 병원)과 관련이 있다.

앞서 설명한 대로 원인과 결과에 대해서는 어떤 주장도 할 수가 없다. 사람들은 외로워서 우울해지는 걸까, 아니면 우울증에 걸려서 외로운 걸까? 신체 건강이 나빠져서 정신 건강에 문제가 생기는 걸까, 아니면 좋지 못한 정신 건강이 신체 증상을 악화시키는 걸까? 아마도 양방향으로 연결될 것이다. 그러나 우리의 목표가 단순히 위험에 처한 사람들을 가려내는 것이라면(그리고 그 사람들을 도와주려고 하는 것이라면) 그건 중요하지 않다.

이런 워드 클라우드에서 특히 흥미로운 점은 신체 건강(즉 신체적 불만)과 정신 건강 사이의 강력한 연관성이다. 우리는 종종 몸과 마음을 분리해서 생각한다. 하지만 아이히슈태트의 연구에 따르면 몸과 마음은 서로 복잡하게 연결되어 있다. 신체적 고통은 정신적 고통으로 쉽게 전환되며, 그 반대도 마찬가지다. 이러한 연구 결과가 보여주듯이 디지털 발자국을 심리적 특성과 연결하면 사람들의 심리를 들여다보는 창이 열릴 뿐만 아니라 인간의 집단 심리에 대해서도 귀중한 통찰을 얻을 수 있다.

이러한 통찰은 때로는 재미있고, 때로는 마음을 편안하게 해준다. 그리고 어떤 통찰은 마음을 불편하게 한다. 이게 무슨 말인지 설명하기 위해 마지막으로 예를 들어보겠다. 전통적인 의미의 심리적 특성은 아니지만 사람들 대부분이 사적인 특성으로 간주하는 것은 무엇일까? 소득 또는 사회경제적 지위다.

온라인 데이트 플랫폼 사용자 중에서 자신의 소득에 대한 정보를 제공하는 사람은 10퍼센트 미만이며, 사람들 대부분은 절친한 친구나 가족에게도 자신의 연봉을 이야기하지 않는다. 미국에서는 1935년 전국노동관계법에 따라 직원들이 자신의 연봉을 공개할 권리가 보장됐지만, 문화적 규범에 따르면 그것은 여전히 부적절한 행동이다. 〈애틀랜틱The Atlantic〉의 한 평론가는 이러한 정서를 다음과 같은 비유로 표현했다. "동료에게 급여를 묻는 것은 성생활을 묻는 것과 비슷하게 여겨진다."[9]

내 일부 연구에서 밝혀진 사실에 따르면, 사람들의 페이스북 상태 업데이트로 훈련시킨 비교적 단순한 모델로도 개개인의 소득을 오차 범위 약 1만 달러 내에서 추정할 수 있었다.[10] 완벽하지는 않지만 그럭저럭 괜찮은 성적이다. 하지만 정말로 놀라웠던 건 우리의 데이터에서 발견된 관계들이었다. 그림 2-6의 워드 클라우드를 보라. 부유한 사람들과 가난한 사람들이 이야기하는 주제는 뚜렷한 차이가 있었고, 불편하지만 예상을 크게 벗어나지는 않는 그림이 나왔다.

고소득층은 휴가(예를 들어 휴가, 비행, 해변, 라스베가스, 공항)라든가, 상당한 금액을 지출해야 하는 즐거운 활동(예를 들어 쇼핑, 축하 파티)에 대해 이야기한다. 그들은 긍정적인 감정(예를 들어 설렌다, 너무 좋다)을 표현하며 미래지향적인 단어와 문구(예를 들어 기대된다, 앞으로)를 사용한다. 반면 저소득층은 자기 자신에게 초점을 맞추고(예를 들어 내게 ~가 필요하다, 나는 ~할 수 있다, 나는 ~을 샀다, 나), 자기를 표현할 때 속어를 많이 쓰고(예를 들어 I don't know를 idk로, because를 cuz로), 주로 부정적인 감정(예를 들어 상처받았다, 싫어한다,

그림 2-6 | 사람들의 페이스북 상태 업데이트에 등장한 단어 중에 소득 수준과 상관관계가 강한 단어들

고소득층

저소득층

QR 코드를 스캔하면 워드 클라우드를 컬러로 볼 수 있다.

출처: 산드라 C. 마츠 외, "페이스북 프로필에서 개인의 소득 예측하기", <플로스 원> 제14권, 3호 (2019): e0214369, https://doi.org/10.1371/journal.pone.0214369로 접속함.

재미없다)을 공유하며, 욕설과 이모티콘을 더 많이 사용한다.

 이 워드 클라우드들에 문제가 있다고 생각한다면 당신은 혼자가 아니다. 문제가 있긴 하다. 하지만 내가 이 워드 클라우드들이 다른 모습이기를 바란다 해도 이게 현실이다. 가난한 사람들이 바

라보는 세상은 저렇다.

빅데이터는 불편한 진실을 우리에게 비춰 보여줄 수 있기에 강력하다. 빅데이터는 다른 사람들의 삶을 들여다보는 창을 제공하며, 다른 방법으로는 우리가 접근할 수 없을 관점을 우리에게 제공한다. 때로 이런 통찰은 유쾌하다(우호성과 관련된 워드 클라우드를 떠올려보라). 또 어느 날에 이러한 결과는 우리가 살고 있는 사회를 비판하며 충격을 준다. 그러나 이렇게 설명 가능한 현실에 접근할 수 있다는 것은 시급한 사회 문제들을 판별하고 변화에 대한 지지를 이끌어낼 기회가 된다.

예를 들어 저소득층이 자기 자신에게 집중하는 반면 고소득층은 미래에 대한 꿈을 꾼다는 건 놀라운 일이 아니다. 저소득층이 이기적이라서가 아니다. 지금 당장 생계를 이어가기도 힘든데 미래를 생각한다는 건 매우 어려운 일이기 때문이다. 항상 자기 자신과 자신의 위태로운 경제적 상황을 생각하지 않아도 된다는 것 자체가 사치다.

픽셀의 세계

'백문이 불여일견'이라는 속담이 있다. 조카에게 처음으로 이가 나는 모습이나 조카가 자전거를 처음 타는 모습을 보면 그 말이 맞다는 생각이 든다. 형제자매가 이메일이나 문자 메시지로 그 이야기를 들려주는 때에도 어떤 일이 벌어지는 중인지 짐작할 수는 있지만, 사진이나 동영상을 받아서 보는 것과는 다르다. 사진이나 동영상으로 볼 때 그 경험은 훨씬 생생하고 현실적으로 느껴진다.

심리 타깃팅의 세계에서도 이 말이 맞을까? 우리가 하는 말보다 우리가 게시하는 사진을 보고 우리의 정체성을 잘 예측할 수 있을까? 짧게 대답하면 "아니오"다. 최신 과학에 따르면 심리적 특성을 예측하는 데서 사진은 페이스북 '좋아요'와 언어보다 덜 효과적이다. 그렇다고 해서 사진이 통찰을 제공하지 않는다는 의미는 아니다(그리고 향후 더 정교한 분석 방법이 개발되면 결과가 달라질 수도 있다). 예를 들어 어떤 사람이 외향적인지 내향적인지 알아내라고 하면 컴퓨터는 약 70퍼센트 확률로(우연에 맡기면 50퍼센트) 정답을 맞힌다. 사람이 같은 과제를 수행할 때 정답률은 60퍼센트 정도에 그친다.

사진을 심리 프로필로 바꾸는 건 작은 일이 아니다. 사진으로 그런 작업을 한다는 건 악몽에 가깝다. 사진은 구조화되어 있지 않고 복잡하기 때문이다. 반면 페이스북 '좋아요'는 정량화하기가 쉽다. 어떤 페이지에 '좋아요'를 누르거나 누르지 않거나 둘 중 하나니까, 1 또는 0이다. 정말 쉽다. 언어는 그보다 복잡하지만 수를 세기가 어렵지는 않다. 반면 사진은 특정한 방식으로 조합해야만 의미가 있는 픽셀 수백만 개의 집합이다.

사진을 분석하는 가장 간단한 방법은 복잡성을 줄이기 위해 사진을 구체적인 특징들이 있는 유한한 집합으로 나누는 것이다. 예를 들면 사진에 등장하는 사물들을 식별하는 데서 시작한다. '의자, 사람들, 고양이, 안경, 램프가 있네.' 이 작업은 수동으로 할 필요가 없다. 객체 인식 알고리즘이 자동으로 수행한다. 또 무엇을 해야 할까? 이미지의 색상을 묘사할 수 있다. '빨간색이 많고 파란색이 조금 보여. 채도가 높고 따뜻한 색상이 대부분이네.' 다음으로는 이미지의 구도(사진작가들은 구도라고 하면 바로 이해할 것이다)로 넘어간다. 이미지의 여러 요소들이 어떻게 배치되어 있는가? 작은 영역 여러 개로 뚜렷이 나뉘는가, 아니면 큰 한두 개 영역으로 구성되는가? 요소들이 대칭을 이루고 있는가? 이것은 대략적인 설명이고, 이미지에서 추출할 수 있는 특징의 개수는 사실상 제한이 없다.

이탈리아의 컴퓨터공학자인 크리스티나 세갈린 Cristina Segalin 의 연구를 보자. 이 연구에 따르면 우리가 소셜 미디어에 게시하는 사진과 우리가 '좋아요'를 누르는 사진을 바탕으로 한 성격 예측이 신용카드 지출을 바탕으로 한 성격 예측과 비슷한 정확도를 보인다(이 내용은 다음 장에서 다룰 예정이다).[11] 아래 QR 코드를 스캔하면 보이는 콜라주(미안하지만 이번에는 컬러로 봐야 하므로 반드시 스캔해서 보길 바란다) 두 개는 사람들이 즐겨찾기 목록에 추가한 플리커 Flickr (이미지와 동영상을 올리는 플랫폼으로서 소셜 네트워크 기능도 갖추고 있는데, 인기는 예전만 못하다) 사진들을 보여준다. 이미지를 볼 수 없는 독자를 위해 묘사를 해보겠다. 하나는 꽃, 일몰, 문화 유적지, 음식이 담긴 다채로운 이미지들의 모음으로 밝은 분위기를 띤다. 다른 하나는 특별한 공통 주제가 없는 회색조 이미지들의 모음으로 다소 어두운 느낌이다. 두 콜라주가 반영하는 성격 특성이 무엇인지 짐작이 가는가? 불안정성이다.

지금 당신은 의아해 하고 있을지도 모른다. "사람들이 직접 게시하거나 '좋아요'를 누르는 사진으로 그 사람의 정체성을 알 수 있다는 것이 그렇게 놀라운(또는 흥미로운) 일인가? 애초에 사진을 올리거나 사진에 '좋아요'를 누르는 목적이 그거 아닌가? 게다가 알고리즘이 사람들의 성격을 예측하려고 사용하는 단서들도 그 사람과 관련이 없어 보이는데, 사진의 색상과 기본적인 내용을 바탕으로 판단한다는 거잖아?" 타당한 지적이다. 지금까지는 그렇게 했다. 하지만 컴퓨터가 사람들의 내면세계를 염탐하는 데 사용하는 신호는 사진 외에도 또 있다.

얼굴을 보면 안다

지금껏 내가 언급하지 않은 내용이 있다. 과학자들 사이에서 가장 많은 논쟁이 벌어지고 (나를 포함해서) 수많은 사람의 반발을 사는 내용이다. 하지만 이게 사실이라면 잠시 멈추고 사진에 대한 우리의 생각을 재점검해야 할지도 모른다. 내가 이야기하는 것은 얼굴을 보고 사람의 심리적 특성을 예측할 수 있다는 이론이다.

얼굴의 특징으로 사람의 성격을 판단하는 골상학physiognomy은 최근에 생긴 기술이 아니다. 골상학의 길고 어두운 역사는 고대 그리스 시대까지 거슬러 올라간다. 고대 철학자 피타고라스는 얼굴 특징을 보고 제자를 선발했다고 한다. 비글호의 선장은 찰스 다윈Charles Darwin 의 코를 보고 결단력과 에너지가 부족할 것이라고 생각해서 다윈의 역사적인 항해를 취소할 뻔했다. 범죄인류학criminal anthropology 의 창시자로 알려진 체사레 롬브로소Cesare Lombroso 는 피부의 질감, 어린아이 같은 외모, 머리카락 굵기 등의 특징으로 범죄자를 식별할 수 있다고 믿었다. 그리고 나치 정권의 핵심 과학자들은 반유대주의를 영속화하려고 유사과학의 증거를 활용했다.

결국 골상학의 주장들은 전체적으로 반박당했다. 사람의 외모, 특히 얼굴에서 성격을 유추할 수 있다는 생각은 시대에 뒤떨어진 것이 됐다. 지당한 일이다. 초창기에 골상학을 옹호한 사람들이 했던 주장은 엄정한 과학적 탐구의 시험을 이겨내지 못했고, 골상학이 실제로 사용된 사례들은 대부분 끔찍했다. 하지만 최근 컴퓨터 비전computer vision[i]이 발전하면서 사람의 신체적 특징과 성격의 관계에 다시 학계의 관심이 모이고 있다. 컴퓨터가 사람의 얼굴에서 성격, 성적 지향, 심지어 정치 이념까지 정확하게 예측할 수 있다는 연구 결과를 발표한 우리의 오랜 친구 미할 코신스키(그렇다, 코신스키는 논쟁적인 주제를 좋아한다) 이야기를 다시 해야겠다.

가장 논란이 많은 연구 결과를 예로 들어보자. 사람의 얼굴만 보고 컴퓨터로 이성애자인지 동성애자인지 예측할 수 있다는 것이다.[12] 사진을 한 장만 보고도 컴퓨터는 남성 타깃에 대해 81퍼센트의 정확도를 기록한다. 사진이 다섯 장 있으면 정확도는 91퍼센트까지 올라간다. 여성일 때는 정확도가 약간 내려가서, 사진이 한 장일 때는 71퍼센트고 다섯 장일 때는 83퍼센트로 나타난다.

당신이 방금 내가 한 말에 마음이 불편해지고 내가 망상에 빠졌다는 의심이 든다고 해도 이해한다. 얼굴만 보고 사람의 성격, 성적 지향, 정치 이념을 예측할 수 있다는 이론은 정말 무시무시하다. 또 그게 사실일 것이라고 믿기도 어렵다. 처음 이 연구에 대해 들었을 때 나는 말도 안 된다고 생각했다. 나만 그렇게 반응한 것도 아니었다. 코신스키 같은 사람들의 연구에 대중만이 아니라 다른 연

---

[i] 컴퓨터로 이미지 또는 비디오에서 사람과 개체를 식별하는 기술.

구자들도 반발했다.

하지만 잠시만 참아달라. 원론적으로 우리의 얼굴은 우리의 내면세계를 반영한다고 생각해야 하는 이유에 대한 코신스키의 주장을 내가 간단히 설명해 보겠다. 과학과는 거리가 먼 사례를 먼저 보자. 미국의 싱어송라이터 톰 홀Tom Hall 이 1972년에 발표한 〈얼굴은 인생의 이야기The Story of Your Life Is in Your Face 〉라는 노래의 가사를 보자.

당신의 인생 이야기는 당신의 얼굴에 있다고 그가 말했어요.
미세한 선으로 적혀 있대요.
당신의 인생 이야기가 얼굴에 있어요.
당신의 얼굴에 적힌 것이 당신의 마음을 짓누르고 있었군요.

이 노래는 사람의 얼굴이 감정을 드러내는 캔버스 역할을 한다는 것을 아름답게 표현하고 있다. 예를 들어 미소를 지을 때 입술과 치아가 이루는 선smile line은 행복과 웃음으로 가득한 삶의 이야기를 들려준다. 행복과 웃음은 둘 다 외향성의 표지로 알려져 있다. 여러 해 동안 심리적 경험이 축적되면 외모가 변화하고 얼굴의 특징이 달라질 것이다.

마찬가지로 얼굴의 특징도 성격에 어느 정도는 영향을 미칠 가능성이 높다. 당신이 아름다운 아기로 태어났다고 치자. 대칭을 이루는 얼굴, 커다란 눈, 장밋빛 뺨. 좋든 싫든 대자연이 당신을 위해 성공의 조건을 선물했다. 아기 때 어른들은 당신 앞에 더 자주 와서 인사하고 웃어준다. 10대 때는 인기가 더 많아질지도 모른다. 이처럼 긍정적인 사교 경험을 하면서 조금 더 외향적으로 변한다는 것이 놀라운 일일까? 이건 가상의 사례가 아니라 실제 과학적 발견이다. 매력적인 사람들은 주변에서 더 긍정적인 사회적 피드백을 받고, 그 결과 더 외향적으로 변한다.[13]

그리고 마지막으로, 얼굴 특징과 심리적 특성 모두에 영향을 미칠 수 있는 다양한 요인이 존재한다. 당신의 성장 환경과 환경적 요인, 아니면 단순히 호르몬 수치의 변화를 생각해 보라.

예를 들어 우리 모두에게 자연적으로 생성되는 테스토스테론을 보자. 테스토스테론이라고 하면 무엇이 떠오르는가? 남성성? 공격성? 위험 감수 성향? 모두 사실이다. 테스토스테론 수치는 외모에 영향을 미친다. 테스토스테론 수치가 높아지면 얼굴이 더 남성적으로 보이게 된다(예를 들어 얼굴의 폭과 높이 비율이 달라진다). 또한 사람들에게 테스토스테론을 투여하면 더 공격적이고 위험을 추구하는 방향으로 행동과 성격이 변화할 수도 있다.

역사 속에 골상학이 아예 존재하지 않았다고 가정해 보라. 방금 나는 얼굴 특징과 개인적 특성이 연관될 수 있는 모든 이유를 설명했다. 적어도 가능성을 고려해 볼 여지는 있지 않은가?

분명히 말하면, 그건 좋은 소식이 아닐 수도 있다. 얼굴을 보고 사람의 특성을 예측하는 일이 가능하다면, 끔찍한 결과를 초래할 수 있다(코신스키 자신도 저작에서 그런 경고를 했다). 그러나 그런 연구의 의미에 대한 우리의 감정은 우리가 그 연구 자체를 신뢰하는지 여부와는 별개여야 한다.

딥러닝의 원리

이를 염두에 두고 알고리즘이 사람의 얼굴을 창으로 활용해서 내면을 들여다보는 원리를 알아보자. 앞서 살펴본 대로 컴퓨터는 사진에서 내용물, 색상, 구도 등과 관련된 특징 목록을 추출할 수 있다. 얼굴은 다르다. 눈 두 개, 입 하나, 코 하나. 염탐하기 좋은 자료는 못된다. 정보가 더 필요하다. 진짜 마법이 필요하다. 마법에 가장 근접한 것이 딥러닝 deep learning 또는 심층신경망 deep neural network 이라는 계산법이다.

딥러닝은 컴퓨터로 인간의 뇌가 작동하는 방식을 모방하려는 노력이다. 우리는 어떤 사물이나 장면을 보면 무슨 일이 벌어지고 있는지 금방 안다. 우리는 1밀리초마다 망막에 닿는 빛 입자 수백만 개를 처리해 완결된 이미지로 엮어낸다. 보이지 않는 곳에서 뉴런 수십억 개가 발화하면서 다양한 수준의 인지적 추상화가 이뤄진다.

딥러닝도 동일한 원리를 기반으로 한다. 인간의 뇌와 마찬가지로 심층 신경망은 정보를 처리하고 그 정보를 다음 층으로 전달할지 여부를 결정하는 여러 층의 뉴런으로 구성된다. 신경망은 미리 정해진 특징들의 집합을 바탕으로 작업하는 대신 이미지의 모든 픽셀(최하위 층)을 판별하는 일부터 시작한다. 수많은(정말 많은!) 시행착오를 거치면서 신경망들은 픽셀들의 특정한 구성이 추상적인 개념(예를 들어 이 사진에 고양이가 포함되어 있는가? 이 얼굴은 외향적인가?)과 어떻게 연관되는지 학습한다.

이것을 하나의 조직이라고 생각해 보라. 조직에는 여러 층으로 이뤄진 위계 구조가 있으며, 하부에는 직원이 다수 있고 최상부에는 최고경영책임자CEO가 있다. 조직의 각 층에서 직원들은 정보를 처리하고 무엇을 상사에게 알릴지 정해야 한다. 이런 식으로 최상부까지 올라간다. CEO는 모든 정보의 조각을 다 보지 않지만 조직의 집단적 지식에 근거한 결정을 내린다(이상적인 상황이라면).

컴퓨터를 이용한 계산 모델 자체는 너무 복잡해서 해석하기가 어렵다. 하지만 모델의 신경 구조를 이해하지 못해도 컴퓨터 내부에서 어떤 일이 벌어지고 있는지 이해할 수는 있다. 만약 어떤 모델이 사람들을 그들이 직접 작성한 설문조사 응답에 대한 평가를 기반으로 외향적인 사람과 내향적인 사람으로 정확하게 분류할 수 있다면 그 모델은 제대로 작동하고 있다고 본다. 즉 우리가 할 수 있는 일은 모델이 하는 예측을 깐깐하게 검증하는 것밖에 없다.

그림 2-7의 사진 두 장을 보라. 미할 코신스키와 포루즈 캄바타

그림 2-7 | 알고리즘이 예측한 가장 내향적인 사람의 얼굴과 가장 외향적인 사람의 얼굴 10개를 변형한 결과

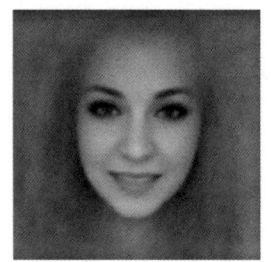

QR 코드를 스캔하면 사진들을 컬러로 볼 수 있다.

출처: 미할 코신스키, "프라이버시의 종말", 2016년 1월 28~30일 미국 샌디에이고에서 개최된 성격·사회심리학 학회 연례 학술대회에서 발표된 논문.

Poruz Khambatta가 진행 중인 연구에서 가져온 사진이다.

그렇다. 둘 다 흐릿하고 몽환적인 초상사진처럼 보인다. 실제로도 그렇고. 그 사진들은 알고리즘이 상상해 낸 내향형과 외향형의 모습이다. 하나는 데이터세트에서 가장 외향적일 것으로 예측된 여성 얼굴들의 결합(변형)이고, 다른 하나는 가장 내향적일 것으로 예측된 여성 얼굴들의 결합이다(그리고 남성과 백인 이외의 인종을 대상으로 동일한 작업을 수행할 수도 있다. 다만 이 집단들을 섞어놓을 수는 없다).

어느 쪽이 내향형이고 어느 쪽이 외향형인지 짐작이 갈 것이다. 내향적인 사람은 왼쪽, 외향적인 사람은 오른쪽이다. 당신은 어떻게 그런 결론에 도달했는가? 눈? 머리 모양? 얼굴 모양?

사진을 보고 내가 발견한 점은 다음과 같다. 외향적인 사람들의 얼굴이 더 갸름하다. 그들은 웃는 표정이고, 그들의 눈은 더 크고 밝은 색으로 보인다. 그들의 안경에는 테두리가 없고, 머리카락 색이 밝은 편이다(QR 코드를 스캔해서 컬러로 보기를 권한다. 컬러로 보면 두 사진의 차이가 더 뚜렷하다).

그리고 내가 관찰한 내용을 바탕으로 직관적으로 알아낸 것은 다음과 같다. 외향적인 여성은 허영심이 많다. 그들은 머리를 염색하고, 안경을 쓰지 않으려고 하며, 따분한 투명 콘택트렌즈를 푸른색으로 바꾼다. 그들의 얼굴이 더 갸름한 이유는 뭘까? 어쩌면 외향적인 사람들이 체중에 더 신경을 쓰기 때문일 수도 있다. 아니면 단순히 그들이 사진을 더 잘 찍기 때문인지도 모른다. 외향적인 사람들은 위쪽에서 사진을 찍으면 얼굴이 더 갸름해 보인다는 사실을 알아냈을 것이다. 내향적인 사람들도 그런 사실을 알고는 있지만 별로 신경 쓰지 않을 것 같다. 이 이론의 증거를 더 알고 싶다면 콧구멍을 살펴보라. 내향적인 사람의 얼굴에서는 콧구멍이 선명하게 보이지만 외향적인 사람들의 얼굴에서는 콧구멍이 아예 보이지 않는다. 여기서 중요한 의문이 생겨난다. 알고리즘이 포착하는 차이 중에 사람들이 외모를 가꾸는 습관이나 사진 찍는 방식이 아닌 실제 얼굴 특징의 차이가 얼마나 될까? 당신이 사람들의 성격 특성을 정확하게 예측하는 데만 관심이 있다면 이런 구분에는 신경 쓰지 않아도 된다. 단서에 일관성만 있다면 외모를 가꾸는 습관에 대한 모든 단서를 활용할 수 있다.

하지만 당신이 개개인의 얼굴 특징과 성격 사이에 직접적인 관계가 있다고 주장하는 과학자라면 더 나은 대답이 필요하다. 코신스키와 캄바타는 이 점을 잘 알고 있었다.

그래서 연구진은 스탠퍼드대학교 학생들을 연구실로 초대했다. 학생들은 모두 면도를 하고, 화장을 하지 않고, 머리는 헤어 밴드를 사용해 뒤로 넘기고 왔다. 모든 사진은 똑같은 배경에서 똑같은 카메라를 사용해서 똑같은 각도로 촬영했다. 다시 말해서 사진은 최대한 동일한 조건에서 촬영했으며 혼란스러운 신호가 없었다. 만약 두 온라인 표본 사진의 효과가 단순히 외모를 가꾸는 습관과 사진 촬영 기술의 결과였다면 이처럼 철저히 통제된 표본에서는 코신스키의 알고리즘이 실패해야 했다. 하지만 그게 아니었다. 알고리즘은 원래의 표본에서와 마찬가지로, 아니 원래의 표본에서보다 잘 작동했다.

소셜 미디어를 넘어서

사회과학자로서 나는 소셜 미디어 프로필로 사람들의 심리를 매우 정밀하게 예측하는 컴퓨터의 능력에 매료됐다. 그건 놀랍고 획기적인 기술이었다.

하지만 소셜 미디어 사용자로서 나는 그 아이디어에 매력을 느끼지 못한다. 그건 소름 끼치는 일이다. 그건 사생활 침해 같다. 만약 당신이 소셜 미디어의 소용돌이에 저항하거나 계정을 영원히 삭제한 운 좋은 소수에 속한다면 지금 뿌듯한 심정일지도 모르겠다. 잘했다. 당신은 빅브라더 Big Brother[i]의 사악한 손아귀에서 스스로 해방됐고 나머지 사람들은 망했으니까. 나도 그러기를 바란다. 그런데 그게 아니다.

사람의 내면세계를 드러내는 데서 말의 힘이 얼마나 큰지 다시 한번 생각해 보라. 물론 그런 말은 소셜 미디어에서 수집할 수 있다. 소셜 미디어는 쉬운 출발점이다. 하지만 사람의 정체성을 유추하려고 반드시 소셜 미디어에 게시된 글에 의존할 필요는 없다. 음성인식 기술이 발달해서 음성언어를 문자언어로 옮기기가 어느 때보다 쉬워졌다. 과거에 몇 시간을 들여 손으로 필사하던 작업이 이제는 클릭 한 번으로 몇 초 만에 끝난다. 당신의 소셜 미디어 게시물에 의존하는 대신 당신의 대화를 엿들으면 된다. 당신도 스마트폰이 있지 않은가? 아니면 음성제어 기능이 탑재된 알렉사 Alexa 같

---

[i] 개인정보를 독점해 사회를 감시하고 통제하는 권력을 비유적으로 일컫는 말. 조지 오웰의 소설 《1984》에서 처음 등장했다.

은 인공지능 스피커나 삼성 텔레비전 같은 다른 스마트 기기가 있을지도 모른다.

사진도 마찬가지다. 사진은 그 고유한 속성 때문에 프라이버시 보호가 특히 어렵다. 사진이라고 하면 뭐가 생각나는가? 특별히 생각나는 것이 없다면 우리 자신의 사진이 떠오를 것이다. 소셜 미디어에 자기 사진을 공유하는 것 자체는 잘못된 일이 아니다. 우리에게 중요한 순간을 다른 사람들과 공유하는 것은 기분 좋은 일이다. 하지만 그건 세상에 돌아다니고 있는 우리 자신의 사진들 중 극히 일부에 불과하다.

내가 얼마 전에 햄튼으로 주말 여행을 다녀온 사진을 내 친구들이 게시할 수도 있고, 내가 휴일 파티에서 찍은 셀카 사진을 내 동료가 공유할 수도 있다. 또는 내가 전혀 모르는 사람이 바하마에 놀러 와서 촬영한 틱톡 동영상의 배경에 내가 우연히 지나갈 수도 있다. 친구들은 나와 함께 즐기려고 나를 태그할 것이다. 친구가 태그를 하지 않더라도 안면 인식 알고리즘이 몇 초 만에 그 일을 대신할 수 있다. 내가 팔로우하는 페이지나 게시물은 내가 통제할 수 있지만, 사진은 종종 고유한 생명력이 있다. 그리고 내가 알기로는 아직까지 우리가 눈에 띄지 않고 어딘가에 가고 싶다고 해서 얼굴을 집에다 두고 갈 수 있는 방법은 없다.

더 중요한 점은 소셜 미디어가 디지털 생활의 유일한 단면이 아니라는 것이다. 정보 제공에 대한 선택이나 사용자의 직접적인 협력을 요구하지 않고 사용자의 행동을 추적하는 다른 데이터 소스도 많다. 구글 검색은 사용자의 가장 사적인 비밀과 질문이 담긴 로그 기록을 생성한다. 신용카드는 사용자가 무엇을, 어디서, 언제 구매하는지 정확히 알고 있다. 그리고 스마트폰에는 사용자의 현재 위치를 수집하고, 주변 조도를 감지하고, 신체 활동을 포착하고, 사용자가 사회적 상호작용을 얼마나 많이 하는지 (예를 들어 통화와 메시지를 모니터링해서) 측정하는 센서들이 잔뜩 부착되어 있다.

소셜 미디어 사용의 유혹을 이겨내는 일은 웰빙에는 도움이 된다. 하지만 소셜 미디어를 멀리한다고 해서 심리 프로파일링에 사용될 수 있는 디지털 발자국이 남지 않는다는 보장은 없다. 다음 장에서 설명하겠지만, 우리는 언제든지 노출될 수 있고 노출될 것이다.

3장

우리가 남긴 디지털 발자국을 추적하는 자들

나는 행복의 과학에 대한 강연을 하려고 시카고 W호텔의 소강당 무대 옆에 서서 기다리고 있었다. 강연 시각이 다가오자 심장이 더 빨리 뛰기 시작했다. 나는 긴장하고 있었다. 인생의 선택에 의문을 품게 하는 그런 종류의 긴장이었다.

왜 이걸 하겠다고 했을까? 디지털 행복이라는 주제에 대해 내가(혹은 다른 누구라도) 뭘 알고 있을까? 디지털 행복이라는 것이 있기는 할까, 아니면 기업들이 만들어낸 목록에 올라온 가짜 중 하나일 뿐일까? 어차피 이제 와서 의심을 품기에는 너무 늦었다. 모든 준비가 끝났다. 마이크가 설치됐고, 내가 준비한 첫 번째 슬라이드가 화면에 띄워졌고, 사회자가 나를 청중에게 소개할 참이었.

그때 주최측 사람이 나를 구석으로 데려갔다. 그 자리에 오기로 했던 두 번째 강연자가 나타나지 않았기 때문이다. 주최측이 그에게 여러 번 전화를 걸었지만 응답이 없었다. "그래서 선생님께서 30분이 아니라 한 시간 동안 강연을 해주시면 어떨까 하는데요?" "아… 조금 갑작스럽지만, 가능합니다."

나는 열과 성을 다했다. 청중들은 몰입했고, 내가 던지는 농담이 통했다. 시간적 여유가 있었으므로 몇 가지 일화와 통찰을 더 제시했다. 간단히 말해서 나는 대박을 터뜨리고 있었다.

그런데 강연을 시작한 지 25분쯤 됐을 때 주최측에서 다음 강연자가 도착했다는 신호를 보냈다. 5분에서 10분 안에 내 강연을 마무리해야 했다. 이제 와서? 뭐 저런 인간이 다 있어! 늦게 도착해서 내 추가 시간을 뺏어가다니. 저 사람 강연은 망했으면 좋겠다. 나는 겉으로는 웃고 있었지만 속은 부글부글 끓는 심정으로 급히 강연을 마무리하고 무대에서 내려왔다.

여섯 시간 빨리 감기. 컨퍼런스 참가자들과 함께하는 만찬이 끝나고 나서, 나는 바 좌석에… 아까 그 '다음 강연자'와 함께 앉아 있었다. 그는 섹시하고 똑똑하고 재미있는 사람이었다. 우리는 칵테일을 몇 잔 마시고, 탁구를 치고(친선 경기가 아니므로 나는 전력을 다했다), 서로가 아는 다른 학자들에 대해 뒷담화를 나눴다. 술집이 문을 닫았을 때, 어렵지 않게 설득당한 나는 그의 아파트로 같이 갔다.

아파트에 들어서자마자 나는 실내를 기웃거렸다. 그의 성격을 가늠해 보고 싶었다. 섹시하고 똑똑하고 재미있는 연쇄살인범일 수도 있으니까.

제일 먼저 눈에 들어온 건 거대한 벽 서가에 가득 꽂힌 책이었다. 영어, 프랑스어, 히브리어로 된 과학, 문학, 예술 책들이 주제와 높이에 따라 분류되어, 서가의 앞쪽 가장자리에 완벽하게 정렬되어 있었다. 이 사람은 누구지? 정리를 좋아하는 책벌레인가? 강박성 성격장애의 경계선에 있는 사람인가?

다음은 술이었다. 유리잔을 찾으려고 찬장을 열었다. 잔들이 완벽하게 일정한 간격으로 수납되어 있고 반짝반짝 빛날 정도로 깨끗했다. 물 얼룩도 하나 없었다. 그게 그 남자의 마법인지, 아니면 청소 도우미의 마법인지 궁금했다. 거실로 돌아와 탁자에 잔을 내려놓는 순간 답을 알아냈다. 그가 의자에서 벌떡 일어나더니 잔 밑에 컵받침을 놓은 것이다. 경계선 강박장애가 맞았다.

그날 밤은 괜찮게 보냈다. 아주 좋았다. 이번에는 4년 빨리 감기. 그 신비로운 책벌레와 나는 맨해튼의 작은 다락방에서 반지를 교환하고, 평생을 함께하겠냐는 물음에 "예"라고 대답했다.

그의 아파트에 처음 갔던 날 내가 받았던 첫인상은 100퍼센트 정확했다. 남편은 내가 만나본 사람 중 가장 호기심 많고 약간의 정리벽이 있는 사람이었다. 그리고 당신의 짐작대로… 그는 언제나 약속 시간에 늦었다.

디지털 빵 부스러기

남편의 아파트와 비슷하게, 우리의 삶과 우리가 거주하는 물리적 공간은 우리의 정체성에 대한 단서로 가득 차 있다. 어떤 단서는 앞서 설명한 의도적인 정체성 주장에 속한다. 우리가 서가에 꽂아두기로 결정하는 책이라든가, 벽에 붙이는 포스터 같은 단서들이 그렇다.

하지만 어떤 단서들은 우리가 의식하지 못하는 사이에 생성된다. 사무실 책상 위의 너저분한 메모, 휴지통 속의 콘서트 표, 문간에 놓인 스케이트 같은 것들이다. 심리학자들은 이런 단서를 '행동 잔여물behavioral residue'이라고 부른다. 어쩌다 보니 남은 생활의 흔적들. 나는 그걸 해변을 걸을 때 남는 발자국에 비유한다. 이런 단서들은 정체성 주장과 달리 의도가 담겨 있지 않고, 다른 사람에게 명백한 신호로 작용하지 않는다. 행동 잔여물은 생활의 부산물이고, 우리가 하는 행동의 불가피한 흔적이다. 하지만 해변의 발자국은 일시적인 것이어서 다음 파도가 밀려오면 씻겨 사라지는 반면, 우리가 온라인에 남기는 발자국은 대부분 영구적이다.

나는 여자 셜록 홈즈라고 자부하는 사람이지만, 염탐 전문가는 나 말고도 많다. 미국의 심리학자 샘 고슬링 Sam Gosling은 사람들에게 낯선 사람의 사무실이나 침실을 둘러볼 기회를 주면 그 사람의 성격을 대단히 정확하게 판단한다는 사실을 입증했다.[1] 예를 들어 침실에 걸린 앤디 워홀 포스터는 개방성의 신호로 받아들여지고, 꼼꼼하게 정돈된 침대와 완벽하게 개어놓은 셔츠는 성실성의 지표로 간주된다.

디지털 공간에도 똑같은 원리가 적용된다. 아날로그 세계와 마찬가지로, 내면세계에 대한 단서들은 대부분 우리가 고민하지도 않는 사이에 우리의 의도와 무관하게 생성된다. 예를 들어 우리는 아주 일상적인 질문이나 은밀한 질문을 검색창에 입력할 때 청중을 염두에 두지 않는다. 개들이 수박을 먹을 수 있나요? (먹을 수 있다.) 인생의 의미가 뭐죠? (나도 모르지만, 개들이 한몫을 한다고 생각한다.) 타인의 시선에서 자유로워진 우리는 뭐든지 구글에 물어보고 몇 초 만에 답을 얻는다.

　마찬가지로 우리 대부분은 마트에서 신용카드를 긁거나 아마존Amazon에서 신용카드로 편리하게 결제하면서 우리가 남기는 흔적에 대해 지나치게 많이 생각하지는 않는다. 물론 때때로 우리는 취향을 다른 사람들에게 드러내려고 돈을 쓴다. 구찌 핸드백을 구매한다거나 새 포르쉐 자동차에 돈을 펑펑 쓰는 행위는 페이스북에 패션에 대한 게시물을 올리는 것과 똑같은 정체성 주장으로 봐야 한다. 하지만 우리가 하는 소비의 대부분은 화려한 옷이나 비싼 차가 아니다.

　마지막으로 우리는 스마트폰에 하루 24시간, 주 7일, 365일 내내 우리의 행적에 대한 정보를 수집하라고 적극적으로 지시하지 않는다. 구글 지도를 화면에 띄울 때는 위치 추적을 의식할 수도 있지만, 많은 상황에서 스마트폰은 백그라운드에 숨어서 활약할 따름이다. 우리가 언제 집을 나와 일하러 가는지, 어떤 장소를 방문하는지, 걷고 달리고 운전하는 데 시간을 얼마나 소비하는지 스마트폰은 알고 있다.

　이 모든 데이터 흔적은 우리의 삶에 대해 놀라울 만큼 자세한 통찰을 생성할 수 있다. 우리는 디지털 빵 부스러기를 이용해 미래에 남편이 될 사람의 심리를 엿볼 수 있겠지만, 컴퓨터에 비하면 우리의 염탐 기술은 보잘것없다.

　인간의 심리를 들여다보게 해주는 행동 잔여물의 대표적인 유형으로 구글 검색, 소비 기록, 스마트폰 센서가 있다. 이 세 가지 유형의 행동 잔여물을 자세히 살펴보자.

우리의 가장 가까운 비밀 친구: 구글

구글은 종종 최신 트렌드는 물론이고 사회의 꽁꽁 감춰진 비밀을 들여다보게 해주는 수정 구슬처럼 여겨진다. 내가 제일 좋아하는 책 중 하나인 《모두 거짓말을 한다》에서 사회과학자이자 작가인 세스 스티븐스 다비도위츠Seth Stephens-Davidowitz는 미국의 '진실'을 밝혀내려고 5년간의 구글 검색 기록을 분석했다.[2]

검색 기록에 인종차별적 농담이 놀라울 정도로 많다는 사실은 미국이 여전히 우리가 생각하는 것보다 인종차별적이라는 뜻이다. 임신중단 방법에 대한 정보 검색량이 급증한 것은 아직 공식적으로 알려지지는 않았지만 최근 임신중단 수술을 받기가 어려워진 지역에서 비공식적인 임신중단이 횡행한다는 전조일 가능성이 있다. 또한 성생활 및 성행위 습관에 대한 상식적인 가정과 달리, 여성들이 남자친구가 왜 자신과 성관계를 하지 않으려는지에 대한 답을 검색할 가능성이 그 반대일 때보다 두 배나 높다. 스티븐스 다비도위츠의 관찰이 매력적인 이유는 사회에 대한 편향 없고 역동적인 조감도를 제공하기 때문이다. 하지만 구글 검색이 할 수 있는 일은 그 이상이다. 구글 검색을 활용하면 개인의 심리까지 세세하게 들여다볼 수 있다.

2020년에 나는 오스트리아에 사는 리사라는 젊은 여성의 삶을 재현하는 〈맞춤제작Made to Measure〉이라는 다큐멘터리 작업에 참여했다.[3] 리사를 만나본 적도 없는 상태에서 구글 검색 결과만 보고 리사의 삶을 재구성했다. 구글 검색 결과에 생명을 불어넣고 그것을 개인적인 서사로 엮어내려고, 제작진은 배우를 고용해서 리사의 과거에서 가장 비밀스러웠던 순간을 재현했다. 티롤이라는 작은 마을에서 보낸 어린 시절부터 웨이트리스로 일했던 첫 직장, 제과 요리사가 되려고 런던에서 받은 직업 훈련, 나아가 삶의 실존적 위기까지 다뤘다.

다큐멘터리는 리사가 과거에 살았던 장소를 깜짝 놀랄 만큼 세밀하게 재구성했을 뿐만 아니라 그의 내면세계도 재구성했다. 표 3-1에서 리사가 검색한 단어들을 살펴보라.

검색어 목록을 보면 완벽주의와 스트레스(범주 1)에 맞서 싸우고, 섭식장애와 우울증(범주 2)으로 고생하며, 마약을 복용하고(범주

표 3-1 | 리사의 구글 검색 기록

범주	검색어
1	생존하려면 휴식이 중요한가 감정 과잉의
2	0사이즈 고강도 인터벌 트레이닝 체중 감량 초밥 칼로리 내면의 위기 치료사
3	코로 흡입하는 코카인 약물 도구 스푼[i]
4	1년 동안 아팠다면 심한 만성 인두염 감기 치료 기관지염
5	임신 첫 달 임신 초기 출혈 몇 주 만에 유산

---

[i] 헤로인 분말을 복용할 때 사용하는 스푼을 가리키는 것으로 짐작된다.

3), 건강에 문제가 생기고(범주 4), 뜻하지 않은 임신과 유산(범주 5)을 겪어야만 했던 젊은 여성의 모습이 떠오른다.

이 중 어떤 검색도 리사가 정체성을 표현하려고 했던 것은 아니다. 그런데도 이 검색어들은 리사의 인생에서 가장 암울했던 시간들을 리사 본인이 예상했던 것보다 훨씬 자세히 들여다볼 수 있게 해준다. 다큐멘터리의 마지막 부분인 뱃속의 아기를 잃는 장면을 맞은편에 앉은 배우가 연기하는 모습을 본 리사는 마음을 추스르려고 생방송 인터뷰를 중단했다.

리사의 다큐멘터리 제작자들은 우리의 구글 검색어가 우리의 정신세계와 관련이 깊다는 사실을 직관적으로 알아냈는데, 이처럼 검색어를 통해 사람의 정신세계를 들여다보는 과정은 쉽게 자동화가 가능하다. 알고리즘을 훈련시켜서 소셜 미디어 게시물에서 성격, 사회경제적 지위, 정신 건강을 예측할 수 있는 것처럼, 구글 검색 기록을 심리 프로필로 변환할 수도 있다.

구글 검색 기록은 페이스북이나 트위터 프로필보다 수집하기가 훨씬 어렵기 때문에 구글 검색이라는 맥락의 심리 타깃팅 연구는 상대적으로 드물다(그건 다행한 일일 것이다). 하지만 구글 검색 데이터의 잠재력은 의심할 여지가 없다. 스티븐스 다비도위츠의 책에 따르면 자살률이 높은 지역에서 '우울증'을 검색한 비율이 가장 높게 나타난다. 그리고 미국의 50개 주에서 동성애자라는 것을 공개적으로 밝히는 남성의 비율은 큰 차이가 있지만 '남자 동성애 포르노'의 검색량은 동일하다는 사실은 구글 검색이 겉으로 드러나는 모습보다 훨씬 진실한 내면세계의 모습을 보여준다는 것을 시사한다.

여전히 많은 나라에서 정신 건강이나 동성애 같은 민감한 심리적 특성들에 낙인이 찍히는 상황에서, 수많은 사람이 도움을 받으려고 구글에 의지한다. 역설적으로 친구, 가족, 이웃의 눈길에서 우리를 보호하려고 하는 바로 그 행동이 구글 데이터베이스에 우리에 대한 영구적인 기록을 생성한다.

돈, 돈, 돈…

코로나19 시기에 시카고에서 1년 동안 집에 갇혀 지내던 남편과 나는 햇빛 속에서 글을 쓰려고 두 달간 멕시코에 가 있기로 결심했다. 낮에는 베란다에 앉아 초록어치새의 노랫소리를 듣고 따스한 햇볕을 받으며 격렬하게 타이핑을 했다. 저녁에는 매콤한 마가리타와 과카몰리를 찾아 플라야 델 카르멘의 거리를 거닐며 도시의 활기찬 분위기에 흠뻑 빠져들었다.

어느 날 밤, 출중한 재능으로 어쿠스틱 기타를 치며 노래하는 젊은 가수를 발견했다. 그의 목소리에 매료된 우리는 한동안 그 자리에 서서 노래를 들었다. 노래가 끝나자 우리는 열렬한 박수를 보냈다. 마법 같은 경험이었다. 그런데 그 가수가 다가와서 돈을 요구했다. 나는 마음이 불편해졌다. 우리에겐 현금이 하나도 없었다. 그건 사실이었지만 막상 입 밖에 내니 핑계처럼 들렸다. 놀랍게도 그는 미소를 지으며 주머니에서 카드 리더기를 꺼내더니 신용카드, 페이팔PayPal, 벤모Venmo로 결제가 가능하다고 말했다. 그야말로 예술적 혁신이었다!

이제 미국에서는 전체 거래의 네 건 중 한 건만 현금으로 이뤄진다. 나머지는 신용카드나 모바일 기기에 기록된다. 다른 지역(특히 아시아)에서는 현금 없는 결제가 더 많이 사용된다. 종이돈과 동전은 곧 과거의 유물이 될지도 모른다. 마피아들이 잘 아는 것처럼, 현금은 가장 편리한 결제 수단은 아니겠지만 추적하기가 매우 어려운 수단이다.

우리는 카드를 긁을 때마다 흔적을 남긴다. 그리고 그 흔적은 우리가 생각하는 것보다 훨씬 민감하다. 그 흔적들은 고유한 지출 서명spending signature을 생성하기 때문에, 누군가가 소비자 수백만 명 사이에서 우리를 식별하는 일도 가능하다.

어떤 사람이 맨해튼에 산다고 가정하자. 다른 뉴요커와 마찬가지로 그 사람은 동전 몇 개와 지폐 몇 장을 가지고 다니지만 거래의 대부분은 신용카드나 스마트폰으로 한다. 이제 내가 뉴욕에 거주하는 850만 명 모두의 신용카드 거래에 접근할 수 있다고 가정하자. 나는 모든 거래 내역을 볼 수 있지만 이름은 볼 수 없다. 전부 익명이다. 어떤 지출 기록이 내 남편의 것인지 내가 찾아낼 확률은 얼마나 될까? 풀숲에서 바늘 찾기처럼 어려울 것 같다. 하지만 가능성은 100퍼센트에 가깝다.

컴퓨터공학자 이브 알렉상드르 드 몽조이Yves Alexandre de Montjoye의 획기적인 연구에 따르면, 내가 남편의 구매 내역을 세 가지만 알고 있으면 이 신원 확인 퍼즐을 푸는 것이 가능하다.[4] 남편이 오전 8시 42분에 72번가에 있는 스타벅스와 암스테르담에 갔고, 오후 1시 33분에 야사카 스시에서 점심식사를 했으며, 오후 7시에 어퍼웨

스트사이드에서 소호까지 옐로우캡Yellow Cab 택시¹를 탔다는 사실을 알면 데이터에서 그를 찾아낼 수 있다. 정확하게 그런 서명을 하는 사람은 한 명뿐일 가능성이 높으니까. 어떤 사람이 **무엇**을 구매했는지에 대한 기록과 **언제, 어디서** 그것을 구매했는지에 대한 기록을 결합하면 달러 표시$$$ 로 이뤄진 고유한 지문이 생성된다.

하지만 신용카드를 긁거나 스마트폰 화면을 터치하는 행위는 그보다 많은 것을 알려준다. 포에버21 의류 매장에서 크롭톱을 구매하고, 맥도널드에서 더블 치즈버거 하나를 사고, 지하철 표를 사는 데 29.99달러를 지출했다고 기록한 사람의 일기장을 발견했다고 상상해 보라. 그 사람은 아마도 젊은 여성일 것이다. 다른 디지털 발자국과 마찬가지로 구매 내역은 우리의 취향과 습관, 생활 방식과 선호도, 동기를 들여다보는 창이 된다.

그뿐 아니라 소비는 자기 표현의 한 형태로서 매우 사적인 영역에 속한다. 물론 옷은 누구에게나 필요하다. 하지만 어떤 옷을 선택해서 구매할지는 우리의 재량이다(적어도 어느 정도는). 어떤 사람은 클래식한 검정색 옷을 고를 것이고, 어떤 사람은 시선을 끌려고 다채롭고 화려한 패션쇼 의상을 입을 것이다. 물론 우리는 수입의 상당 부분을 교통이나 식료품 같은 필수재에 지출해야 한다. 하지만 우리 대부분은 수입의 나머지 부분에 대해서는(아니면 적어도 어디서 식료품을 구매하는지, 어떤 교통수단을 이용하는지에 대해서라도) 어느 정도 재량권이 있다.

---

i   뉴욕시 택시·리무진위원회에서 면허를 받아 공식적으로 운영되는 밝은 노란색의 택시.

소비 기록과 성격 특성

2018년에 나는 동료인 조 글래드스톤Joe Gladstone, 알랭 르메르 Alain Lemaire와 함께 사람들이 구매하는 품목과 정체성의 관계를 연구하기 시작했다.[5] 우리는 영국에서 2,000명 이상의 5대 성격 특성 프로필을 수집하고, 그들에게 그 프로필을 은행 계좌에 연결해도 좋다는 허락을 받았다. 각 개인이 6개월 동안 진행한 모든 거래를 관찰한 결과, 우리는 그들이 무엇을 구매하고 얼마를 지출했는지 알 수 있었다.

잠재적인 구매의 세계는 거의 무한하므로 우리의 조사는 보편적인 소비 범주(예를 들어 슈퍼마켓, 패스트푸드, 예술품, 서적)와 브랜드(예를 들어 스타벅스, 영국 슈퍼마켓 테스코, 피자헛)에 초점을 맞췄다.

표 3-2의 두 가지 소비 범주 목록을 보라. 5대 성격 특성 중 하나의 양쪽 끝에 속한 사람들의 목록이다. 지금까지 내가 낸 퀴즈를

표 3-2 | 5대 성격 특성 중 하나와 연관된 소비 범주

다음을 읽으면서 어떤 성격 특성인지 맞춰보라

상관관계가 가장 강한 항목	상관관계가 가장 약한 항목
저축	점심식사 또는 간식
휴가를 위한 저축	대중교통
수리 비용	스마트폰
아이들 옷	현금
미용 서비스	테이크아웃

출처: 조 J. 글래드스톤, 산드라 C. 마츠, 알랭 르메르, "소비에서 심리적 특성을 유추할 수 있는가? 거래 데이터에서 수집한 증거", <심리과학 Psychological Science> 제30권, 7호, 1,087~1,096쪽. 저작권자: 조 J. 글래드스톤, 산드라 C. 마츠, 알랭 르메르. DOI: https://journals.sagepub.com/doi/10.1177/0956797619849435로 접속함.

많이 풀어봤으니 당신은 쉽게 답을 찾을 것이다. 왼쪽에 있는 사람은 미래를 위해 돈을 모으고 외모에 신경을 쓴다. 오른쪽에 있는 사람은 있는 돈의 대부분을 스마트폰, 테이크아웃 음식, 간식에 소비한다. 정답은 성실성이다. 저축에는 자제력이 필요하지만 간식에는 자제력이 필요하지 않다.

또 다른 표를 보자(표 3-3). 이번에는 외향성이다. 한쪽은 택시, 옷, 즐거운 밤 외출에 돈을 쓰는 외향적인 날라리 유형이다. 다른 한쪽은 편안한 집과 보드라운 반려동물 친구들에게 돈을 쓰는 내향적인 은둔자 유형이다.

표 3-3 | 외향성과 상관관계가 있는 소비 범주들

상관관계가 가장 강한 항목	상관관계가 가장 약한 항목
외식과 음주	약품
의류	지방세
택시비	가전제품 보험료
무담보 대출금	가전제품
의료비(치과, 안과)	반려동물

출처: 조 J. 글래드스톤, 산드라 C. 마츠, 알랭 르메르, "소비에서 심리적 특성을 유추할 수 있는가? 거래 데이터에서 수집한 증거", <심리과학> 제30권, 7호, 1,087~1,096쪽. 저작권자: 조 J. 글래드스톤, 산드라 C. 마츠, 알랭 르메르. DOI: https://journals.sagepub.com/doi/10.1177/0956797619849435 로 접속함.

하지만 지출 기록에서 생성해낼 수 있는 사람의 심리에 대한 통찰은 5대 성격 특성에 국한되지 않는다. 우리가 연구한 다음 특성에 대해 아무것도 모르는 상태에서 표 3-4의 두 가지 목록을 살펴보라.

표 3-4 | 어떤 성격 특성과 상관관계가 있는 소비 범주

다음을 읽으면서 어떤 특성인지 맞춰보라

상관관계가 가장 강한 항목	상관관계가 가장 약한 항목
투자	점심식사 또는 간식
저축	라이프스타일
종교적 기부	현금
운동기구	(유선)전화
주택담보대출 상환	무담보 대출 상환

출처: 조 J. 글래드스톤, 산드라 C. 마츠, 알랭 르메르, "소비에서 심리적 특성을 유추할 수 있는가? 거래 데이터에서 수집한 증거", <심리과학> 제30권, 7호, 1,087~1,096쪽. 저작권자: 조 J. 글래드스톤, 산드라 C. 마츠, 알랭 르메르. DOI: https://journals.sagepub.com/doi/10.1177/0956797619849435 로 접속함.

각각의 소비 패턴을 보이는 사람들에 대해 어떤 이미지가 떠오르는가? 왼쪽에 있는 사람은 자선 단체에 돈을 기부하고, 운동기구에 돈을 쓰고, 투자와 저축을 해서 재무관리를 한다. 오른쪽에 있는 사람은 간식, 무담보 대출 상환, 라이프스타일 제품에 돈을 쓴다. 돈을 지출하는 방식에 뚜렷한 차이가 있다. 짐작이 가는가?

이번에도 성실성 같다는 생각이 든다고? 아주 틀리진 않았다! 정답은 자제력. 충동과 감정과 욕구를 조절하는 능력이다. 왼쪽에 있는 사람은 더 나은 미래를 위해 지금 희생을 하면서 돈을 투자하고 저축하며, 돈을 자기 자신에게 몽땅 써버리는 대신 자선단체에 기부한다. 반대로 오른쪽에 있는 사람은 유혹을 이겨내는 것을 훨씬 어려워한다. 그들은 간식을 먹고, 지금 이 순간의 삶을 즐기고, 은행 수수료에 돈을 낭비한다.

은행이 대출을 연장하거나 다른 서비스를 제공할 때 어떤 고객

을 신뢰할 수 있는지 판단하는 데 이런 정보가 얼마나 유용할 것인지 상상하기는 어렵지 않다(심리 타깃팅의 실제 적용 사례에 대해서는 2부에서 자세히 다루겠다).

스마트폰: 24시간 인생의 동반자

2017년 9월 4일 밤, 스물한 살 대학생이었던 자일라 글래든Jaila Gladden은 감기 기운을 느꼈다. 이미 자정이 가까워져 있었지만, 자일라는 잠자리에 들기 전 조지아주 캐럴턴에 있는 크로거Kroger 매장에 가서 감기약과 마실 차를 사오기로 마음먹었다. 매장 주차장에서 어떤 남자가 다가오더니 라이터가 있으면 빌려달라고 부탁했다. 자일라는 라이터가 없다고 대답하고 계속 걸어갔다.

차로 돌아왔을 때 자일라는 등에 칼이 닿는 것을 느꼈다. 조금 전에 마주쳤던 티모시 윌슨Timothy Wilson이라는 남자가 자일라를 강제로 조수석에 태우고, 스마트폰을 빼앗고, 차를 몰아 애틀랜타로 갔다. 티모시는 어느 버려진 교회 뒤편에 있는 차 안에서 자일라를 강간한 후, 그에게 제일 가까운 주유소가 어딘지 알려달라고 했다. 티모시는 주유소를 털고 나서 자일라를 미시간으로 데려갈 계획이었다.

자일라의 생존 본능이 작동하기 시작했다. 그는 구글 지도 없이는 주유소를 찾지 못한다고 대답했다. 티모시는 결국 동의하고 스마트폰을 자일라에게 돌려줬다. 공포와 절망에 휩싸인 자일라는 남자친구인 타미르 브랜트에게 스마트폰의 위치 데이터를 공유하고, 납치를 당해서 무서워 죽겠다고 알렸다. 타미르는 즉시 현지 경찰에 알렸다.

당직이었던 경찰관들은 자일라의 디지털 GPS 흔적을 따라갔고, 마침내 빈 주차장에서 차를 발견했다. 불은 꺼진 상태였지만 엔진은 작동하고 있었다. 티모시는 달아나고 없었다. 자일라는 안전한 곳으로 피신했고, 몇 시간 후 티모시가 체포됐다.

"만약 피해자가 스마트폰을 가지고 있지 않았다면…" 나중에 텍사스주 캐럴턴 지역의 경찰이 인터뷰에서 말했다. "그보다 더한 일이 벌어졌을 수도 있습니다."[6]

당신의 스마트폰은 납치범에게서 당신을 구해준 적은 없었겠지만(혹은 당신이 미국 국회의사당을 습격한 사람이라는 것을 밝혀낸 적도 없었겠지만), 스마트폰이 당신의 곁을 떠날 때는 거의 드물 것이다. 사람들이 스마트폰을 손에서 놓지 못하기 때문에 소비자 연구자인 시리 멜루마드Shiri Melumad는 스마트폰을 '성인용 고무 젖꼭지'라는 애칭으로 부른다.[7] 그 이유는 쉽게 이해된다. 나는 하루에 최소한 한 번, 60초 내에 스마트폰을 찾지 못할 때면 공황발작을 일으킨다. 나는 그걸 '불안정 애착 유형'이라고 부른다! 나만 그런 것도 아니다. 평균적으로 사람들은 하루에 58번 스마트폰 잠금을 해제하며, 일일 총 3시간 15분 동안 스마트폰을 사용한다.

하지만 스마트폰이 행동 잔여물을 수집하기에 좋은 사냥터인 이유는 우리의 스마트폰 사용 시간이 길기 때문만은 아니다. 우리가 인생에서 가장 의미 있는 활동들을 하는 데 스마트폰을 사용하기 때문이기도 하다. 우리는 사랑하는 사람에게 전화를 걸거나 문자를 보내고, 특별히 중요한 순간을 카메라로 포착하며, 다양한 앱을 사용해서 운동의 성과를 추적한다.

하지만 스마트폰이 염탐 도구로서 특별한 우위를 점하는(그리고 구글 검색이나 소비 기록과도 다른) 이유는 스마트폰이 우리에 대한 데이터를 수집하기 때문이다. 심지어 우리가 스마트폰을 적극적으로 사용하지 않을 때도 스마트폰은 데이터를 수집한다. 그것은 스마트폰에 센서가 잔뜩 들어 있기 때문이다. 밤잠도 자지 않는 염탐 전문가들이 한데 모여 있다.

예를 들어 GPS 센서는 사용자가 꺼놓지 않는 한 사용자의 위치를 추적한다. 그것도 지속적으로. 스마트폰은 마치 사용자의 뒤를 졸졸 따라다니며 사용자가 하는 모든 일을 지켜보는 낯선 사람과도 같다. 하지만 GPS 센서는 여러 개의 센서 중 하나일 뿐이다. 모든 최신 기성품 스마트폰에는 가속도계, 블루투스 센서, (밝기를 조절하는) 조도 센서, 마이크, 근접 센서, 와이파이Wi-Fi가 장착되어 있다. 게다가 통화, 문자, 앱 사용, 배터리 상태와 같은 활동을 추적하는 시스템 로그가 있다.

분명히 말하지만 이 센서들 중 어떤 것도 사용자의 개인적 특성을 알아내려는 목적으로 스마트폰에 추가되지 않았다. 영화 속에서는 악당이 주인공의 집 근처에 몰래 칩을 심어두고 대화를 엿듣지만, 현실은 그렇지 않다. 센서는 사용자의 스마트폰 사용 경험을 최대한 원활하고 편리하게 하려고 존재한다.

예를 들어 스마트폰을 가로로 돌리면 자동으로 화면이 와이드 스크린으로 전환된다. 당신은 이 마법 같은 전환에 대해 생각해 본 적이 별로 없을 것이다(그 기능이 갑자기 작동하지 않는다면 몰라도). 하지만 당신의 스마트폰이 언제 화면을 전환해야 하는지 알려면 스마트폰의 공간적 위치를 추적하는 센서가 필요하다. 세로 방향인가?

가로 방향인가? 거꾸로 돌렸나? 이런 정보를 제공하는 센서를 '가속도계'라고 부른다. 가속도계는 스마트폰의 X, Y, Z 좌표를 감지한다. 사용자의 현재 필요에 맞게 디스플레이를 재정렬할 때 가속도계는 매우 유용하다.

하지만 가속도계 센서는 단지 적절한 타이밍에 화면을 전환하는 일만 하는 것이 아니다. 예를 들어 가속도계 센서는 사용자가 지금 신체 활동을 하고 있는지 아닌지, 신체 활동을 하고 있다면 어떤 활동인지 알려줄 수 있다. 당신이 길을 걷고 있다고 해보자. 한 걸음 내딛을 때마다 당신의 몸은 위아래로 흔들린다. 아니면 자전거를 타고 있다고 해보자. 자전거는 규칙적인 간격으로 당신의 몸을 흔들어놓지만 그 외에는 지상의 일정한 높이에서 일정한 속도로 비교적 매끄럽게 주행한다. 가속도계 센서에서 얻은 데이터는 당신이 현재 앉아 있는지, 서 있는지, 걷고 있는지, 뛰고 있는지, 자전거를 타고 있는지, 혹은 차를 운전하고 있는지 알려준다. 그 센서는 그런 목적으로 제작된 것이 아니지만 말이다.

그리고 이건 시작에 불과하다. 스마트폰이나 스마트워치에 탑재된 센서들은 사용자의 사회적 상호작용, 일상 활동, 이동 패턴에 대한 정보를 제공한다. 만약 내가 당신의 데이터에 접근할 수 있다면, 나는 당신의 마이크 센서를 이용해서 당신이 현재 대화 중인지 아닌지 확인할 수 있고, 블루투스 센서에 접속해서 지금 당신 옆에 다른 사람이 몇 명이나 있는지 추정할 수도 있다. 또 나는 GPS 센서를 확인해서 당신이 지금 어디에 있는지 알아내고 무엇을 하는 중인지도 추정할 수 있다. 당신은 커피숍이나 술집에 갈 수도 있다. 만약 그런 곳에 있다면 당신은 어떤 종류의 사회적 상호작용에 참여하는 중일 가능성이 높다. 아니면 당신은 사무실 건물에 있을 수도 있다. 그렇다면 당신은 일하고 있을 것이다.

이런 데이터 포인트들은 개별적으로도 유용하지만, 조합하면 더욱 신뢰도가 높아지고 통찰이 풍부해진다. 예를 들어 나는 가속도계와 조도 센서, 스마트폰 사용 로그와 배터리 상태를 결합해서 당신이 어젯밤 몇 시에 잠자리에 들었는지 추정할 수 있다. 당신의 스마트폰은 한동안 잠금 상태였고, 조도 센서는 주위가 어둡다고 하고, 가속도계는 움직임을 감지하지 못하고, 배터리는 충전 중이다. 아마도 당신은 하루 일과를 마치고 곯아떨어져 있을 것이다.

나 같은 심리학자들의 입장에서 사람들과 24시간 내내 함께하는 스마트폰의 도움을 받아 그들의 일상적인 행동과 경험을 추적하는 기능은 꿈 같은 현실이다.

스마트폰 로그 기록에서 성격 특성 유추하기

이러한 관찰은 어떻게 심리적 통찰로 변환될까? 가브리엘라 하라리Gabriella Harari 와 클레멘스 슈타흘Clemens Stachl이라는 두 심리학자는(다른 동료들과 함께) 5대 성격 특성과 스마트폰으로 감지할 수 있는 여섯 가지 행동 범주의 연관성을 연구했다. 여섯 가지 행동 범주란 다음과 같다. ①의사소통 및 사교 행동 ②음악 소비 ③앱 사용 ④이동성 ⑤전반적인 전화 활동 ⑥주간 및 야간 활동.[8]

잠시 시간을 내서 매우 성실한 사람의 스마트폰 행동이 어떤 모습일지 머릿속으로 상상해 보라. 매우 체계적이고 계획 세우기를 좋아하는 사람. 친구들이 책임감 있다고 평가하는 사람. 이런 사람의 스마트폰 사용 흔적은 다소 무책임하고 허술하며 조금 더 융통

성 있게 생활하는 사람의 흔적과 어떻게 다를까?

충분히 예측 가능한 답안이 많이 있다. 성실한 사람들은 일찍 잠자리에 들고 더 많이 잘 것이다? 그들은 직장에서 시간을 더 많이 보내고 술집에는 적게 갈 것이다? 아니면 그들은 여가 시간을 모조리 소셜 미디어나 게임에 쏟아붓지 않고 CNN 같은 진지한 앱을 사용할 가능성이 높다? 모두 말이 된다. 하지만 연구진이 발견한 성실성의 예측 변수는 다른 것이었다. 그 결과를 처음 들었을 때 나는 그게 너무 현실적이어서 키득키득 웃고 말았다. 다음 질문에 답해보라. 당신은 밤새 스마트폰 충전하는 일을 잊어버려서 배터리 전원이 부족해질 때가 얼마나 자주 있는가? 내게는 항상 일어나는 일이다. 말 그대로 항상.

하지만 당신이 운 좋게도 세상의 성실한 사람들 중 하나라면 이런 일이 낯선 경험일 수도 있다. 연구 대상자들 중 성실성 점수가 높았던 사람들은 성실성 점수가 낮았던 사람들보다 항상 배터리 전원을 60퍼센트 이상으로 유지할 확률이 훨씬 높았다.

이처럼 별로 중요하지 않아 보이는 단서가 사용자에 대해 많은 것을 드러낸다는 사실은 정말 놀랍다. 스마트폰의 충전 상태 외에 높은 성실성을 예측하는 지표는 날씨 앱과 타이머의 높은 사용 빈도(그렇다, 성실한 사람들은 뭐든 우연에 맡기지 않는다)와 주간 및 야간의 규칙적인 스마트폰 사용이었다. 이것은 행동 잔여물의 힘을 보여주는 완벽한 사례다. 우리 중 누구도 우리가 얼마나 체계적인지 다른 사람들에게 알리려고 의도적으로 이런 흔적을 생성하지는 않는다. 하지만 우리가 우리의 내면세계를 알려주는 이런 단서들을 생성하지 않을 방법은 없다.

게임을 거꾸로 해보자. 내가 어떤 사람의 스마트폰 사용 패턴을 설명할 테니, 당신은 그 패턴이 어떤 성격 특성을 반영하는지 맞혀보라. 카메라를 자주 사용하고, 사진을 많이 찍고, 밤에 여기저기 전화를 걸고, 장문의 문자 메시지를 보내는 사람이 있다고 상상해보라. 남은 성격 특성은 네 가지다. 개방성, 외향성, 우호성, 불안정성이다. 짐작이 가는가? 외향성이라고? 비슷하다. 외향적인 사람들은 내향적인 사람들보다 문자와 전화를 훨씬 자주 사용한다.

하지만 이 사례가 나타내는 특성은 높은 개방성이다. 아름다운 것을 가까이하는 사람들이 개방성 점수가 높다는 점을 생각하면, 그들이 카메라를 많이 사용하는 것이 이해된다. 그리고 개방적인 성향의 몽상가들과 아마추어 철학자들이 밤낮이 바뀐 생활을 하고, 길고 시적인 메시지를 보낼 가능성이 높다는 것도 충분히 이해된다.

GPS 좌표에서 정신 건강 유추하기

스마트폰 사용 행태에서 또 어떤 것을 예측할 수 있을까? 건강을 예로 들어보자. 지난 10년 동안 스마트폰, 핏빗, 스마트워치 같은 웨어러블 기기를 이용해 데이터를 수집하는 헬스 테크 앱이 폭발적으로 증가했다. 마이피트니스팔MyFitnessPal, 삼성 헬스Samsung Health, 애플 헬스Apple Health, 구글핏Google Fit 같은 인기 앱을 사용하면 우리의 신체 활동(예를 들어 달리기, 걷기, 걸음 수), 수면(예를 들어 혈중 산소 수치, 심박수, 수면 시간, 수면 중 호흡 횟수) 등을 추적해서 건강 관리가 가능하다.

당연하게도 이런 정보는 신체 건강을 알려주는 지표로서 유용하다. 사용자가 많이 움직이지 않는다면 몸 상태가 좋지 않을 가능성이 높다. 그리고 사용자의 몸 상태가 좋지 않으면 비만이나 심혈관 질환 같은 온갖 만성적인 문제가 발생할 위험이 높아진다. 뻔한 이야기다.

뻔하지 않은 이야기는 앱으로 사용자의 정신 건강에 대한 정보도 얻어낼 수 있다는 것이다. 우선 신체 건강은 정신 건강과 직접적인 관련이 있다. 대부분은 신체가 건강할수록 심리적으로도 건강하다. 앞서 '몸과 마음'이라는 진부한 표현을 썼지만 알고 보면 그건 진실이다.

하지만 스마트폰과 기타 웨어러블 기기로 정신 건강 상태를 감지하는 것은 그 정도에 그치지 않는다. 예를 들어 잔드리네 밀러 Sandrine Müller와 내 연구(그리고 다른 여러 연구자들의 연구도 비슷한 결과를 얻었다)에 따르면 GPS 기록만 보고도 우울증 여부를 예측할 수 있다.[9]

어떻게? 내가 원본 데이터를 보여준다 해도 당신은 크게 감명을 받지 않을 것이다. 원본 데이터는 특정한 사용자 ID 및 타임스탬프와 관련된 경도 및 위도 좌표의 목록이다. 이 데이터세트의 한 항목은 다음과 같다.

ID = 85386

경도 = 20.198209184832525

위도 = -87.4560316546014

시각 = 2021-04-05T23:36:31+00:00

이것만 봐서는 뭘 알아낼 수가 없다. 하지만 이 단순한 경도와 위도 좌표는 사용자 개인의 정신 건강을 파악하는 데 도움이 되는 다양한 지표를 제공한다. 예를 들어, 우선 사용자가 사는 곳이 어디이고 집에서 얼마나 많은 시간을 보내는지 알아낼 수 있다. 그걸 바탕으로 사용자가 얼마나 자주 집을 나서는지, 그 빈도가 바뀌는지, 얼마나 멀리 이동하는지, 생활에 일정한 루틴이 있는지 추정한다.

당신이 우울증을 앓았거나 다른 누군가의 우울증을 지켜본 적이 한 번도 없기를 바란다. 만약 그런 적이 있었다면 당신은 이미 우울증 증상과 비슷한 요소들을 발견했을 것이다. 우울증 경험이 없는 독자를 위해 내가 ICD-10 분류(국제질병분류 10차 개정판)에 수록된 우울증의 핵심 증상을 나열해 보겠다. 피로감, 활력 부족, 흥미와 즐거움의 상실, 지속적인 슬픔, 기분 저하.

GPS 기록을 활용해서 이 모든 증상을 속속들이 파악할 수는 없지만, 일부 증상에 대한 근사치는 얻을 수 있다. 피로와 활력 부족? 활동량이 줄어들고 집에서 보내는 시간이 길어질 것이다. 흥미와 즐거움의 상실? 방문하는 장소가 줄어들고 일주일의 루틴이 바뀔 것이다. 정확히 이것이 밀러와 내 연구에서 얻은 결과였고, 다른 연구자들이 얻은 결과도 동일했다. 우울증을 앓고 있는 사람들은 집에서 보내는 시간이 길고, 이동 거리가 짧고, 방문하는 장소가 한정적이다. 간단히 말해서 그들은 덜 움직이고 주변과 접촉하지 않는다.

이런 예측은 얼마나 정확할까? 이런 예측이 대면 문답 같은 진단 도구를 대체할 수 있을까? 짧게 대답하면 "아니오"다. 적어도 추가 진찰 없이 단독으로는 안 된다.

비교적 동질적인 학생들의 소규모 표본에서는 예측 모델의 정확도가 놀라울 정도로 높게 나온다. 이런 표본에서는 우울증을 앓고 있는 학생과 그렇지 않은 학생을 정확하게 감별할 확률이 80퍼센트에 이른다(기준선인 50퍼센트는 동전 던지기의 확률과 같다).

그러나 전체 인구를 대표하는 이질적인 대규모 표본에서 우울증을 예측하게 되면 정확도가 눈에 띄게 떨어진다. 이때 적중률은 60퍼센트 정도에 불과하다. 우연에 맡기는 것보다는 높지만, 학생 표본의 정확도 80퍼센트와는 큰 차이가 있다. 그리고 우울증 진단 도구를 사용할 때의 정확도와도 큰 차이가 있다.

의사가 당신이 우울증을 앓고 있다고 60퍼센트 확신하면서 항우울제를 처방한다고 상상해 보라. 웃긴 일이다. 하지만 알고리즘 예측은 질병 진단만큼 정확하지 않아도 유용하게 활용될 수 있다. 이와 관련된 내용은 책의 2부에서 다시 설명할 것이다. 때로는 의사에게서 추가 질문을 이끌어내기만 해도 결과가 달라진다.

가면을 쓸 수 있을까?

지금까지 구글 검색 기록, 지출 기록, 스마트폰 센서의 세계를 살펴본 대로, 사람들의 행동 잔여물은 명시적인 정체성 주장(예를 들어 소셜 미디어 프로필)과 똑같이 개개인의 정체성을 드러낸다. 하지만 행동 잔여물과 정체성 주장은 다르다. 만약 내가 진짜 나와 다른 사람으로 보이기를 원한다면, 예를 들어 사람들이 나를 정리정돈에 능한 전형적인 독일인으로 생각하기를 간절히 바란다면, 내 정체성 주장을 그에 맞게 선택해서 구성할 수 있다. 예를 들어 트위터에서 진지한 뉴스 매체를 팔로우하고, 인스타그램에 깔끔하게 정돈된 집 사진을 올리면 된다.

행동 잔여물과 관련해서는 이런 가면을 계속 쓰고 있기가 어렵다. 나는 내 정신없고 혼란스러운 면을 굳이 세상에 알리지 않는다. 하지만 동네 사람들은 내가 매일 아침 버스를 타려고 뛰어가는 모습(그리고 때로는 버스를 놓치는 모습)을 보고 내 성격을 알았을 것이다. 또 내 동료들은 날마다 내 사무실 책상이 엉망이 된 모습을 마주한다.

내 디지털 생활도 마찬가지다. 나는 주말에 넷플릭스를 정주행한다. 주중에는 일어나는 시각이 그때그때 다르다. 스마트폰 배터리는 지나치게 자주 방전된다. 그리고 나는 하루에 두세 번씩 모퉁이 간이식당에서 두세 가지 음식을 산다. 다른 사람인 척하는 전략은 잠깐은 통할지 몰라도 장기간 지속하기는 어렵다.

・・・

내가 강연을 하면서 자주 받는 질문 중 하나는 우리의 정체성이 정말 고정되어 있냐는 것이다. 왜 외향성이거나 내향성 중 하나여야 하죠? 우리는 복잡하고 역동적인 존재인데 그런 성격 묘사는 너무 정적이지 않나요?

이런 질문들은 디지털 발자국으로 예측한 성격이(사람들이 직접 작성한 설문조사로 예측한 성격도 마찬가지로) 사람들을 너무 좁은 틀에 가두는 바람에 존재의 복잡성을 포착하지 못한다는 일반적인 우려와도 일치한다.

우리는 우리 자신에게 어떤 핵심 정체성이 있다고 생각하지만, 우리는 항상 똑같은 사람이 아니다. 내 고향 마을 사람들은 그걸 알았다. 그들은 내가 평소에는 산만하다는 것을 알아차렸지만, 그런 경향이 항상 최대치로 나타나지는 않는다는 사실도 알았다.

부모님이 바로 옆에 있다? 그럼 덜 어지른다. 친구들과 나만 있다? 막 어지른다. 여기서 생기는 질문. 성격의 이런 미묘한 차이를 이해하는 데 빅데이터가 어떤 도움이 될까?

4장

배고플 때는
성격도 달라진다

1970년대 후반, 빌리 밀리건Billy Milligan은 오하이오주에서 젊은 여성 세 명을 잔인하게 납치해서 금품을 빼앗고 성폭행한 혐의로 체포됐다. 22세 청년이었던 빌리에게 불리한 증거는 뚜렷했다. 세 여성 모두 빌리를 범인으로 지목했을 뿐만 아니라 변호인조차 그가 범죄를 저질렀다고 인정했다.

하지만 빌리는 종신형을 선고받는 대신, 재판이 시작된 지 몇 달 만에 무죄 판결을 받았다. 이유는 심신미약. 국선 변호인들과 의사들은 빌리가 어린 시절 극심한 신체적·성적 학대를 당해 인격이 10개로 분열됐고 나중에는 24개로 나뉘었다고 밝혔다. 그 분열된 인격 중 하나는 진흙을 무서워하는 열세 살짜리 드러머 크리스토퍼였다. 열여섯 살짜리 색소폰 연주자 토미도 있었고, 아무런 걱정 없는 여덟 살짜리 화가 데이비드도 있었다.

변호인은 재능 있고 똑똑한 청년인 '진짜' 빌리는 그가 혐의를 받는 범죄에 가담하지 않았다고 주장했다. 진짜 빌리가 아니라 원한을 품은 유고슬라비아 공산주의자 라겐이 강도 행각을 벌였고 19세 레즈비언인 아달라나가 성폭행을 저질렀다는 주장이었다.

빌리는 정신병원에 입원해 10년 동안 치료를 받고 1988년에 퇴원했다. 이 놀라운 이야기는 나중에 넷플릭스 4부작 다큐멘터리 〈빌리 밀리건, 24개의 인격을 가진 남자〉로 제작됐다.

빌리 밀리건이 앓았던 중증 해리성 정체감 장애dissociative identity disorder는 전 세계 인구의 약 1.5퍼센트에게만 발병하는 질환이다. 하지만 어떤 면에서는 우리 모두 빌리와 비슷하다. 우리는 그렇게 극단적이지 않고 범죄를 저지르지도 않을 뿐.

내가 하려는 말은 우리의 성격이 고정되어 있지 않다는 것이다. 우리 모두는 다양한 모습을 지니고 있다. 내가 생각하는 나는 일반적으로 친절하고 따뜻하며 협조적인 사람이다. 하지만 내가 여덟 시간 숙면을 다 채우기 전에는 나를 깨우지 않는 것이 좋다. 마치 말썽쟁이 캐릭터 그렘린Gremlin이 햇빛에 노출되면 작은 괴물로 변하는 것처럼, 잠을 못 잔 나는 **전혀** 친절하지도 따뜻하지도 협조적이지도 않은 커다란 괴물로 변한다.

나는 내가 보고 있지 않을 때 폭력적인 범죄를 저지르는 인격체 24개와 함께 살고 싶지 않다. 하지만 한편으로는 내가 일차원적이고 따분한 존재로 살지 않아도 된다는 점에 감사하고 있다. 우리 대부분은 예측 불가능한 빌리도 아니고 정적인 로봇도 아니다. 우리는 그 중간 어딘가에 있다.

우리는 모두 일종의 핵심 정체성이 있다. 핵심 정체성은 언제

어디서나 우리의 행동에 대한 예측을 가능하게 해준다. 하지만 우리가 어떤 사람이고 어떻게 행동하는지는 우리 내면과 우리 주변에서 벌어지는 일에 따라서도 달라진다.

내 남편을 예로 들어보자. 내가 아는 이스라엘인들 대부분과 마찬가지로 남편은 외향적이고 사교적이다. 그는 거의 항상 수다스럽고 활기차고 자신만만하다. 하지만 그도 가끔은 남들과 어울리지 않으려 하고 자신에게 주의가 쏠리기를 원하지 않는다. 가끔은 집에 들어앉아 비디오 게임만 하려고 한다.

여러 가지 상황에서 남편의 행동 표본을 추출해서 심리학자 윌리엄 플리슨William Fleeson이 제시한 일시적 **외향성 상태**의 분포도를 그려봤다.[1] 그걸 도표로 나타내면 그림 4-1과 같다. 많은 상황에서 남편은 자신을 '다소 외향적'이라고 평가한다. 자신이 '극도로 내성적'이라고 느낄 때는 없지만, 그래도 평가가 상당히 많이 변한다. 그는 항상 똑같은 사람이 아니다(다행히 나는 그의 모든 모습을 좋아한다).

그림 4-1 | 남편의 외향성 상태 분포

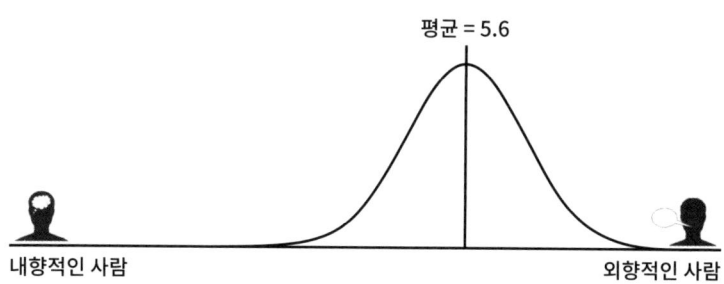

그림 4-2에서 보듯이 나는 내향적인 편이다. 나는 집에서 혼자 보내는 시간을 소중히 여기고, 지속적인 자극이 필요하지 않다. 내게 완벽한 주말이란 공원에서 책을 읽거나, 오래 산책을 즐기거나, 침대에서 넷플릭스를 시청하는 것이다. 그리고 나는 음악과 춤을 좋아하긴 하지만, 저녁에 친구들과 함께 놀고 나면 피곤해진다. 이런 성향 때문에 내 외향성 상태 분포는 왼쪽에 치우쳐 있다.

그림 4-2 | 내 내향성 상태 분포

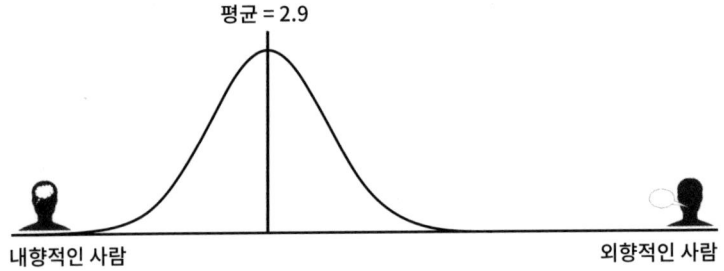

하지만 내가 더 활발해지고, 신나게 놀고, 오른쪽의 외향적인 영역으로 이동하는 순간이 없는 건 아니다(예를 들어 강의실에 들어서는 순간 나는 활발해질 수밖에 없다).

당신은 분포도 두 개를 보고 나와 남편에 대해 많은 것을 알아낼 수 있다. 평균적으로 보면 남편이 나(평균=2.9)보다 훨씬 외향적(평균=5.6)이다. 그건 2장과 3장에서 설명한 기질적 성격 특성과 비슷한 개념이다.

하지만 나와 남편의 외향성 평균 점수가 당신에게 있는 유일한 정보라면, 당신은 특정한 순간에 우리가 얼마나 외향적인지를 잘못 예측할 가능성이 있다. 때로는 나와 남편의 외향성을 과대평가하고 때로는 과소평가하게 된다. 드물긴 하지만 내가 남편보다 더 외향적인 순간들도 분명히 있다.

여기서 흥미로운 점은 사람들이 성격 특성 평균에서 벗어나는 정도를 어느 정도 예측할 수 있다는 것이다. 다시 말해서 남편과 내가 특정한 시점에 외향성 분포의 어디쯤에 있는지 예측할 방법이 있다.

배고플 때는 성격도 달라진다

2012년, 미국의 배우 조안 콜린스Joan Collins는 텔레비전에서 하는 스니커즈Snickers 광고에 출연했다. 장소는 여자 축구 선수들의 탈의실. 긴 파란색 이브닝드레스를 입고 완벽하게 치장한 콜린스가 서 있다. 콜린스는 다른 선수가 그의 데오드란트를 훔쳐갔다고 우긴다.

누군가가 콜린스에게 "유난 떨지 마라"고 나무라면서 스니커즈 초코바를 준다. 콜린스는 그걸 먹고 나서, "펑!" 소리와 함께 다시 축구선수로 변신한다. 이 광고와, "배고플 때 당신은 딴 사람이 됩니다"라는 슬로건을 내세운 비슷한 광고들은 광고계에서 큰 성공을 거뒀다. 공식은 간단하다. "배고프다=까칠하다."

광고주들은 뭔가를 알고 있었다. 기분은 사람의 성격을 변화시킨다고 알려져 있다. 사람은 기분 좋을 때 더 상냥하고 외향적이며 개방적이고 안정적이다.[2] 평소에 내향성인지 외향성인지는 중요하지 않다. 기분이 좋을 때는 누구나 외향성이 약간 높아진다.

스트레스는 그 반대다. 앞서 말한 대로 나는 피곤할 때 사악한 그렘린으로 변신한다. 스트레스를 받을 때도 똑같다. 그럴 때 나는 남들과 대립하고, 쉽게 언성을 높이고, 다른 사람의 기분을 고려하지 않게 된다. 그리고 나만 그런 것이 아니다. 최근에 내가 서맨사 그레이슨Samantha Grayson과 공동으로 진행한 연구 결과처럼, 스트레스를 받을 때 사람들은 불안을 느껴서 외향성과 우호성이 감소한다.

이와 같은 우발적인 상황들을 활용하면 컴퓨터로 사용자의 심리를 예측하기가 더 유리해진다. 사용자가 평소에 얼마나 외향적인지와 함께 현재의 기분이나 스트레스 수준 같은 요인을 고려한 예측이 가능하기 때문이다.

그런 작업은 단순하진 않지만 충분히 가능하다. 손가락 하나 까딱하지 않고도 당신의 경험을 동적인 스냅샷으로 포착하는 모든 추적 장치들을 생각해 보라. 스마트워치는 당신의 심박수와 피부 전도도skin conductance [i]를 측정해 스트레스의 지표로 삼는다. 당신의 노트북에 장착된 웹캠으로 동공 확장과 얼굴 표정을 감지해서 전반적인 기분은 물론이고 분노, 놀람, 행복 같은 감정의 신호로 활용할 수도 있다. 또 스마트폰은 당신이 어젯밤에 잠을 잘 못 자서 평소보다 짜증을 많이 낼지도 모른다는 사실을 내게 알려줄 수 있다.

이런 예측은 결코 완벽하지 않다. 하지만 사용자의 현재 감정 상태를 파악하기에는 충분하다. 그 데이터를 바탕으로 우리는 사용자가 원래 성격 특성의 일반적인 범위 내에서 행동하고 있는지, 아

---

[i] 땀샘에서 땀을 많이 분비하면 땀 속의 전해질 때문에 전도도가 높아지는 신체적 특징을 말한다.

니면 평소와 약간 다른 사람으로 변하고 있는지를 추측할 수 있다.

우리가 방문하는 장소가 정체성에 미치는 영향

친구와 함께 커피숍에 앉아 있다고 상상해 보라. 커피숍에 사람이 가득 차 있어서, 테일러 스위프트가 비즈니스의 천재라고 이야기하는 친구의 목소리가 잘 안 들린다.

친구와 이야기를 나누는 동안 당신은 커피숍에 들어오는 다른 손님들을 훑어보게 된다. 흠잡을 데 없는 이탈리아 정장을 입은 남자, 길게 기른 뒷머리와 재미난 콧수염이 돋보이는 힙한 남자, 제목도 기억나지 않는 영화에 출연했던 B급 여배우로 보이는 여자. 가끔 당신은 테이블의 빈자리를 차지하려는 낯선 사람이나 5분마다 "더 필요하신 것이 없는지" 물어보는 웨이트리스와 대화를 나눈다.

이제 다른 시나리오를 상상해 보라. 당신은 도서관에 혼자 앉아 있다. 도서관은 아주 조용해서 감자칩 봉지를 바스락거리는 소리가 불꽃놀이 소리처럼 들린다. 옆 테이블 사람들은 독서에 몰두하고 있거나 노트북에 타이핑을 하고 있다. 당신은 철학자 칸트의 책을 가져와서 이런저런 생각에 빠져 있다. 이 두 가지 상황에서 당신은 스스로 얼마나 외향적이고 성실하다고 느끼는가? 내 생각에 당신은 커피숍에서는 외향성은 높지만 성실성은 낮다고 느끼고, 도서관에서는 외향성은 낮아지고 성실성이 높아진다고 느낄 것 같다. 적어도 내가 가브리엘라 하라리와 함께 진행한 연구에선 장소가 사람들의 심리 상태에 그런 식으로 영향을 미친다는 결과가 나왔다.[3]

이런 연구 결과는 별로 충격적이지 않다. 커피숍의 사교적이고 자극적인 환경은 우리의 활달하고 외향적인 면을 더 많이 끄집어내지만, 같은 시간 동안 일을 하거나 생산적인 활동을 할 수도 있었기 때문에 우리 자신이 조금 덜 성실하다고 느낄 가능성이 있다.

하지만 사용자가 어느 물리적 공간에 있는지 알면 사용자가 누구인지에 대한 또 다른 단서가 생긴다. 그런 단서는 그 사용자가 남긴 디지털 흔적에서 쉽게 찾을 수 있다.

예를 들어 내가 당신의 스마트폰에 있는 GPS 센서에 당신의 현재 위치를 알려달라고 요청한다고 치자. 그 경도와 위도 좌표를 구글 지도 또는 포스퀘어Four square[i] 같은 인기 앱에 연결하면 당신이 맨해튼의 번화가 한가운데 있는 '디어 마마Dear Mama'라는 커피숍에 갔다는 사실이 금방 밝혀진다.

구글에 따르면 디어 마마는 오후 세 시경에 좌석이 만원이다. 또 옐프Yelp와 트립어드바이저Tripadvisor의 후기에 따르면 그곳에서는 종일 시끄러운 음악(때로는 라이브로)이 흘러나온다. 이 정보를 장소 및 심리 상태에 대한 내 과거 연구와 상호 참조하면 현재 당신의 외향성은 평균보다 높다는 결론이 나온다.

이 사례에서 보듯이 디지털 발자국은 사용자가 있는 물리적 환경에 대한 미세한 정보를 제공한다. 하지만 이처럼 색다른 단서에 초점을 맞추면 특정한 환경이 성격에 미치는 영향에 대한 일반적인 법칙을 추론하기는 어려워진다.

그것은 앞서 성격 평가라는 맥락에서 설명한 것과 동일한 문제다. 내가 5대 성격 특성이라는 틀 안에 갇히지 않는다면 남편의 성

---

i 미국에서 만들어진 국제적 위치 기반 소셜 네트워크 서비스.

격을 온갖 미묘한 부분까지 훨씬 잘 설명할 수 있을 것이다. 하지만 그렇게 하면 남편을 다른 사람들과 비교하고 남편이라는 한 사람을 넘어서는 범위로 내 통찰을 확장할 여지도 상당 부분 줄어든다.

상황에 대해서도 마찬가지다. 어떤 상황을 설명할 때 내가 원하는 만큼 많은 디테일을 넣을 수는 있다. 하지만 그렇게 하면 상황들을 서로 비교하고 추론을 다른 상황으로 확대하기는 어렵다. 다행히 인간의 5대 성격 특성과 비슷하게 상황과 관련해서도 성격 체계personality framework가 있어서 도움이 된다.

상황의 심리학

미국의 심리학자 린 셔먼Ryne Sherman은 다양한 상황의 심리적 의미를 알아보려고 플로리다대학교 학생들에게 24시간 동안 바디캠 착용을 요청했다.[4] 카메라는 30초마다 학생들이 있는 곳을 촬영했다.

일주일쯤 지난 후 학생들은 실험실에 다시 와서 자신들의 사진을 하나씩 살펴봤다. 학생들은 사진들을 상황별로 분류했다. 예를 들어 한 학생은 친구와 커피를 마시는 사진을 모두 하나의 상황으로, 그리고 도서관에서 스터디 모임을 하는 사진들을 또 하나의 상황으로 간주했다.

다음으로 학생들은 몇 가지 특성을 기준으로 그 상황들을 평가했다. 이 상황은 얼마나 사교적인가? 얼마나 긍정적인가? 지적 자극이 얼마나 있는가? 사교성, 성실성, 신뢰성 등의 성격 특성을 활용해 사람의 성격을 정의하는 것과 비슷하다고 생각하면 된다(일반적으로 상황을 평가할 때는 5대 성격 특성 대신 다이아몬드DIAMONDS

체계를 사용한다. 다이아몬드 체계는 책임Duty, 지성Intellect, 역경Adversity, 연애Mating, 긍정성pOsitivity, 부정성Negativity, 기만Deception, 사교성Sociality의 8대 속성에 따라 상황을 판별한다.)[5]

물론 이 가정은 이상하게 보일 수도 있다. 사람의 성격을 판별하는 것과 똑같은 방법으로 상황의 성격을 판별할 수 있을까? 사람과 상황은 여러 면에서 다르다. 우선 사람은 시간과 공간 속에 존재하는 실체다. 우리는 특정 시점에 태어나서 지속적으로 존재하다가 죽는다. 상황들은 그렇지 않다. 상황에는 명확한 시작과 명확한 끝이 없다. 상황은 일시적이다. 그리고 상황은 적어도 한 사람이 인식하고 인정해야 존재한다. 이 모든 것은 진실이다. 그런데도 상황을 지각할 때 우리는 마치 사람을 대하는 것처럼 상황을 대하곤 한다.

우리는 다른 사람들에 대해 사교적인 판단을 내리는 것과 비슷하게 우리가 마주하는 상황들에 대해서도 빠르게 첫인상을 형성한다. 업무 공간의 회의실? 전문성이 요구되는 상황이네. 사교 클럽의 응접실? 사교와 연애를 하려고 만든 공간이구나. 새로운 상황을 빠르게 판단하는 능력은 진화론적 기원과 이점이 있다. 우리 조상들은 주변 환경의 모든 상황적 단서를 파악할 여유가 없었다. 어떤 상황이 위험한지 아니면 좋은 기회인지 신속하게 판단해야만 했다.

그렇다면 상황의 심리적 특성을 어떻게 측정할 수 있을까? GPS 기록 같은 디지털 발자국에서 누가, 무엇을, 어디서와 같은 상황적 단서를 추출하는 것이 가능하다고 치자. 그런 상황적 단서를 심리적으로 유의미한 상황 프로필로 전환하는 것은 다른 문제다.

접근법은 페이스북 '좋아요' 또는 GPS 기록을 사용자의 정체성에 대한 통찰로 전환할 때와 유사하다. 우리는 원데이터(센서 데

이터에서 감지된 상황적 단서)를 상황들의 성격 점수로 변환하는 모델을 훈련시켰다.[6]

잠깐, 여기에 커다란 빈틈이 있지 않은가? 상황은 설문지로 스스로를 평가할 수 없다. 우리가 상황들에 "나는 긍정적인 분위기로 가득 차 있다"라는 문장에 얼마나 동의하는지 물어볼 수는 없다. 사실은 그럴 필요도 없다. 린 셔먼이 실험 참가자들에게 바디캠으로 촬영한 상황들에 대한 그들의 경험을 말해달라고 부탁했던 것처럼, 프로파일링하려는 모든 상황에 대한 인식을 사람들에게 물어보면 된다. 그것은 실현 가능한 대안적 선택일 뿐 아니라 유의미한 지표가 된다.

상황은 적어도 한 사람이 인지하기 전까지는 존재하지 않는다. 그리고 상황은 우리가 그 상황의 심리적 의미를 곧바로 인식할 때만 우리의 생각과 감정과 행동에 영향을 미친다. 예를 들어 내가 평소보다 경계심을 갖고 두려움을 느낄 법한 수상한 지역에 있다고 치자. 모든 상황적 단서(예를 들어 낡은 집들, 어두운 골목길)가 이 방향을 가리킬 것이다.

그러나 만약 내가 이러한 신호들을 전혀 알아차리지 못하고 잠재적 위험의 신호로 받아들이지 못한다면(예를 들어 내가 술에 취해서 주변 환경에 신경을 쓰지 않는다면) 그 상황은 그 순간 내 감정이나 행동을 결정하지 않을 것이다. 나는 그 위험한 지역에서 기분 좋게 돌아다니고, 콧노래를 부르고, 팔짝팔짝 뛰어 길을 건널지도 모른다.

따라서 설령 상황들이 그 특징을 스스로 말하고 평가할 수 있다 치더라도, 인간의 행동을 결정하는 데서 중요한 것은 그 상황이 어떻게 인식되는지다.

특정한 사람이 특정 시점에 특정 상황을 어떻게 경험하는지 외부에서 컴퓨터가(또는 사람이) 파악하기는 쉽지 않다. 하지만 많은 사람이 그 상황을 어떻게 인식할지 컴퓨터가 예측하기는 훨씬 쉽다.

셔먼이 수집한 데이터세트를 예로 들어보자. 한편으로 그는 실험 참가자들이 처했던 상황에 대한 시각적 기록에 접근할 수 있었다. 다른 한편으로 그는 그 상황들에 대한 참가자들의 주관적인 성격 평가를 수집했다. 페이스북 프로필 사진에서 어떤 사용자의 5대 성격 특성을 예측하는 것과 같은 방식으로, 이제 바디캠 사진으로 어떤 상황의 심리를 예측할 수 있다.

셔먼의 실험처럼 사람들에게 그들 자신의 상황을 포착하고 평가하라고 요청하는 대신, 구글 거리뷰 이미지를 다량 수집해서 많은 사람에게 여러 장소에 대한 인식을 공유해 달라고 요청할 수도 있다. 내 어떤 연구에서는 구글 거리뷰에 포함된 어떤 장소가 사교적인지, 긍정적인지, 지적인지를 사람들에게 물었는데, 사람들의 의견은 놀라울 정도로 비슷했다.

물론 사진은 상황 단서의 유일한 원천이 아니다. 당신의 스마트폰이 포착하는 모든 오디오 흔적을 생각해 보라. 분주한 커피숍의 에스프레소 기계 소리가 그 상황이 얼마나 긍정적이고 사교적인지 말해줄 수 있을까? 출퇴근 시간대의 지하철 열차 소리는? 주변의 도시 소음을 배경으로 공원에서 새가 노래하는 소리는?

맥락을 측정하는 구체적인 방법이 무엇이든 간에 심리 타깃팅의 결론은 분명하다. 사용자의 고정된 성향뿐만 아니라 그 성향에 영향을 미치는 역동적인 맥락 요소를 잘 이해할수록 지금 이 순간에 사용자가 어떤 사람인지 더 많이 알아낼 수 있다.

우리 마을 사람들은 세월이 흐르는 동안 자연스럽게 이런 직관을 형성했다. 저 아이가 부모님과 함께 있을 때는? 성실하고 차분하다. 친구들과 함께 있다면? 조금 더 거침없고 활달하다. 마을 사람들은 나에 대한 경험을 하고 나와 상호작용을 하면서 내가 어떤 종류의 사람인지 이해했다. 하지만 그들은 내가 그들 자신과 똑같이 상황의 영향을 많이 받는다는 점도 알고 있었다.

・・・

1장에서 3장까지 나는 우리가 매일 기술과 상호작용하는 동안 의도하든 의도하지 않든 간에 남기게 되는 모든 디지털 발자국이 우리의 정체성에 대해 많은 것을 드러낸다는 점을 설명했다. 이 주제를 연구한 지 10년이 다 되어가지만 나는 여전히 이런 발견에 매력을 느낀다.

하지만 컴퓨터가 우리의 심리를 놀라울 만큼 정확하게 해독한다 해도 여전히 추측이 많이 개입된다. 예측은 결코 완벽하지 않으며, 똑똑한 영업 담당자가 어떤 사람과 몇 분만 대화를 나눠보고 그 사람을 파악하는 것이 알고리즘보다 낫다.

하지만 우리는 아직 여정의 시작 단계에 있다. 사람들의 개인 데이터에서 얻어낼 수 있는 심리적 통찰은 향후 10년 동안 점점 더 정확해질 것이다. 개인 데이터를 분석하는 방법이 점점 정교해지고 있으며 앞으로 새로운 기술로 더욱 세분화된 데이터를 확보할 것이기 때문이다.

오늘날 우리는 브라우저에 구글을, 주머니에 스마트폰을 넣어 다니고 길거리에는 카메라가 설치되어 있다. 미래에는 우리 망막에 스마트 렌즈가, 혈류에 초소형 로봇이, 뇌에 칩이 장착될지도 모른다. 우리 자신이 카메라가 되고 건강 추적기가 되고 검색 엔진이 되는 순간, 우리 생각과 감정과 행동에 대한 현재의 예측에 개입되는 추정과 추측은 상당 부분 사라질 것이다.

드라마 〈블랙 미러〉에 나오는 것과 같은 디스토피아적인 악몽은 생각보다 가까이 있다. 구글과 삼성은 오래 전부터 스마트 글래스와 스마트 렌즈를 연구했다. 컨설팅 기업인 글로벌데이터Global Data 의 특허 분석에 따르면 2019년에서 2022년 사이에 의료 관련 마이크로봇에 관련된 특허가 60건 이상 등록됐다. 그리고 일론 머스크Elon Musk 의 회사인 뉴럴링크Neuralink 는 우리의 가장 비밀스러운 저장소 안에 이식 가능한 두뇌용 칩 인터페이스를 개발하려고 전력을 다하고 있다.

한편으로 인공지능이 빠르게 발전하면 우리 내면의 정신세계에 대한 예측에 접근하기가 어느 때보다 쉬워질 것이다(그게 좋든 나쁘든 간에!). 1장에서 3장까지 설명한 통찰의 대부분은 특정한 목적으로 훈련된 머신러닝 알고리즘에 의존한다. 적절한 데이터가 주어지면 컴퓨터에 페이스북 '좋아요'를 성격 특성 예측으로 전환하는 방법을 가르칠 수 있다. 아니면 GPS 기록을 정신 건강 진단으로 변환할 수도 있다.

챗GPT 같은 생성형 AI를 비롯한 다용도 머신러닝 모델의 등장으로, 학습용 대규모 데이터세트라든가 과제 단 하나에만 적용 가능한 전용 모델은 더 이상 필요하지 않게 됐다. 내가 하인리히 페터스Heinrich Peters와 함께 수행한 연구처럼, 챗GPT에 사용자의 소셜 미디어 게시물에 접근할 권한을 주고 5대 성격 특성을 평가하라고 지시하거나 사용자와 자유롭게 대화를 나누게 했을 때 챗GPT는 사용자의 성격을 예측할 수 있다.[7] 신기하게도 챗GPT는 2장에서 소개한 전용 모델과 거의 동일한 정확도로 사용자의 성격을 예측했다. 명시적인 훈련을 거친 적이 없는데도.

당신이 1장부터 3장을 읽고 얻은 통찰과 미래에 대한 내 예측을 결합하면, 불편한 질문 하나를 외면할 수 없게 된다. 이 모든 것이 무엇을 의미할까?

우리 마을 사람들은 그저 알려고 정보를 수집한 것이 아니었다. 그들이 정보를 수집한 이유는 비밀을 교환하고 서로의 삶에 영향을 미치기 위해서였다. 심리 타깃팅도 똑같다. 정부와 기업은 그저 당신을 알아가는 데만 관심이 있는 것이 아니다(당신이 아무리 매력적이라도). 정부와 기업은 당신에 대한 지식을 활용해서 당신의 생각, 감정, 행동에 영향을 미치는 데 관심이 있다.

그러면 다음과 같은 의문이 생겨난다. 수많은 사람의 심리적 욕구와 동기를 들여다보는 능력을 획득한 누군가가 개인의 행동만이 아니라 사회 전체의 진로에 영향력을 행사할 수도 있을까?

그리고 마지막으로, 이런 미래를 바라볼 때 우리는 새로운 형태의 폭정을 두려워해야 할까, 아니면 더 나은 삶에 대한 기대를 품어야 할까?

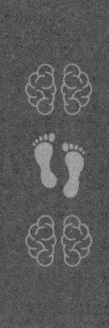

2부

심리 타깃팅은 흉기일까, 도구일까?

- [ ] 심리 타깃팅으로 우리의 생각, 감정, 행동을 조종할 수 있을까?
- [ ] 알고리즘으로 어떤 정치인에게 투표할지 유도할 수 있을까?
- [ ] 알고리즘으로 저축을 늘리고, 우울증을 개선하고, 민주주의를 확산할 수 있을까?
- [ ] 개인정보 동의의 결과로 차별과 통제를 당할 수 있을까?
- [ ] 심리 타깃팅과 알고리즘을 우리에게 유리하게 사용하려면 어떻게 해야 할까?

5장

알고리즘으로 어디까지 조종할 수 있을까?

2016년 12월 3일, 심리 타깃팅이 전 세계에 소개됐고, 내가 눈을 떠 보니 새로운 세상이 펼쳐졌다. "이 기사 봤어? 너도 이 미친 짓에 가담했니?" 한 친구가 보낸 문자였다. 그 친구만이 아니었다. 하룻밤 사이에 친구, 가족, 그리고… 기자들에게 수백 통의 메시지를 받았다.

대체 뭐지? 내가 뭘 했기에 갑자기 뜻하지 않게 관심을 받는 거지? 그때 나는 텍사스주 오스틴에서 박사과정을 마무리하려고 연구 협력 프로그램에 참가하고 있었다. 낮 시간은(그리고 밤 시간의 대부분도) 커피숍에서 숫자를 계산하고 글을 쓰며 보냈다. 대형 스캔들이나 뉴스 기사에 등장할 만한 생활 방식은 아니었다.

가슴이 쿵쾅거렸다. 친구가 보낸 메시지의 링크를 클릭했다. 기사의 도발적인 제목("나는 폭탄이 존재한다는 것만 보여줬을 뿐이다")

바로 옆에 실린 미할 코신스키의 익숙한 얼굴을 보자마자 사태를 파악했다. 케임브리지 애널리티카.[1]

기사에 따르면, 케임브리지 애널리티카라는 영국의 홍보 회사가 미국 유권자 수백만 명의 페이스북 데이터에 그들이 모르는 사이에 접근해서 그들의 심리 특성을 예측하고 맞춤형 광고 캠페인으로 타깃팅했다. 가장 우려스러운 점은 케임브리지 애널리티카가 가장 취약한 계층에 속하면서 아직 어디에 투표할지 정하지 못한 유권자를 표적으로 삼아 거짓 정보를 퍼뜨리는 방법으로 그들이 힐러리 클린턴Hillary Clinton에게 투표하러 가지 않도록 유도했다는 것이다.[2]

친구의 걱정과 달리 나는 그 회사에 관여하지 않았다. 하지만 당시 나는 그런 유형의 심리 타깃팅을 연구한 유일한 과학자였다. 그래서 나는 그 이야기를 처음 세상에 알린 기자 두 명 중 하나인 하네스 그라세거Hannes Grassegger에게 몇 시간 동안 전화로 내 연구 결과를 설명했다. 그라세거는 2016년 미국 대통령 선거에서 심리 타깃팅이 도널드 트럼프Donald J. Trump의 승리를 굳혔다는 케임브리지 애널리티카의 주장을 뒷받침하는 과학적 증거를 원했다. 나는 그에게 내 미발표 연구 결과를 일부 사용해도 좋다고 했고, 그 결과로 기사에 내 이름이 다소 눈에 띄게 들어갔다.

언론에서 케임브리지 애널리티카와 심리 타깃팅에 대한 기사를 내보낸 건 그게 처음이 아니었다. 1년 전에도 〈가디언〉이 테드 크루즈Ted Cruz의 선거운동에 케임브리지 애널리티카가 관여했다는 내용의 비슷한 기사를 게재했다.[3] 나는 대중의 항의를 예상했고 내심 그걸 바라기도 했지만, 그때는 아무도 관심을 보이지 않았다. 언론 매체 대부분은 경종을 울리는 대신 크루즈가 데이터를 혁신적으로 활용한다며 찬사를 보냈고(그들은 2008년과 2012년에 오바마에게도 그랬다), 대중도 거기에 동조했다. 2016년에는 판이 바뀌었다. 사람들이 심리 타깃팅의 위험에 눈을 떴다.

기사가 나가고 나서 며칠, 아니 몇 주 동안 나는 수많은 기자와 이야기를 나누고 칼럼을 여러 편 썼다. 그 사건 자체에 대한 의견을 밝히기도 했지만, 그 주제에 대해 보다 섬세하고 유익한 토론이 이뤄져야 한다고 주장했다.

한편으로 나는 미디어에서 본 단순하고 종말론적인 서사(그리고 나중에 출간된 크리스 와일리Chris Whiley 의 《알고리즘의 조종Mindf*ck》 같은 책들)에 좌절감을 느꼈다. 그런 서사들은 심리 타깃팅을 극도로 효율적인 전쟁 무기이자 세뇌 도구로 묘사했다. 분명히 말하면 그렇지 않다. 어떤 사람의 심리 프로필을 가장 정확하게 이해한다고 해도, 페이스북에서 광고 몇 편을 보여주는 것만으로 임신중단 찬성 운동가를 임신중단 반대 지지자로 바꾼다거나, iOS 광신도를 안드로이드 애호가로 개종하지는 못한다.

그렇다. 사용자의 심리적 욕구를 이용해서 사용자의 생각과 감정과 행동에 영향을 미칠 수는 있다. 하지만 당신이 확고한 공화당 지지자인 삼촌에게 이메일 서명에 성별 대명사를 추가하라고 설득하기가 어려운 것과 마찬가지로, 심리 타깃팅으로 사람들의 핵심 정체성을 쉽게 바꾸지는 못한다. 물론 그런 기적이 일어날 때도 있다. 하지만 일반적으로는 그렇지 않다.

---

i   영미권에서는 젠더 정체성 존중의 의미에서 이메일 주소 또는 SNS 프로필에 he 또는 him, she 또는 her, they 또는 them 등 상대방이 자신을 호칭할 때 사용할 성별 대명사를 함께 표시하기도 한다.

반면 현실을 부정하면서 심리 타깃팅을 단순한 사기극으로 묘사하는 사람들의 반론도 내게는 똑같이 거슬렸다. 우리 마을 사람들이 내 행동에 영향을 미치려고 내 핵심 정체성을 바꿀 필요는 없었다. 선거에서 승리하려고 반드시 마법의 세뇌 기계가 필요하지 않은 것과 같다. 대부분 선거는 근소한 차이로 승리한다.

2000년 대통령 선거에서 조지 W.부시George W. Bush에게 승리를 안겨준 537표를 기억하는가? 선거에서 이기려고 이미 열성적인 유권자들에게 마법을 거는 일에 시간을 낭비할 필요가 있을까? 아직 마음을 정하지 않은 사람들(미국 대통령 선거 대부분에서 10~25퍼센트를 차지한다)을 설득해서 우리 쪽 후보자에게 투표하거나 아예 투표하지 않도록 해야 한다. 그리고 내가 알기로 심리 타깃팅은 그런 일을 할 수 있는 잠재력이 있었다.

나는 케임브리지 애널리티카에 관심이 많지는 않았다(다른 누군가가 철저하게 조사해서 기쁘긴 했지만). 내 관심사는 심리 타깃팅이 우리 삶에 미칠 수 있는 영향에 대해 광범위한 공개 토론을 하는 것이었다. 흑백논리가 아닌 토론, 처음에는 자신만만하다가 나중에는 다급해진 어느 홍보 회사의 주장에 휘둘리지 않는 토론을 원했다.

나는 과학적 근거로 뒷받침되는 토론을 원했다. 또 심리 타깃팅이 우리의 개인적, 집단적 선택을 바꾸는 데 이용되고 남용될 가능성에 대한 사려 깊은 대화를 원했다. 다른 기술과 마찬가지로 심리 타깃팅은 단지 도구이기 때문이다. 도구의 효과는 단순한 주장이 아닌 실제 증거에 따라 입증되어야 하며, 도구의 영향은 존재가 아니라 의도와 목적에 따라 달라진다.

이것이 이 책 2부에서 다룰 내용이다. 이제부터 심리 타깃팅의 과학적 원리를 본격적으로 살펴보고, 심리 타깃팅의 잠재적 영향을 다양한 각도에서 탐구해 보자.

심리 타깃팅을 시험하다

2013년에 박사과정 학생이었던 나는 케임브리지 심리측정 센터Cambridge Psychometrics Center에 들어갔다. 내 동료들이 페이스북 '좋아요'로 사람들의 내밀한 개인적 특성을 예측하는 방법에 대한 첫 번째 논문을 발표한 직후였다.[4] 언론은 그 논문을 아주 좋아했다. 나도 그 논문이 마음에 들었다.

동료들의 성격 예측 모델에서 가장 흥미로웠던 점은 개인화된 서비스와 경험에 관련된 그 모델의 뚜렷한 잠재력이었다. 특히 나는 의료 분야에 관심이 많았다. 사람들의 필요와 동기를 더 잘 알게 되면 건강 개선이라는 결과로 이어진다는 건 자명한 논리였다.

배경 설명을 잠깐 하면, 미국에서 조기 사망의 무려 50퍼센트는 생활 방식의 변화로 예방 가능하다. 심장병을 예로 들면 가장 중요한 위험 요인은 고혈압, 흡연, 비만, 영양 부족, 신체 활동 부족 등인데 이 모든 요인은 우리가 통제 가능한 범위 내에 있다. 마찬가지로 미국인의 약 3분의 2는 만성 질환을 앓고 있어서 처방약을 복용해야 한다. 하지만 이들 중 약 50퍼센트만이 처방대로 약을 복용하고 있으며, 그 때문에 매년 12만 5,000명이 예방할 수 있었음에도 불구하고 죽음을 맞이하고, 초과 비용이 3,000억 달러 이상 발생한다.

박사과정을 막 시작한 나는 낙관에 부풀어 있었다. 심리 인사이트를 활용해서 사람들이 약을 제대로 복용하는 데 도움을 줄 수 있을까? 매년 건강검진을 받도록 유도할 수 있을까? 아니면 더 건강한 식생활을 권장할 수 있을까? 사람들의 선호도와 동기를 알아내서 그들을 더 나은 사람이 되게 하는 아이디어가 무궁무진하게 떠올랐다.

한 장짜리 제안서를 작성하고 잠재적인 동업자에게 연락했다. 몇 주 안에 그 구상이 실현될 것이라고 자신했다. 내 아이디어는 참신하고 유망했으니까. 게다가 나는 서비스를 무료로 제공하겠다고 제안하지 않았던가. 하지만 내 꿈은 얼마 못 가서 산산조각 났다.

의료 분야에는 희망이 없었다. 위험 회피 성향이 극도로 강하고 관료주의가 심했다. 그리고 내 예상과 반대로, 의료계 관계자들은 실무 경험도 학문적 증거도 없는 밀레니얼 세대에게 의료 시스템의 문제를 고칠 방법을 듣고 싶어 하지 않았다.

내가 의료 분야에 계속 매달렸다면 박사과정을 3년 안에 끝내지 못했을 것이다. 다행히 문 하나가 닫히자(닫힌 것이 아니라 계속 닫혀 있었고, 문 안쪽에는 바리케이드까지 쳐놨다고 해야 맞겠다) 다른 문이 열렸다. 그 문을 열고 들어간 세계는 나와 내 아이디어에 훨씬 열광적으로 반응했다. 그곳은 마케팅의 세계였다.

원 사이즈는 아무에게도 안 맞다

2000년대 초반부터 타깃 광고와 소비자 분석에 대한 관심이 높아졌다. 거대 유통업체인 타깃Target 이야기를 들어본 적이 있을 것이다. 2012년 타깃은 10대 소녀가 임신 사실을 부모에게 알리기도 전에 아기 옷 상품권을 보내 신문 지면을 장식했다.

마케터들은 소비자가 모두 똑같이 태어나지 않았다는 사실을 알고 있었다. 그리고 인터넷이 소비자 경험을 개인화할 기회를 제공할 수 있다는 사실을 깨달았다. 그것은 텔레비전이나 라디오 같은 기존 매스미디어에는 존재하지 않았던 새로운 기회였다. 과거의 마케터는 주부들을 대상으로 제작되는 텔레비전 프로그램의 광고 시간에 주방용품 광고를 배치했을 것이다. 하지만 그 이상의 일은 하기가 어려웠다. 인터넷은 완전히 새로운 개인화의 세계를 제공했다. 신기술에 민감한 디지털 마케터는 결혼한 지 얼마되지 않았고, 자녀가 있으며, 제빵 대회 우승자를 가리는 프로그램인 〈더 그레이트 브리티시 베이크오프The Great British Bake off〉를 즐겨 보는 35세에서 45세 사이의 여성에게 광고할 수 있다.

특정한 사회인구학적 특성이나 관심사에 따라 사람들을 타깃팅할 수 있게 된 것은 텔레비전이나 라디오 마케팅의 획일적인 접근법과 비교하면 혁명적인 변화였다. 하지만 성격심리학자로서 나는 그것도 표면만 건드리는 방법이라고 생각했다. 우선 사회가 발전해서 이제는 주방용품을 구매하려고 하는 사람들이 여성만이 아니다. 사회인구학적 타깃팅의 대부분은 지나치게 일반화되어 있다.

그뿐만이 아니다. 요리에 관심이 많은 근사한 남성과 여성의 집단 내에서도 다양성이 높다. 생활 방식이 각기 다르고, 관심사가 각기 다르고, 동기도 각기 다르다.

취미로 요리를 즐기는 사람들의 일부는 바쁜 생활 속에서 시간을 아껴주는 장비(예를 들어 만능 믹서기 써머믹스Thermomix)를 사려고 할지도 모른다. 어떤 사람들은 최신 요리 기법(예를 들어 키친에이드

반죽기, 수비드, 슬로우쿠커)을 활용해 실험에 대한 욕구를 채우려 할지도 모른다. 또 어떤 사람들은 단순히 고전적인 도구(예를 들어 르크루제 주물 냄비라든가 올리브나무 밀대)를 사용해서 맛난 음식을 만들어 친구와 가족에게 대접하는 걸 좋아할지도 모른다. 이러한 차이를 이해하려면 사람들의 사회인구학적 통계와 과거 행동만으로는 안 된다. 더 깊이 들어가서 사람들의 심리를 파악해야 한다.

마케팅의 세계를 알아 나가면서 마케팅이야말로 내 아이디어를 시험하기에 이상적인 분야라는 확신이 들었다. 마케터들은 기꺼이 위험을 감수하면서 실험을 하려고 들었다. 그리고 아무리 작더라도 뭔가가 개선될 때마다 축하했다. "제가 구매 건수를 2퍼센트 늘릴 수 있을까요? 좋아요. 5퍼센트요? 더 좋죠. 10퍼센트라고요? 우리 첫째 아들을 바치지요."

처음 시작할 때는 잘 몰랐지만, 광고 효과가 아주 조금만 높아져도 기업에는 상당한 수익이 될 수 있다. 그리고 마케팅 예산은 규모가 크다. 2021년에만 5,120억 달러가 넘는 돈이 디지털 광고에 지출됐다. 마케팅이라는 환경은 내게 딱 맞았다.

마케팅 업계에서 충실한 파트너를 찾는 데는 오랜 시간이 걸리지 않았다. PR 회사인 그레일링Grayling은 힐튼호텔의 의뢰를 받아 심리 타깃팅의 잠재력을 탐구하고 있었다. '힐튼호텔이 더 풍부하고 개인화된 고객 경험을 창출하게 할 수 있을까요?' 나는 도전해보기로 했다. 일주일에 한 번 기차를 타고 런던에 가서 그레일링 사무실에서 일했는데, 케임브리지의 단조로운 생활에서 잠시 벗어날 수 있어서 좋았다.

몇 주에 걸쳐 우리는 성격에 기반해서 여행 상품을 추천하는 대화형 앱을 출시할 계획을 세웠다. 내향적인 편이신가요? 혼자만의 여행이 좋겠네요. 조용하고 편안한 여행지를 추천해 드립니다. 예민한 성격이시라고요? 일이 잘못될 우려가 없도록 모든 것이 패키지로 포함된 마음 편한 휴가를 추천합니다. 고객은 페이스북 계정에 로그인만 하면 된다. 나머지는 우리의 예측 알고리즘이 다 알아서 했다.[5]

광고 캠페인은 대성공이었다. 단 3개월 만에 6만 명 이상이 그 앱을 사용했다. 그들은 그 경험을 좋아했다. 그들은 클릭하고, 공유하고, 구매했다(힐튼호텔 측에서는 브랜드 인지도와 영업 이익이 상승했다). 나는 그레일링 사람들 및 심리측정 센터의 동료들과 함께 여행 마케팅 어워즈에서 동메달을 받았고, 데이터아이큐DataIQ가 선정하는 데이터 기반 마케팅 분야의 주요 인물이 됐다. 그 협업은 내게 귀중한 디딤돌이 됐다. 심리 타깃팅이 효과가 있다는 자신감을 얻었고, 다른 기업들에 접근하기 위한 성공적인 사례 연구도 확보한 셈이었다. 그리고 머지않아 내게 두 번째 기회가 찾아왔다.

아름다움은 보는 사람의 눈에 달렸다

한 온라인 뷰티 소매업체가 '온라인 주문을 늘린다'라는 간단한 목표를 설정하고 나를 찾아왔다. 내가 처음에 떠올린 아이디어는 힐튼호텔에서 진행했던 캠페인을 똑같이 하는 것이었다. 하지만 금방 그럴 수 없다는 것을 알았다. 두 가지가 문제였다. 첫째, 힐튼호텔에 우리의 접근법이 통했던 이유는 성격 특성과 연결될 수 있는 다양한 휴가 유형이 존재하기 때문이었다. 그러나 뷰티 제품은 여행처럼 성격에 따라 명확하게 분류할 수가 없었다. 누가 바디로션과 화장품을 구매할까? 외향적인 여성? 개방적인 여성? 우호적인 여성? 아니다. 우리 모두가 구매한다.

나는 20세기 마케팅 및 소비자 행동학의 상징적 존재인 시드니 레비Sydney Levy의 저서에서 영감을 얻었다. 1959년 〈하버드 비즈니스 리뷰〉에 실린 논문에서 레비는 소비란 기능적일 뿐 아니라 상징적인 행위라고 주장했다.[6] 즉 사람들이 물건을 살 때는 제품의 기능은 물론이고 의미도 고려한다. 간단한 예를 들어보자. 꽃을 산다는 건 당신에게 어떤 의미인가? 우호적인 사람이라면 다른 사람을 행복하게 해주려고 꽃을 살 것이다. 개방적인 사람이라면 꽃의 미적 아름다움을 감상하려고 꽃을 살 수도 있다. 신경질적인 사람이라면 꽃으로 집안에 편안한 분위기를 조성할 수 있다. 성격 특성이 어떻든 간에 꽃을 의미 있게 활용할 방법은 존재한다.

레비의 주장에 담긴 함의는 유용할 것 같았다. 같은 제품이라도 사람마다 다른 의미가 있다면, 우리는 다양한 고객에게 뷰티 제품이 무엇을 의미하는지 파악하기만 하면 된다. 외향적인 사람들을 타깃팅한다? 그들은 주목받기를 원한다. 그들은 관심을 한 몸에 모으고 싶어 한다. 친구들(또는 낯선 사람들)에게 둘러싸여 댄스 플로어 중앙에 서 있는 한 여성의 모습을 보여주는 광고는 어떨까? 화사한 색조의 화장에 반짝이는 옷을 입은 여성. 모든 시선이 여성에게 집중된다.

내성적인 사람들을 타깃팅하려면? 내성적인 사람들은 관심이 필요하지 않다. 정반대로 그들은 '나'만의 시간을 최대한 활용하려 한다. 뷰티의 내향적인 면을 강조하는 광고는 어떨까? 한 여성이 편안한 집에서 그 뷰티 업체의 제품을 즐기는 모습. 느긋한 분위기에, 방해 요소가 없어야 한다.

바로 이것이 우리가 그 뷰티 업체에 제안해서 결국 일련의 페이스북 캠페인으로 시험했던 내용이다. 우리는 외향적인 여성과 내향적인 여성을 타깃팅하려고 외향형 광고와 내향형 광고를 따로 제작했다.

우리의 두 번째 문제는 그 뷰티 업체가 홍보를 위해 앱을 통째로 제작할 예산이나 의지가 없었다는 점이다. 심리 타깃팅이 다른 세분화 접근법을 대신하는 실질적인 방안이 되려면 실행이 쉬워야 했다.

특정 국가 또는 도시에 거주하며 뷰티 제품에 관심을 보인 적이 있는 30세에서 35세 여성을 표적으로 삼고 싶다면? 페이스북이나 구글에 말만 하면 된다. 페이스북이나 구글은 그런 사람들을 대신 찾아줄 것이다. 그러나 심리 특성은 그렇게 찾아낼 수가 없다. 어떤 대규모 광고 플랫폼도 성격 특성을 직접 타깃팅해 주지는 않는다. 그럴 능력이 없어서도 아니고, 그들이 그런 생각을 해보지 않은 것도 아니다. 페이스북은 이미 2012년에 텍스트를 기반으로 사용자의 성격을 예측하는 특허를 출원했다.

성격을 기반으로 사람들을 타깃팅할 수 없다는 뜻은 아니다. 간접적인 타깃팅은 가능하다. 페이스북과 구글에서는 관심사를 기반으로 타깃을 정의할 수 있고, 우리가 이미 알고 있듯이 관심사는 내향성 및 외향성과 연관되어 있다(2장 참조). 비디오 게임, 일본 만화, 테리 프래쳇을 좋아한다면 내향형일 가능성이 높다. 드라마 〈안투라지〉, 가수 셰이즈Shwayze, 비어퐁 게임을 좋아한다면 외향형일 가능성이 높다.

물론 이게 모든 사람에게 들어맞지는 않는다. 비디오 게임을 좋아하지만 스스로 외향적이라고 생각하는 사람도 있을 테니까. 그럴 수도 있다. 관심사와 성격 특성의 관계는 결정론적이지 않고 확률론적이니까(헬로키티를 좋아하는 예순일곱 살의 경찰관 마사오 군지를 다시 생각해 보라). 관심사는 당신이 어떤 사람인지 말해주는 것이 아니라 당신이 어떤 사람일 **확률이 높은지** 알려준다. 당신은 일본 만화에 열광하는 외향적인 유니콘일 수도 있다. 하지만 다른 정보가 하나도 없다면 최선의 추측은 당신이 내향적인 사람이라는 것이다. 만약 내가 페이스북에서 일본 만화를 좋아하는 사람들을 타깃팅할 수 있고, 일본 만화를 좋아하는 것이 내향성과 관련된다는 사실을 안다면 나는 내향적인 사람들을 효과적으로 타깃팅할 수 있다.

우리는 홍보 캠페인을 시작하는 데 필요한 모든 것이 있었다. 내향적인 사람과 외향적인 사람을 위한 광고 문안? 준비 완료. 페이스북에서 내향적인 사람과 외향적인 사람을 타깃팅할 방법(조잡하긴 하지만)? 준비 완료.

광고가 집행되는 일주일 내내 나는 신경이 곤두서 있었다. 우리 모두 정말 많은 시간과 에너지를 투자했다. 이제 우리가 할 일은 반대편에서 기다리고, 소비자들이 광고를 클릭하고 구매하기를 기다리고, 어떤 결과가 나오는지 지켜보는 것밖에 없었다.

그 광고는… 효과가 있었다! 자신의 성격에 맞춰진 메시지를 받은 여성들은 상품을 구매할 확률이 높아졌다. 그리고 구매율의 차이는 놀라웠다. 성격 맞춤형 메시지를 받은 집단은 그렇지 않은 집단보다 구매율이 50퍼센트 높았다. 성격 맞춤형이 아닌 메시지를 받은 여성 100명에게 구매를 설득할 때, 성격 맞춤형 메시지를 받은 집단에서는 150명을 설득할 수 있었다.[7]

물론 나는 조심스럽게 낙관적인 전망을 하고 있었지만, 결과가 너무 좋아서 나 역시 놀랐다. 나는 그 캠페인의 한계를 알고 있었다. 우리의 타깃팅 접근법은 정교하지 못했고 개인화는 최소 수준이었다. 우리의 예측 알고리즘으로 개개인의 프로필을 만드는 대신 페이스북 '좋아요'만으로 고객을 정의했다. 우리가 내향형이라고 타깃팅한 고객들 중에 상당수는 외향형이었을 것이고, 그 반대도 있었을 것이다.

또 우리는 타깃 여성들에게 최초로 보여주는 광고 이후에 대해서는 고객 여정을 개인화하지 않았다. 잠재적인 구매자가 광고를 클릭하고 나면 그 뷰티 웹사이트는 모든 고객에게 동일하게 표시됐다. 그처럼 초보적인 접근법으로 구매 확률을 50퍼센트까지 끌어올렸다는 것은, 더 높은 목표를 세우고 전체에 대해 더 정교하게 개입할 수도 있다는 이야기였다.

그 뷰티 업체의 콘텐츠팀은 타깃 고객층의 성격 특성에 맞는 광고를 기막히게 잘 만들어냈다. 하지만 모든 페이지의 단어와 그림을 하나하나 개인화했다면 작업량이 얼마나 많았을지 한번 상상해 보라. 그러자면 크리에이티브 요소가 수천 개, 아니 수백만 개 필요했을 수도 있다. 제정신이라면 어떤 회사도 그런 작업을 인간 인력에게 맡기지 않을 것이다.

하지만 멀지 않은 미래에 그 회사는 디지털 인력을 활용할 수 있게 된다. 사용자가 좋아했거나 웹에 올린 이미지를 통해 컴퓨터로 성격을 예측할 수 있다(2장 내용 참조). 이와 유사한 모델들을 훈련시켜 어떤 이미지의 성격 선호도personality affinity, 즉 그 이미지에 매력을 느끼는 사람들의 성격을 예측할 수 있다. 내가 동료들과 함께 바로 그런 작업을 했다. 우리가 만든 알고리즘은 어떤 이미지를 '보고' 그것이 외향적인 사람에게 잘 맞을지 아니면 개방적인 사람에게 잘 맞을지 알려준다. 우리는 그 알고리즘을 실제 환경에서 테스트한 적은 없다. 하지만 실험실에서 수행한 몇 차례의 실험에서는 소비자들의 성격에 맞춰진 이미지를 선택할 때 그들의 브랜드 태도와 구매 의도에 모두 영향이 있다는 결과가 나왔다.[8]

하지만 컴퓨터는 콘텐츠를 이해하고 선택하는 일만 잘하는 것이 아니다. 컴퓨터로 콘텐츠를 제작할 수도 있다. 오픈AI OpenAI의 GPT 모델은 숙련된 인간 작가와 구별되지 않는 수준의 텍스트를 생성한다. GPT는 영국 일간지 〈가디언〉에 실릴 기사를 썼고, GPT 자신에 대한 학술 논문을 발표했으며, 시 창작 대회에서 여러 번 우승했다.

그리고 내 최근 연구에서 밝혀진 것처럼, GPT를 활용하면 다양한 성격을 가진 사람들의 목소리로 설득력 있는 마케팅 콘텐츠를 제작할 수 있다. 한 연구에서 나는 GPT3에 아이폰14를 홍보하는 짧막한 광고를 만들어달라고 명령했다. 그러자 GPT3는 딱 맞는 답변을 내놓았다.

외향적이고 열정적인 사람을 겨냥한 GPT의 제안은 다음과 같다. "파티 분위기를 주도하고, 항상 즐거운 시간을 보내려고 하고, 사람들에게 둘러싸여 있는 것을 즐기는 당신이라면, 이거야말로 당신을 위한 스마트폰입니다! 밝고 화려한 디자인에 소셜 미디어 기능이 내장된 아이폰14 프로는 당신처럼 외향적이고 열정적인 사람에게 잘 맞아요. 자, 이제 파티를 즐겨봐요!"[9]

이번에는 예술가적이고 개방성이 높은 타깃을 위한 GPT의 제안이다. "새로운 경험을 받아들이고 더 예술적으로 표현하도록 해줄 스마트폰을 찾고 있다면, 아이폰14 프로가 정답입니다. 강력한 카메라와 편집 도구가 있는 아이폰14 프로를 사용하면 최고로 아름다운 이미지와 동영상을 캡처하고 제작할 수 있지요. 그러니까 당신이 초보 사진작가든, 그냥 예술을 즐기는 사람이든 간에 아이폰 14 프로는 완벽한 선택입니다."

이 메시지에서 가장 인상적인 점은 사람들의 취향과 성격을 직접적으로 언급하는 데서 끝나지 않는다는 것이다. 그건 쉬운 일이다. 흥미롭게도 GPT는 아이폰의 다양한 기능 중에서 각기 다른 성격의 사용자를 끌어당길 만한 것들을 재치 있게 선택했다. 외향적인 사람은 편집 도구에 관심이 없겠지만, 개방적이고 예술적인 소비자는 관심을 보일 가능성이 높다. 그것은 우리가 여러 편의 연구로 밝혀낸 사실이기도 하다.

GPT가 생성한 개인별 맞춤 메시지 덕분에 연구 참가자들은 우리가 광고하는 상품에 더 많은 관심을 보였다. 게다가 그 상품에 돈을 쓸 의향이 있었던 사람들이 실제로 지출하는 금액도 늘어났다.[10]

소비재와 성격 특성을 넘어서

마케팅 콘텐츠를 사람들의 성격 특성과 일치시켜서 상품을 몇 개 더 판매할 수 있다는 것만으로 당신을 흥분시키기는 어려울 것이다. 하지만 내가 보기에 이런 결과는 어떤 본질적인 원리를 알려준다. 내가 당신의 심리적 동기를 이용하면 내게 힘이 생긴다는 것. 여기서 힘이란 당신의 결정에 영향을 미친다는 뜻이다.

나는 일부러 (비교적) 중립적인 입장에서 심리 타깃팅에 대한 탐구를 시작했다. 논란이 많은 영역으로 돌아가기 전에 기본적인 내용부터 확인하고 싶었기 때문이다. 하지만 나는 화장품에 대한 수다를 떨며 이 장을 시작하지도 않았다. 이 장의 첫머리에서는 케임브리지 애널리티카 이야기를 했다. 사용자가 화장품을 몇 개 더 구매하게 하는 것과, 사용자가 특정 방식으로 투표하게 하는 것(또는 아예 투표하지 않게 하는 것)은 전혀 다른 문제다. 아닌가?

사실은 아니다. 정치적 주장과 후보자에 대한 홍보는 상품 판매와 매우 비슷하다. 양쪽 다 청중을 이해하고 그들의 취향에 맞춰야 한다. 그럴 때 상대방의 성격을 알고 있으면 도움이 된다. 우호성이 높은 이웃 사람을 설득해서 적극적인 보육 정책을 지지하게 하거나 불안정성이 낮은 친구에게 더 엄격한 데이터 보호 규정을 지지하게 할 수는 있다. 하지만 현실 정치의 게임은 성격의 경기장에서 진행되지 않는다. 정치는 도덕적 가치의 경기장에서 이뤄진다. 그 경기장은 즉 무엇이 옳고 무엇이 그른지 판단하는 윤리적 나침반이다.

심리학자 조너선 하이트Jonathan Haidt에 따르면 인간에게는 선천적이고 보편적인 다섯 가지 도덕적 가치가 있다. 돌봄, 공정성, 충실성, 권위, 순수성이다.[11] 사람들이 이 각각의 가치에 얼마나 중점을 두는지는 각기 다르다. 예를 들어 당신은 충실성, 권위, 순수성을 중요하게 여기지만 나는 돌봄과 공정성에 더 무게를 실을 수 있다.

만약 내가 당신의 도덕적 기준을 알고 있다면 나는 당신의 행동에 영향을 줄 수 있다. 내가 힐튼호텔과 협업했던 일을 생각해 보라. 우리는 소비자들의 성격 프로필(즉 여행 유형)과 휴가 유형을 짝지어 소비자들이 브랜드와 상품에 관여하도록 유도했다. 정치에서도 똑같이 할 수 있다. 내가 당신이 어떤 도덕적 가치를 중요하게 생각하는지 알면, 나는 적절한 주장과 후보를 당신 앞에 제시할 수 있다. 이를테면 당신이 돌봄과 공정성을 매우 중시하는 사람이라고 치자. 나는 동일임금이나 최저임금과 관련된 정책으로 당신에게 다가갈 것이다. 만약 당신이 충실성과 순수성을 더 중시한다면 나는 당신이 더 엄격한 이민법을 지지하도록 유도할 수 있다.

당연한 일이겠지만, 우리의 도덕적 가치는 우리의 정치적 이념과 복잡하게 연결되어 있다.[12] 만약 당신이 스스로 보수적이라고 생각한다면 당신은 충실성, 권위, 순수성을 강조할 가능성이 높다. 그러나 당신이 스스로 진보적이라고 생각한다면 그 반대일 것이다. 당신은 돌봄과 공정성에 우선순위를 둘 가능성이 높다. 이런 연관성을 고려하면 내가 당신의 도덕적 가치관을 몰라도 심리 타깃팅은 가능하다. 당신의 정치적 성향만 알면 된다.

하지만 서로 다른 도덕적 가치관이 있는 사람들에게 각기 다른 정치적 의제를 홍보하는 건 이야기의 일부일 뿐이다. 화장품 소매업체와 협업했을 때 우리는 서로 다른 성격의 사람들에게 동일한 제품을 판매했다.

정치에서도 각기 다른 사람들에게 동일한 정치적 이념을 판매할 수 있다. 그리고 우리의 주장을 상대방의 도덕적 가치에 맞출 때 더 효과적인 설득이 가능하다. 심리학자 매슈 파인버그Matthew

Feinberg와 롭 윌러Rob Willer 는 이런 형태의 심리 타깃팅을 도덕적 재구성 moral reframing 이라고 부른다.[13]

기후변화 문제를 예로 들어보자. 우리보다 나중에 태어나는 사람을 보살필 책임이 우리에게 있다는 주장이 가능하다. "우리가 만든 문제를 다음 세대가 해결하기를 바라는 건 공정하지 못합니다. 우리가 우리 자신의 행동이 만든 영향을 직접 경험하지 않을 수도 있지만, 우리에게는 지구와 앞으로 수백 년 동안 지구에 살게 될 사람들을 보호해야 할 도덕적 의무가 있습니다." 이런 주장은 돌봄과 공정성을 강조하는 자유주의자들에게서 자주 들을 수 있다. 만약 당신이 스스로를 자유주의자라고 생각한다면, 당신은 이런 주장에 공감할 가능성이 높다.

하지만 당신이 스스로 보수주의자라고 생각한다면 이런 주장에 깊이 공감하지 못할 것이다. 당신은 우리가 지구의 완벽한 아름다움을 보존하고 증진하며 우리가 들이마시는 공기를 깨끗하게 지켜나갈 의무를 강조하는 주장에 더 민감하게 반응할 것이다. "결국 지구는 우리의 유일한 거처입니다. 오랜 세월 동안 우리와 우리 조상에게 안전한 안식처를 제공한 지구를 우리가 지켜야 합니다." 아까와 많이 달라진 것 같지 않은가? 이 주장은 돌봄이나 공정성이 아니라 보수주의자들이 좋아하는 순수성과 충실성에 초점을 맞추고 있다.

파인버그와 윌러의 연구(그리고 챗GPT가 생성한 맞춤형 메시지를 사용한 내 연구 일부)에서 드러난 것처럼, 도덕적 재구성은 매우 효과적이다.[14] 우리는 우리 자신의 도덕적 가치관과 일치하는 주장에 더 끌린다. 우리가 그 주장의 주요 전제에 동의하지 않는 때에도 마찬가지다(예를 들어 어떤 보수주의자에게 이민이나 동성애자 권리의 좋은 점을 설득하려고 할 때).

도덕적 재구성은 정치 토론에서 승리하기 위한 단순한 전략처럼 보인다. 다른 사람의 입장이 되어보기만 하면 된다고 말하기 때문이다. 하지만 알고 보면 그건 어려운 일이다. 사실 사람들 대부분은 다른 사람의 입장이 되어보려다 처참하게 실패한다. 우리는 인간이다. 우리는 우리 자신의 렌즈로 세상을 본다. 우리는 어떤 주장을 펼칠 때 상대방의 세계관에 호소하는 방식이 아니라 우리 자신의 세계관을 강조하는 방식으로 말한다. 이것은 전형적인 자기중심적 편향으로서 인식하기도 어렵고 극복하기는 더욱 어렵다.

내 고향 마을 사람들은 종종 마을의 미래를 두고 격렬한 논쟁을 벌였다. 어떤 클럽에 돈을 얼마나 지원해야 할까? 의용소방대 발대식을 해야 할까, 말아야 할까? 그건 국가의 진로를 결정하는 논쟁은 아니었지만 의미 있는 논쟁이었고 양쪽으로 극명하게 갈라져 있었다. 양쪽이 주장을 펼치는 동안 통로를 거쳐 날아가는 견해와 주장들은 점점 더 극단적으로 치달았다. 좋은 해결책을 찾기보다는 오직 논쟁에서 이기는 데 집중하게 됐다.

알고리즘에는 자기중심적 편향이 없다. 알고리즘은 자신의 관점에서 주장을 펼치든 상대방의 관점에서 주장을 펼치든 개의치 않는다. 그저 원하는 성과를 달성하는 데 가장 효과적인 방식을 옹호한다.

동전의 양면

도덕적 재구성은 심리 타깃팅의 힘이 소비재 상품보다 훨씬 넓은 범위로 연장된다는 사실을 보여준다. 심리 타깃팅은 환경 보호,

경제적 불평등, 동성애자 권리와 같은 중요한 사회 의제에 대해 사람들이 생각을 달리하게 한다.

이게 좋은 걸까, 나쁜 걸까? 경우에 따라 다르다. 파인버그와 윌러의 연구에 대한 내 첫 반응은 "그것 참 멋진데!"였다. '사람들을 다시 정치에 참여시키고 사람들이 서로의 관점을 이해하게 해줄 방법이 되지 않을까? 어쩌면 민주주의를 실현할 희망이 있겠다.'

이상적인 세상이라면 모든 정치인이 집집마다 찾아가서 유권자들(지지자든 반대자든)과 마주 앉아 그들의 우려를 경청하고, 그들이 정말 중요하게 여기는 주제에 초점을 맞추면서 모든 질문에 인내심 있게 답변할 것이다. 물론 실제로는 그게 불가능하다. 어떤 정치인이든 동시에 여러 곳에 있을 수는 없으니까. 대신 정치인의 보좌관들과 자원봉사자들이 그를 대신해서 최대한 많은 사람과 대화를 나눈다. 미국에서는 선거 시기가 돌아올 때마다 양쪽 정당의 자원봉사자 수천 명이 기꺼이 그 임무에 시간을 할애한다. 그들은 질문에 답하고, 경청하고, 설명한다.

하지만 이처럼 추가 인력을 투입해도 정치인이 할 수 있는 일에는 한계가 존재한다. 집집마다 방문하는 선거운동은 매우 효과적이지만 시간이 많이 소요되고 인구의 극히 일부, 대부분은 전략적으로 중요한 카운티나 주에 사는 유권자들에게만 도달할 수 있다. 그렇다면 나머지 사람들은 어쩌란 말인가? 아무도 시간을 내서 전화를 걸거나 문을 두드리지 않아서 투표권을 포기하기로 마음먹은 수백만 미국인은 어떻게 해야 할까?

2020년 미국 대통령 선거에서 그런 사람들의 비율은 전체 유권자 중 33퍼센트로 2016년 대통령 선거의 40퍼센트에서 크게 감소했다. 하지만 민주주의가 번영하려면 국민의 참여가 필요하다. 국민의 정치 참여에 다시 불을 붙일 광범위하고 포괄적인 방법이 있기만 하다면…….

　심리 타깃팅의 목표가 바로 그런 것이다. 사람들의 동기를 이해하고 의욕을 불러일으키는 것. 나는 심리 타깃팅이 우리가 직면한 모든 정치적 문제에 대한 만병통치약이라고 주장하려는 건 아니다. 하지만 심리 타깃팅을 제대로만 활용한다면 사람들을 다시 정치에 참여시키는 방법이 있을 것이라고 믿는다. 그건 민주주의를 살릴 방법이기도 하다.

　한편으로 이와 같은 신기술들이 케임브리지 애널리티카처럼 사악하고 반민주적인 조직의 손에 들어가면 위험한 탄약으로 변할 수도 있다는 것은 쉽게 상상 가능한 일이다. 반민주적인 조직들은 심리 타깃팅을 활용해서 정반대 목적을 달성하려고 할 것이다. 즉 불화를 조장하고, 증오를 부추기고, 정치 참여를 줄이려고 할 것이다. 케임브리지 애널리티카는 자신들의 지지층을 결집하려고 심리 타깃팅을 이용하지 않았다. 반대 진영을 파괴하려고 심리 타깃팅을 이용했다. 그리고 그런 행위로 민주주의의 토대를 파괴하려고 했다.

　2024년 미국 대통령 선거를 앞두고 대중적 담론의 상당 부분은 온라인상의 허위 정보의 위험성에 초점을 맞췄다. 나 역시 다른 사람들과 마찬가지로 가짜뉴스를 걱정한다. 하지만 사람들 대부분과 달리 나는 '기울어진 뉴스slanted news'를 더 걱정한다. 기울어진 뉴스란 사실적으로는 정확하지만 특정한 세계관에 맞추려고 의도적으로 마사지된 뉴스를 가리킨다. 내가 우려하는 건 기울어진 뉴스가 가짜 뉴스보다 사람들의 태도와 행동을 바꾸는 힘이 강해서가 아니다. 실제로도 기울어진 뉴스가 더 힘이 세지는 않다. 내가 걱정하는 이유는 기울어진 뉴스가 훨씬 많기 때문이다. 제니퍼 앨런 Jennifer Allen 의 연구에 따르면 기울어진 뉴스가 사람들의 행동에 미치는 영향은 가짜 뉴스보다 50배 정도 크다.[15]

심리 타깃팅에 대한 내 설명을 들을 때 사람들은 마음 한구석에서 이런 걱정을 떨치지 못한다. 그들은 내 선한 의도를 믿지만, 내 연구가 비열한 목표를 세운 행위자들에게 청사진을 제공할 것을 걱정한다. '정말로 그렇다면 박사님이 하시는 심리 타깃팅 연구는 금지되어야 하지 않나요?'

우려는 이해하지만 나는 그 결론에는 동의하지 않는다. 시골 마을에서 자란 경험으로 나는 게임의 규칙을 이해하는 것이 중요하다는 점을 배웠다. 게임의 규칙을 많이 이해할수록 내 삶을 잘 헤쳐나갈 수 있었다. 누가 은밀하게 나에 대한 정보를 전달하는지 알게 됐고, 누가 은근히 내 행동을 조종하려고 할 때도 금방 감지하게 됐다. 경기에서 반칙을 더 잘 잡아내게 됐다.

기술의 세계에서도 마찬가지다. 우리는 심리 타깃팅이 얼마나 효과적이며 심리 타깃팅의 잠재적 이점 및 악용 가능성이 개인과 사회에 어떤 영향을 미칠 수 있는지 이해해야 한다.

내가 정책 입안자들, 기업 경영자들, 그리고 유럽연합 집행위원회 같은 기관들에 내 견해를 알리고 권고안을 제시할 수 있는 유일한 이유는 심리 타깃팅을 연구했기 때문이다. 사람들의 심리를 이해하면 그들을 통제할 수 있다는 것은 굳이 추측할 필요가 없다. 그건 내가 알고 있으니까. 내가 아는 것이 하나 더 있다. 사람들을 통제해서 이익과 권력을 얻을 수 있는 한, 과학자들이 그 주제를 연구하든 안 하든 간에 기업들은 심리 타깃팅 같은 기술에 계속 투자할 것이다.

결론: 심리 타깃팅은 사라지지 않을 것이다. 오히려 그 효과를 뒷받침하는 증거가 늘어나고 기술이 계속 발전하면서, 심리 타깃팅의 적용 범위가 다른 영역으로 확장될 것이다.

이런 트렌드는 아직 완전히 가시화되지는 않았다. 하지만 나는 새로운 상품을 들고 이 분야에 진출하려는 스타트업에 합류하겠냐는 질문을 일주일에 한 번 이상 받는다. 심리 타깃팅을 도입하면 어떤 효과가 있을지 알아보고 싶은 기업들의 요청을 받기도 한다. 판의 주도권을 잃지 않고 심리 타깃팅의 규칙을 정하는 데서 적극적인 역할을 하고 싶다면, 우리는 심리 타깃팅이 제공하는 기회와 문제점을 모두 알아야 한다. 먼저 기회부터 살펴보자.

6장

심리 타깃팅을 우리에게 유리하게 사용하는 법

오랜 대학교 친구의 전화를 받자마자 뭔가 잘못됐다는 느낌이 들었다. 그는 내게 뉴욕 생활이 어떠냐고 물었다. 나는 길거리의 쓰레기, 겨울의 혹독한 추위, 지각하는 학생들에 대해 불평했다. 친구는 가끔 "음"이라고 대답했지만 마음은 딴 데 가 있는 듯했다. 무슨 일 있는 것이냐고 물었더니 그는 울음을 터뜨렸다.

그의 어릴 적 친구가 스스로 목숨을 끊었다고 했다. 아무도 예상하지 못한 일이었다. 그는 친구가 힘들어했다는 걸 알았으면 친구를 살릴 수 있었을지도 모른다고 말했다.

나도 마음이 좋지 않았다. 원래 내 목표는 심리 타깃팅을 활용해서 사람들을 돕는 것이었다. 그 계획을 보류했던 이유는 실현하기 너무 어려울 것 같아서였다. 시간이 지나고 심리 타깃팅의 어두운 면에 질렸을 때(그 이야기는 7장에서 하겠다) 나는 그 계획을 아예 포기했다. 심리 타깃팅을 이용할 때의 명백한 비용에 너무 집착한 나머지 심리 타깃팅을 이용하지 않을 때의 잠재적 비용은 보지 못했다.

하지만 친구와의 대화는 나를 잠에서 깨우는 역할을 했다. 심리 타깃팅에 선한 방향의 잠재력도 있다는 것이 새삼 떠올랐다. 고향 마을 이웃들의 행동이 내게 큰 도움이 되고 나를 안심시키기도 했던 것처럼, 심리 타깃팅도 우리가 더 나은 사람이 되는 데 기여할 수 있다.

그때부터 내 머릿속은 '만약 …할 수 있다면?'이라는 질문으로 가득했다. 심리 타깃팅을 이용해서 사람들을 돕는다면 어떨까? 예를 들어,

- 신체적, 정신적 건강을 개선할 수 있을까?
- 정치 참여가 활발해질까?
- 더 효과적인 학습이 가능할까?
- 마음에 드는 직업을 찾아줄 수 있을까?
- 소비를 늘리지 않고 저축을 하게 유도할 수 있을까?
- 환경에 대한 책임감을 키워줄 수 있을까?
- 세상에 대한 경험의 폭을 넓힐 수 있을까?

이 목록은 일부에 지나지 않는다. 이 장에 수록된 예시들을 읽고 나면 당신도 저마다의 질문들을 쉽게 생각해 낼 것이다. 교육에 관심 있는 사람이라면 심리 타깃팅을 활용해 어린이와 청소년이 학습을 효과적으로 하면서 재미도 느끼게 하고 싶을 것이다. 아니면

직업적 소명을 발견하는 방법을 정밀하게 분석해서 심리 타깃팅으로 사람들에게 자기가 좋아하는 직업을 찾아주고 싶을 수도 있다.

나는 세 가지 주제를 선택해서 집중하기로 했다. 심리 타깃팅의 잠재력을 이용해 사람들이 어려워하는 목표 달성하기(예를 들어 저축 늘리기), 맞춤형 정신 건강 관리에 대한 접근성 높이기, 사람들의 세상 경험 확장하기.

이 세 가지 활용법을 고른 건 이 주제들이 제일 중요하거나 단순하고 일관성 있는 서사에 완벽하게 들어맞아서가 아니다. 그보다는 심리 타깃팅이 다양한 잠재적 응용 분야에서 다수의 이익을 위해 활용될 수 있다는 것을 강조하기 위해서다. 내가 제시하려고 하는 아이디어 중에는 허황된 꿈도 있다. 지금은 내 환상이지만 미래에 실현되기를 바라는 꿈이다. 또 어떤 아이디어는 지금 이미 심리 타깃팅이 사람들에게 도움을 주고 있는 보다 구체적인 사례들이다. 후자를 먼저 살펴보자.

저축은 어렵다

사회생활 초창기에 내가 주로 했던 일은 사람들이 돈을 더 쓰게 하는 것이었다. 사람들의 특성을 이용해서 완벽한 여행지를 찾아줄 수 있을까? 그렇다. 마케팅 문구를 여성들의 외향성 수치에 맞게 조정해서 화장품을 구매하게 할 수 있을까? 그렇다.

그게 반드시 심리 타깃팅을 나쁘게 활용한 예라고 생각하지는 않는다. 내 연구에 따르면 사람들은 자신의 심리적 필요에 맞는 소비를 할 때 더 행복하다. 그리고 전 세계의 상품과 서비스에 접근

할 수 있는 지금 우리에게는 낟알과 쭉정이를 구별할 방법이 필요하다.[1]

하지만 사람들이 돈을 쓰게 하는 것이 정말로 우리 사회에 가장 필요한 일일까? **만약 심리 타깃팅을 이용해서 정반대 일을 한다면 어떨까?** 사람들이 저축을 하게 유도한다면?

재무 건전성에 대해 처음 알아보기 시작했을 때, 나는 내가 찾아낸 숫자에 충격을 받았다. 2020년에 미국인의 53퍼센트는 그때그때 버는 돈으로 생활했고, 62퍼센트는 저축한 돈이 3개월치 생활비에 못 미쳤으며, 10퍼센트 이상은 급여를 받지 못하면 단 일주일도 버티지 못한다고 답했다.[2]

이 상태를 그냥 '문제'라고 부르기에는 너무 심각하다. 이건 재앙과도 같기 때문이다. 사실상 저축한 돈이 없는 미국인 3,000만 명은 늘 파산의 위험을 안고 살아간다. 이번 주에는 버틸 수 있겠지만, 다음 주에 차가 고장 나면 어떻게 될까? 차를 정비소에 가져가서 고칠 돈이 없다. 그러면 차로 출근하지 못하고 불안정하기로 악명 높은 대중교통에서 몇 시간을 보내야 한다(대중교통이라도 이용할 수 있다면 말이다). 그 결과 그들은 집세, 보험료, 생활비를 충당하던 일자리를 잃을 수도 있다. 사소해 보이는 사고 한 건이면 끝이다. 게임 오버.

3개월치 생활비보다 적은 액수를 저축해 놓은 미국인 2억 명은 상황이 조금 나은 것처럼 보이기도 하지만, 그들의 그림도 장밋빛은 아니다. 우리 대부분은 은퇴 이후(의학이 발달하는 덕분에 은퇴 이후의 삶은 점점 길어질 것이다)에 대한 준비가 심각하게 부족하다. 게다가 재무 불안정이 현재 우리의 발전을 가로막는다는 것을 보여주는 과학적 증거가 점점 많아지고 있다. 재무 불안정은 신체적, 정신적 건강에 악영향을 미친다. 또한 올바른 결정을 내리고 창의력을 발휘하는 데 필요한 인지 대역폭을 가로챈다. 돈 걱정을 하면서 우리의 잠재력을 최대한 발휘하며 살기란 불가능하다.[3]

우리는 저축을 더 많이 해야 한다는 것을 알고 있고, 대부분은 저축을 늘리고 싶어 한다. 〈포브스〉에 따르면 2023년 새해에 전체 인구의 30퍼센트는 재무관리를 더 잘하겠다는 결심으로 한 해를 시작했다.[4] 하지만 그 30퍼센트의 대부분은 그 훌륭한 결심을 은행 계좌에 저축된 돈으로 바꾸지 못했을 것이다. 건강한 음식을 먹고 운동을 더 많이 하겠다는 것과 같은 다른 새해 결심들과 마찬가지로, 저축을 한다는 다짐도 지키기가 쉽지 않다.

재테크 지식이 아주 많은 사람에게도 저축은 끊임없는 싸움이다. 저축을 하려면 미래를 걱정하기보다 현재의 순간을 즐기기를 더 좋아하는 우리 뇌와 싸워야 한다. 저축이 어려운 이유는 실체가 불분명한 미래의 잠재적 혜택(예를 들어 예기치 않은 비상사태에 대처한다)을 위해 현재의 실체적인 보상(예를 들어 우리가 번 돈으로 물건을 산다)을 포기하는 일이기 때문이다.

비상사태가 발생하고 모든 것이 엉망이 되고 나면 새로 산 플레이스테이션PlayStation이나 진주 귀걸이 대신 은행 계좌에 몇백 달러를 더 넣어두는 것이 당연한 선택처럼 보일 것이다. 하지만 그런 처지가 되기 전까지 우리가 어떻게 행동하는지는 우리 모두 안다. 우리는 책임감 있는 슈퍼 히어로가 되기를 원하지만 결국에는 평소처럼 자기 만족을 추구하고 만다.

나는 심리 타깃팅이 도움이 될 수 있다고 확신했다. 조사의 출발점은 당연히 위험해 보이는 프로필을 가려내는 것이었다. 특정한 유형의 사람들이 재무관리에서 더 큰 어려움을 겪는지 여부를 알아보고 싶었다. 모든 성격 특성 중에 내가 생각한 가장 유력한 용의자는 성실성이었다.

나는 가난한 대학생이었을 때도 항상 공과금을 제때 납부하고 돈을 모으는 데도 마법처럼 성공했던 책임감 있고 믿음직한 언니를 떠올렸다. 그리고 나서는 우리 가족 중에 다소 산만하고 부주의한 사람으로서 돈을 빨리 써버려서 보통 월말이 되기 한참 전에 돈이 다 떨어지던 나 자신을 생각했다.

나쁘지 않은 추측이었다. 성실성은 실제로 저축의 일부 측면과 관련이 있는 것으로 밝혀졌다. 하지만 내가 예상했던 것만큼 연관성이 강하지도 일관되지도 않았다. 대신 재무 건전성을 상당히 신빙성 있게 예측하는 또 하나의 성격 특성이 있었다. 짐작이 가는가? 남은 보기는 개방성, 외향성, 우호성, 불안정성이다.

솔직히 말해서 몇 년 전에 이런 질문을 받았다면 나도 정답을 말하지 못했을 것이다. 우호성이 높은 사람들이 재무 상태가 나빠지는 경향이 있다는 연구 결과가 거듭 나오자, 처음에는 나도 의아했다.[5] 우호성이 높은 사람들은 은행 계좌에 저축한 금액이 더 적었고, 부채가 더 많이 쌓여 있었고, 대출 상환금을 연체할 가능성이 높았다. 마찬가지로 미국에서 우호성 평균 점수가 높은 지역에서 파산률이 더 높았다.

돈 문제로 가장 큰 어려움을 겪는 사람들은 내가 머릿속에 그리고 있었던 산만하고 부주의하고 게으러터진 인간들이 아니라 친절하고 따뜻하고 착한 사람들이었다. 자기 자신보다 다른 사람을 먼저 생각하기 때문에 우리가 공동체와 소셜 네트워크에 기꺼이 받아들이려고 하는 유형의 사람들 말이다.

"착한 사람이 꼴찌를 한다"라는 말은 들어봤지만, 돈과 관련된 의사 결정이라는 맥락에서는 꼭 그 말이 맞는 것 같지 않았다. 그래서 나는 더 깊이 파고들기 시작했다. 내게 있는 데이터에서 우호성과 재무 건전성의 관계를 결정하는 요인은 무엇일까? 우호적인 사람들은 우호적이지 않은 사람들만큼 공격적으로 협상하지 않아서일까? 답은 "아니오"였다(정확히 말하면 우호적인 사람들은 실제로 공격적으로 협상에 임하지 않았지만, 그들의 재무 상태가 나쁜 이유는 그게 아니었다).

우호성과 재무 건전성의 상관관계를 만드는 요인은 단순했다. 우호성 높은 사람들은 우호성 낮은 사람들보다 돈에 신경을 덜 썼다. 우리 연구에서는 사람들에게 "돈으로 살 수 없는 것은 드물다"라든가 "돈은 아무리 많이 가져도 부족하다"와 같은 명제에 얼마나 동의하는지 물었다. 우호성 높은 사람들의 일관된 답변은 그들에게 돈은 그렇게 중요하지 않다는 것이었다.

이 설명을 처음 들었을 때는 실망을 느꼈고, 솔직히 말하면 조금 맥이 빠졌다. 나는 진심으로 선량한 사람들의 재무 상태를 더 좋게 해주고 싶었다. 그들에게 효과적인 협상법(반드시 공격적으로 협상하지 않더라도)을 알려준다면 아주 좋은 일일 것이라고 생각했다. 그런데 그들이 돈에 신경을 쓰지 않는다면 내가 어떻게 그들을 도울 수 있겠는가? 그들이 돈을 우선시하게 하려고 노력하는 건 옳은 일이 아니라고 생각했다. 오히려 그들이 돈에 신경을 많이 쓰지 않는다는 것이 다소 사랑스럽게 느껴졌다. 확실히 그들은 돈보다 사람들과의 긍정적인 사회적 관계를 선택한 선량한 사람들이었다. 존경스럽기도 했다.

하지만 고민을 거듭하는 사이에 내 생각에 오류가 얼마나 많은지 깨달았다. 누군가가 돈에 관심이 많다고 해서 그 사람이 다른 사람을 배려하지 않는다는 뜻은 아니다. 다른 사람을 배려한다고 해서 돈에 신경 쓰지 말아야 하는 것도 아니다. 그건 잘못된 이분법이다.

이렇게 한번 생각해 보자. 돈을 제대로 관리하지 않으면 우리가 사랑하는 사람들까지 위험에 빠뜨리게 된다. 한편 돈에 신경을 쓰고 우리 자신을 위해, **그리고** 다른 사람을 위해 돈으로 뭘 할 수 있는지 고민한다고 해서 다른 사람에 대한 애정이 사라지지는 않는다.

나는 흥미를 느꼈다. 만약 우호성 높은 사람들은 돈에 신경을 쓰지 않는다는 명제가 사실이라면, 단지 돈을 모으려고 저축을 해야 한다는 주장으로는 그들을 설득하지 못할 것이다. 저축의 목적을 변경해서 사랑하는 사람들에게 미칠 잠재적 영향을 강조하면 어떨까? 저축을 해야 그들이 아끼고 사랑하는 사람들을 보호할 수 있다는 점을 강조하는 것이다.

저축이 어려운 과제인 이유 중 하나는 우리가 저축의 장점을 날마다 경험하지 못한다는 것이다. 새로 산 플레이스테이션이나 진주 귀걸이와 달리, 우리가 저축한 돈은 물리적으로 경험하거나 다른 사람들과 공유할 수 없다. 저축한 돈은 은행 계좌에 표시된 숫자에 불과하며, 시야에 들어오지 않고, 우리가 그 저축한 돈을 써서 가질 수 있는 어떤 물건보다도 덜 매력적이다.

세이버라이프의 100달러 미션

인류가 진짜로 시간 여행을 발명하기 전에는(누가 발명하길!) 사람들을 미래로 순간 이동시켜 그들이 저축한 돈이 언젠가 일으킬 변화를 미리 보여줄 수는 없다. 우리가 할 수 있는 일은 사람들의 머릿속에 그런 이미지를 그려주는 것이다. 그리고 그 이미지를 최대한 현실적이고 매력적으로 해주어야 한다.

바로 그게 우리가 한 일이다. 2020년 9월, 나는 동료인 로버트 파로크니아Robert Farrokhnia, 조 글래드스톤과 함께 세이버라이프SaverLife와 협업을 시작했다. 미국의 비영리단체인 세이버라이프는 개인과 가정이 돈을 아껴 쓰고, 재무 이해와 건전성을 높이고, 자산을 축적하도록 지원한다.[6] 수많은 약탈적 핀테크 상품의 한가운데서 진정한 슈퍼 히어로 같은 기관이었다.

시기는 최적이었다. 그해 3분기까지 코로나19가 계속되는 가운데 세이버라이프 사용자들은 생계비를 충당하는 데 어려움을 겪고 있었다. 우리의 임무는 명확했다. 저축이 가장 필요한 사람들에게 저축을 장려하는 것. 저축액이 전혀 없거나 매우 적은 사람들(100달러 미만). 차가 고장 나거나 예상치 못한 의료비 청구서를 받을 때 비용을 감당하지 못해서 큰 충격을 느낄 사람들.

우리의 목표는 그런 사람들을 세이버라이프의 '100달러 미션'에 참가시켜서 100달러를 저축하게 하는 것이었다. 100달러 미션은 4주 동안 100달러라는 목표를 달성한 사람에게 현금으로 100달러를 더 받을 기회를 제공하는 것이었다.

우리는 세이버라이프와 이용자들의 허락을 받아 미션에 자발적으로 참가한 사람들의 성격 데이터를 수집하고 각기 다른 성격 특성에 호소하는 메시지를 만들어내려고 밤낮없이 일했다. 개방적이고 창의적인 사람에게 미래를 꿈꾸게 하면서 저축을 홍보할 방법을 한번 생각해 보라. 그 메시지는 보수적이고 전통적인 고객을 위해 만들어낼 메시지와 어떻게 다를까? 그렇게 어려운 일 같지는 않다. 실제 캠페인에서 사용한 두 가지 사례를 보자.

개방성이 낮은 사람

저축은 당신이 원하는 생활 방식을 유지하기 위한 검증된 기술이에요. 하지만 저축이 항상 쉬운 건 아니죠. 소비에 대한 유혹이 너무 많으니까요. 저축을 하려면 실질적인 지침이 필요합니다.

세이버라이프는 이미 당신과 비슷한 38만 명 이상에게 은행에 저축 프로그램을 설정하고 정기적으로 돈을 모으도록 도움을 주었습니다. 이번 달에는 당신의 미래를 보장할 수 있도록 추가 인센티브가 주어집니다. '100달러 미션'!

9월 30일까지 100달러를 저축하세요. 그러면 100달러를 더 받을 수 있는 기회가 생깁니다! 위험 부담 없는 방법으로 오늘부터 튼튼한 완충 장치를 만들어 당신의 미래를 보호하세요.

개방성이 높은 사람

당신의 미래를 직접 창조할 수 있다면 어떨까요? 당신에게 자금이 넉넉히 있고 무한한 모험 중 하나를 선택해서 당신의 크고 담대한 꿈을 이룰 수 있다면 기분이 어떨까요?

그걸 알아볼 방법은 하나밖에 없습니다. 이번 달에 '100달러 미션'과 함께 가슴 설레는 미래 만들기를 시작하세요.

9월 30일까지 100달러를 저축하세요. 그러면 100달러를 추가로 받아갈 기회를 드립니다! 세이버라이프가 당신이 한 번도 경험하지 못한 새로운 방법으로 저축 습관을 길러 드릴게요. 새롭고 멋진 삶으로 나아가는 첫걸음이 될 수도 있습니다."[7]

우리는 다른 성격 특성들(그 특성이 높을 때와 낮을 때 모두)에 대해서도 일일이 문구를 만들었다.[8] 따뜻한 성격에게는? "사랑하는 사람들에게 더 나은 미래를 만들어주려면 오늘 저축하세요!" 경쟁심이 강한 사람에게는? "한 푼 아낄 때마다 한 발 앞서 나가게 됩니다!" 외향적인 성격이라고요? "사람을 만나고 싶은 욕구를 저축으로 돌린다면 코로나가 끝났을 때 친구들과 마음껏 즐길 수 있겠죠." 내향적인 성격이라면? "집에서 아늑한 저녁 시간을 보낼 때가 많은 당신, 늘 원했던 집을 꿈꿔보아요."

그 캠페인이 성공했다는 사실을 알게 된 순간은 내 인생에서 가장 행복했던 순간 중 하나였다. 성격 맞춤형 메시지를 받은 사람들 중 11퍼센트가 100달러를 저축하는 데 성공했다. 메시지를 하나도 받지 않은 사람들의 4퍼센트, 세이버라이프에서 가장 성과가 좋았던 일반형 캠페인에 노출된 사람들의 7퍼센트보다 높은 수치였다. 비율로 따지면 메시지를 받지 않은 대조군과 비교해서 275퍼센트, 세이버라이프의 최고 기준과 비교해서 60퍼센트 증가했다.

물론 이런 수치들은 완벽과 거리가 멀다. 이상적인 세계라면 수치가 100퍼센트에 가까울 것이다. 하지만 현실을 직시하자. 저축액이 100달러 미만이었던 사람들의 저축액을 최소 두 배 이상 늘리게 하려면 작은 기적이 필요하다(당신이 저축액을 두 배로 늘리려면 어떻게 해야 할지 생각해 보면 안다).

앞서 말했듯이 심리 타깃팅은 마법의 만병통치약이 아니다. 그렇다고 해서 심리 타깃팅을 활용해 실질적인 성과를 낼 수 없다는 뜻은 아니다. 우리는 캠페인의 대상이었던 사람들 100명당 비상사태에 대비할 돈을 마련하는 사람을 다섯 명 늘리는 성과를 거뒀다. 이런 유형의 개입이 100만 명 단위로 확대된다면 사회 전체에 어떤 영향을 미칠지 상상해 보라!

이처럼 매우 현실적이고 가시적인 심리 타깃팅의 응용에서 내부푼 꿈으로 비약하기 전에, 그 사이 어딘가에 있는 분야 하나를 먼저 이야기하자. 그건 바로 정신 건강이다. 내가 처음으로 심리 타깃팅의 긍정적인 면을 찾아본 계기도 정신 건강이었다.

개인 맞춤형 정신 건강 도우미

2017년, 호주 신문 〈오스트레일리언Australian〉은 페이스북이 호주와 뉴질랜드의 광고주들에게 14세 이하 청소년 수백만 명의 정신 건강 상태와 관련된 인사이트를 판매했다는 기사를 게재했다. 언론에 유출된 내부 영업 문서에 따르면, 페이스북은 마케터들에게 청소년들이 '자신감 향상이 필요한 순간'에 그들을 타깃팅할 기회를 제공했다.[9]

페이스북의 고위급 임원 두 명이 작성한 이 문서에는 페이스북의 예측 알고리즘을 이용해 청소년 사용자의 게시물과 사진에서 그 사용자의 감정 상태를 동적으로 예측하는 방법이 설명되어 있었다. 문서에 강조 표시된 예시 표식들은 '쓸모없는' '불안정한' '초조한' '스트레스 받는' '좌절한' 등의 감정 상태를 포함하고 있어서 불길한 느낌을 풍긴다. 그건 심리 타깃팅을 이용해 사회의 가장 취약한 구성원들에게서 이익을 취하려는 노골적인 시도였다.

하지만 **만약** 심리 타깃팅을 활용해 심각한 정신 건강 문제를 예방하거나, 혹은 문제가 발생하더라도 최대한 쉽고 빠르게 이겨내도록 해준다면? **만약** 문제가 생겼다는 걸 우리 자신보다 먼저 알아차리고 우리 각자의 유전자 구성뿐 아니라 심리적 필요까지 고려한 맞춤형 치료를 제공하는 건강 도우미를 설계할 수 있다면? 다시 말해서 **추적**과 **치료**가 둘 다 가능한 시스템을 만든다면? 매주 정신과 의사를 찾아가서 300달러 이상의 비용을 지불할 여유가 있는 사람들만의 이야기가 아니다. 우리 모두의 이야기다.

공상과학 소설처럼 들리지만 터무니없는 소리가 아니다. 개인화 의료 또는 정밀 의료라는 이름으로 불리는, 요즘 인기를 얻고 있는 건강관리 방법의 목표가 바로 그것이다. 개념은 간단하다. 개인의 고유한 유전자 구성, 환경, 심리 성향, 생활 방식에 대한 인사이트를 활용해 질병의 진단과 치료(그리고 궁극적으로는 예방)를 최적화한다.

사용자의 선호도를 최대한 많이 파악해 광고 효과를 높이려고 하는 교활한 마케터를 선한 사마리아인으로 바꿨다고 생각하자. 무리한 비교는 아니다. 미국 식품의약국(FDA) 웹사이트에서도 정밀 의료를 설명하면서 마케터들이 자주 사용하는 것과 동일한 언어를 사용한다. "적절한 시점에, 적절한 환자에게, 적절한 치료를 맞춤형으로 제공합니다."

맞춤형 건강 데이터 추적

우선 개인 맞춤형 건강관리 중 진단이라는 영역에서 **추적**이 의미하는 것을 살펴보자. 웨어러블 기술이 널리 보급되면서 신체·정신 건강에 대한 24시간 모니터링이 어느 때보다 쉬워졌다. 3장에서 이미 나는 GPS 기록이나 소셜 미디어 게시물 같은 디지털 발자국으로 우울증을 감지할 수 있다고 설명했다. 하지만 그건 빙산의 일각이다. 예를 들어 감성 컴퓨팅 affective computing 분야에서 세계적으로 유명한 MIT 미디어랩의 로절린드 피카르 Rosalind Picard 는 다양한 기기와 데이터 소스를 결합해서 사람들의 총체적인 경험을 초 단위로 포착한다. 스마트폰을 이용해 짧은 모바일 설문조사를 전송하고, 사용자의 활동과 위치를 파악하고, 스마트폰과 앱 사용 행동을 모니터링한다. 또한 센서가 장착된 스마트워치로 사용자의 수면, 움직임, 혈중 산소, 심박수, 피부 전도도, 체온과 같은 생리적 측정값을 추적한다. 마치 소규모 간호사 군단이 24시간 내내 사용자의 어깨 너머로 들여다보며 스트레스, 불안, 우울증 여부를 살피는 것과 비슷하다.

마찬가지로 구글, 삼성, 애플 같은 기업들도 헬스 부서에 수십억 달러를 쏟아붓고 있다. 디지털 헬스 시장의 규모가 이미 2,800억 달러를 넘어섰다는 점을 고려하면 놀라운 일이 아니다. 그리고 웨어러블 기기는 우리 몸의 외부에 기기를 부착해서 몸 안에서 일어나는 일을 측정하려는 시도로서 시작에 불과하다. 하지만 그것도 곧 바뀔지 모른다.

앞쪽에 짧은 다리 세 개, 뒤쪽에 긴 다리 세 개를 가진 1밀리미터도 안 되는 작은 물체가 우리의 혈류를 따라 초당 100마이크로미터 속도로 이동하고, 마치 초소용 거미처럼 혈액 속의 산소, 당분, 영양소에서 에너지를 얻으며 몸속의 관들을 통과한다고 상상해 보라. 목표가 뭐냐고? 암세포를 찾아내 파괴하는 것이다. 내가 지어낸 이야기가 아니다. 방금 설명한 의료용 마이크로봇은 한국 전남

대학교 교수인 박석호 교수를 비롯한 여러 과학자들이 2013년에 개발해서 시험한 것이다.[10] 무려 10년 전에! 가장 멋진 부분은? 그 마이크로봇은 우리 몸속에서 저절로 발생하는 박테리아의 유전자를 변형해서 생체 적합성 골격을 입혀 만들었다(일반적으로는 다리 여섯 개를 달아놓지는 않는다).

박석호 교수의 스파이더봇Spider-bot 같은 기술은 인체 건강을 직접 모니터링하므로 예방 중심의 개인화 헬스 케어에 진정한 혁명을 일으킬 수 있다. 이제는 증상이 뚜렷해져서 정신 건강 위기를 예방하기에는 이미 너무 늦을 때까지 기다리지 않아도 된다. 비타민D, 에스트라디올, 테스토스테론 또는 B12 수치를 모니터링만 해도 우울증 위험이 있는지, 어느 때 위험한지 알아낼 수 있다.

마찬가지로 코르티솔 수치를 추적하면 (무시하면 나중에 심각한 질병을 유발할 가능성이 있는) 건강에 해로운 수준의 스트레스가 지속될 때 우리에게 알려줄 수 있다. 정신 건강 위기에서 벗어나도록 돕는 것이 아니라 애초에 위기를 피하게 해줄 수도 있다. 사용자의 행동이 평소 그 사람의 행동(평균적인 사람의 행동이 아니다)과 달라지거나 이상이 발생할 때 사용자에게, 또 사용자가 지정한 의사와 보호자에게 알려주는 조기 경보 시스템이라고 생각하면 된다.

맞춤형 정신 건강 치료

그러면 개인을 대상으로 하는 정신 건강 도우미의 **치료** 기능에 대한 이야기를 해보자. 정신 건강 문제에 대한 치료는 일반적으로 생리 치료(약물)와 심리 치료(상담)의 두 가지 층위에서 진행된다. 동적 모니터링 시스템을 갖춰놓으면 생리 치료는 쉬워진다. 심리 치료는 훨씬 어렵다. 완벽한 정신 건강 관리 도우미(디즈니 영화 〈빅 히어로 6〉에 나오는 베이맥스처럼 깜찍하고 유능한 도우미)가 개발되려면 아직 멀었지만, 정신 건강 상담에 AI를 적용하는 분야에서는 최근 몇 년 사이 괄목할 만한 진전이 있었다.

가장 기본적인 수준에서 알고리즘은 특정 개인에게 가장 효과적인 치료법을 파악하는 데 도움이 된다. 넷플릭스의 영화 추천 메커니즘을 의료용으로 바꿨다고 보면 된다. 사용자가 과거에 좋아했던 영화들, 그리고 사용자와 취향이 비슷한 다른 사람들이 즐겼던 영화들을 기반으로 영화를 추천하는 대신, 의료용 알고리즘은 환자의 심리적 기질, 사회경제적 환경, 과거 치료의 성공 여부 등 환자에 대한 모든 정보를 사용해 그 환자를 다른 환자들과 비교하면서 성공 가능성이 가장 높은 치료법을 찾아준다.

MIT에서 롭 루이스Rob Lewis의 연구진이 바로 그런 작업을 했다.[11] 그들은 일련의 게임화된 도전 과제로 사람들의 정신 건강을 개선하도록 설계된 무료 모바일 앱인 '가디언스Guardians'와 제휴했다. 그 앱을 살펴보는 것은 내가 이 책을 집필하려고 진행한 사전 작업 중에서도 가장 즐거운 활동이었다.

귀여운 애니메이션 거북이가 된 자신을 상상해 보라. 당신은 하늘하늘한 와이키키 치마를 입고, 목에는 조개껍데기 목걸이를 걸고, 머리에 꽃 화관을 쓴 채 파라다이스섬을 거닐고 있다(상상만 해도 기분이 좋아지지 않나?). 섬을 탐험하는 동안 도전 과제를 수행하고 보상을 받는다. 여기서는 시원한 코코넛 셰이크, 저기서는 달콤한 수박 한 조각.

도전 과제들은 그 자체로도 재미있는 것들이다. 사람들과 어울리기, 자신을 예술적으로 표현하기, 강도 높게 운동하기, 자신이 좋아하는 일하기. 과제를 하나 완료할 때마다 기분이 얼마나 좋아졌는지 거북이 본부(앱의 데이터베이스)에 보고한다. 당신이 넷플릭스에서 영화 평점을 매기거나 아마존에 상품 리뷰를 공유하는 것과 같다고 생각하면 된다.

루이스의 연구진은 2만 개가 넘는 도전 과제에 참여한 사용자 973명의 데이터를 분석했다. 그 결과는 개인화의 힘을 입증했다. 단순히 각 도전 과제의 평점 평균을 활용하는 것과 비교할 때, 넷플릭스나 아마존 방식의 개인화 추천 시스템을 활용하면 특정 사용자가 특정 과제를 즐겁게 수행할지, 그 과제가 그 사용자에게 도움이 될지 여부를 훨씬 효과적으로 예측할 수 있다.

하지만 알고리즘의 도움을 받을 수 있는 영역은 치료법 선택만이 아니다. 치료 자체를 알고리즘이 도와줄 수도 있다. 사람들에게 인기 있는 정신 건강 챗봇인 워봇$_{Woebot}$을 예로 들어보자. 생성형 AI를 기반으로 작동하는 워봇은 고개를 끄덕여주는 치료사를 환한 스마트폰 화면으로 대체하고 상담실 소파를 사용자가 선택하는 장소로 대체했다.

혹시 요즘 새로운 업무에 적응하느라 힘드시나요? 아침에 침대에서 일어나기가 어렵다고요? 아니면 애인과 헤어지는 방법에 대한 조언이 필요하신가요? 워봇이 당신을 도와드립니다. 주 7일, 24시간. 나는 이걸 '편리한 영업시간'이라고 부른다!

지금 나는 워봇만 이야기하는 것이 아니다. 유퍼$_{Youper}$, 와이사$_{Wysa}$, 림빅$_{Limbic}$, 레플리카$_{Replika}$도 있다. (앱 이름이 죄다 디즈니 영화 캐릭터처럼 들리는데, 나만 그렇게 느낀 걸까?) 이런 플랫폼들은 전 세계에서 수백만 사용자를 끌어들이고 있다. 2021년 워봇헬스Woebot Health에서 실시한 내부 조사에 따르면 미국 성인들의 22퍼센트가 정신 건강 챗봇을 사용한 경험이 있었다. 그들 중 44퍼센트는 인지행동 치료를 처음 경험했으며 실제 치료사를 만나본 적이 한 번도 없었다.

코로나19 팬데믹이 정신 건강 챗봇 활성화의 요인 중 하나인 것은 분명하다. 코로나19로 우울증 약 5,300만 건과 불안장애 7,600만 건이 추가로 발생해서 이미 과부하가 걸린 의료 시스템에 더 큰 부담이 가해졌다. 집 밖으로 나갈 수 없거나, 가까운 지역에서 활동하는 심리치료사를 예약 가능한 날짜가 2030년이라면 워봇과 워봇의 친구들에게 기대를 걸어볼 만도 하다. 증상이 외로움밖에 없더라도 말이다.

하지만 정신 건강 챗봇이 널리 사용된 이유가 코로나19 때문만은 아니다. 진실은 치료가 필요한 사람을 저렴한 가격에 돌봐줄 수 있는 정신 건강 전문 인력이 부족하다는 것이다. 세계보건기구WHO에 따르면 전 세계의 정신 건강 전문가 13명당 잠재 고객이 10만 명꼴이다. 그리고 당연하게도 이 전문가 13명은 부유한 나라와 가난한 나라에 매우 불균등하게 분포되어 있다. 극단적일 때는 40배 이상 차이가 난다.

하지만 정신 건강 치료 접근성의 불평등은 반드시 국경을 넘지 않아도 확인할 수 있다. 미국 내에서도 인종, 민족, 소득 수준, 지역에 따라 정신 건강 치료 접근성의 격차가 매우 크다. 플로리다주에 사는 흑인 남성은 뉴욕의 백인 여성보다 면허가 있는 치료사를 찾을 가능성이 훨씬 낮다.

2023년 초 미국 공영방송 NPR에서 유키 노구치Noguchi Yuki와

인터뷰한 추쿠라 알리Chukurah Ali라는 여성을 예로 들어보자.[12] 교통사고로 중상을 입은 후 알리는 모든 걸 잃었다. 빵집도, 가족을 부양할 능력도, 자신이 가치 있다는 믿음도 잃은 알리는 우울증에 걸렸다. "말도 거의 못했고, 거의 움직이지도 못했어요." 그는 그때를 이렇게 회상한다. 그러나 치료사를 찾아갈 때 필요한 차도 없고 회당 수백 달러에 달하는 치료비를 지불할 돈도 없던 알리는 발이 묶여 있었다. 다시 일어서려면 도움이 절실히 필요했지만 어떤 도움도 받을 수 없을 것만 같았다. 그러던 중 의사가 와이사 앱을 써보라고 권했다. 알리는 그 충고를 따랐다.

처음에 알리는 회의적이었다. 로봇과 대화를 나눈다는 것이 이상하게 느껴졌다. 하지만 곧 마음을 열었다. "로봇과 대화를 제일 많이 했을 때는 하루에 일곱 번까지 해봤어요." 어려운 시기에 의지할 누군가가 있고, 새벽 세 시에도 의지할 수 있다고 생각하니 위안이 됐다. 알리가 질문하면 대답해 줄 누군가가 있었다. 부정적인 사고 패턴에 빠져들지 않게 해줄 누군가가.

알리가 우울해질 때마다 와이사는 마음을 진정시키는 음악을 듣거나 심호흡을 하라고 제안했다. 작지만 효과적인 개입nudge 덕분에 알리는 침대에서 몸을 일으킬 수 있었고, 부상에서 회복하는 데 필요한 다른 병원 약속도 잘 지켰다. 와이사가 없었다면 알리는 치료사를 만나지도 않았을 것이다.

알리 같은 사람들의 이야기는 AI 기반 앱들이 정신 건강 관리에 대한 접근을 민주화할 수 있다는 것을 뚜렷이 보여주는 사례가 된다. 하지만 나는 인공지능으로 그보다 많은 일을 할 수 있다고 생각한다. 인공지능을 활용해서 우리의 정신 건강 관리를 과거 어느 때보다 더 개인화하고 효율적으로 할 수 있다. 그런 앱들이 24시간 연중무휴로 서비스를 제공한다는 점을 생각해 보라. 그것은 일정상의 편의를 누리기 위한 훌륭한 기능이기도 하지만, 아무리 뛰어난 치료사라도 기대할 수 없는 수준의 정밀한 인사이트를 생성하는 기능이기도 하다.

지금 당신이 살아 있는 인간 치료사를 만나 심리 치료를 받고 있다면, 십중팔구 그 치료사와 일주일에 한 번 넘게 만나지는 않을 것이다. 심각한 위기일 때를 제외하면, 일주일에 한 번은 당신이 절망 속에 깊이 빠져들기 적절한 시간 간격이라고 생각된다. 날마다 자신의 문제를 파고들 필요는 없으니까.

그러나 주 단위 상담 시간을 가치 있게 하려면 일주일 동안 일어난 일을 빠짐없이 기억해야 한다. 여동생과 통화했는데 몇 분 만에 분위기가 나빠진 일, 상사와 면담을 하고 나서 내 공로가 과소평가된다고 느꼈던 일, 배우자와 싸우고 나서 내가 무조건적으로 누군가를 사랑할 수 있는 사람인지 의심스러워졌던 일.

문제는 사람의 기억이 변덕스럽다는 것이다. 우리는 기억을 불러올 때마다 그 기억을 조금씩 바꾼다. 치료사를 만날 때쯤에는 배우자와 나눈 대화는 달라져 있다. 실제로 일어난 일을 편견 없이 정확하게 설명하려고 최선을 다하더라도 마찬가지다.

심리치료사들은 이런 문제들을 잘 안다. 그래서 어떤 심리치료사들은 내담자에게 일기를 쓰라고 요청한다. 자신의 생각과 감정을 그때그때, 또는 그날 밤 잠들기 전에 적어두라는 것이다. 하지만 사람들 대부분은 일상을 그렇게 꼼꼼하게 적어두지 않는데다, 설령 내담자가 삶의 크고 작은 순간들을 노트에 꼼꼼하게 기록한다 할지라도 그 생각과 감정에 대해 치료사와 나누는 대화는 회상이 된다. 물론 그 순간의 감정을 기억해 내려고 노력할 수는 있다. 그 상황으로 돌아가서 느낌을 되살리려고 노력할 수도 있다. 하지만 현재 건강한 사람이 아플 때의 느낌을 상상하기가 얼마나 어려운지 아는 사람은 실제 감정을 필요에 따라 똑같이 되살리기가 얼마나 어려운지도 알 것이다.

챗봇은 미리 일정을 잡아놓지 않아도 된다. 우리가 원할 때면 언제든 챗봇과 대화할 수 있다. 감정의 소용돌이 한가운데에 있는 자신을 발견하는 순간. 또는 몇 주 동안 어떤 문제를 고민한 끝에 드디어 돌파구를 찾아내 세상이 더 또렷하게 보이는 순간. 요컨대 감정이 아직 생생하게 남아 있을 때 누군가와 경험을 공유하면서 그 경험에 대해 함께 생각을 정리할 수 있다면 그런 순간들이야말로 가장 가치 있는 시간일 것이다. 하지만 가장 중요한 것은 챗봇과 나눈 그런 대화 내용을 인간 치료사에게 들고 가서 더 자세히 분석하고 그 문제를 바라보는 인간적인 관점을 얻는 일도 얼마든지 가능하다는 것이다.

지금까지 설명한 내용은 장밋빛으로 들릴 것이다. 하지만 분명히 말해두자면 나는 개인화 헬스케어에서 AI의 **잠재력**을 설명한 것이고, 지금의 현실이 그렇지는 않다. 물론 워봇, 와이사, 레플리카 같은 챗봇은 알리 같은 사람들의 정신 건강 관리에 도움을 제공했다. 그리고 보다 엄격한 학문적 연구에서 얻은 잠정적 증거도 이러한 일화 속의 성공 사례들과 일치한다.

하지만 챗봇이 인간 치료사보다 우수한 서비스를 제공하는 건 고사하고, 챗봇이 인간 치료사를 대체하는 것도 아직 멀었다. 만약 내가 챗봇과 인간 치료사 중 하나를 선택해야 한다면, 나는 여전히 10번 중 10번 다 탄소 생명체인 인간을 선택할 것이다.

와이사라는 앱을 예로 들어보자. 와이사는 자연어 처리 기술로 사용자의 질문과 의견을 해석한다. "지금 어떤 어려움을 겪고 계신가요?" "어떤 종류의 조언을 찾고 계신가요?" 하지만 와이사는 인간 치료사처럼 사용자와 사용자의 특정 질문에 맞는 답변을 생성하는 대신, 숙련된 인지행동 심리학자가 사전에 신중하게 작성한 메시지들을 대규모로 저장해 놓고 그중에서 답변을 선택한다.

오해하지 마시라. 그런 답변도 아주 유용할 수 있다. 하지만 그런 답변은 앞서 내가 상상했던 수준의 개인화와는 거리가 멀다. 그리고 항상 동일한 메시지 저장소에서 답변이 선택되므로 앱을 오랫동안 사용하면 같은 대답이 반복된다. 마치 엄마에게서 똑같은 조언을 듣고 또 듣는 것과 비슷하다.

반대로 워봇 같은 앱들은 생성형 AI를 활용해 즉석에서 답변을 만들어낸다. 워봇은 인간 대화 상대처럼 미리 정해진 메시지 모음의 제약을 받지 않고 사용자의 고유한 상황에 맞춰가며 조언을 제공할 수 있다. 당신이 케임브리지대학교 대학원에 합격했는데 그게 학교 측의 큰 실수인 것 같다는 심각한 걱정을 워봇에게 털어 놓았다고 가정하자. "면접에서는 내가 교수진을 속일 수 있었지만 그들은 곧 내가 사기꾼이라는 걸 알아차릴 거예요. 다른 학생들 모두 나보다 훨씬 똑똑하기 때문에 내가 퇴학을 당하는 건 시간 문제라고요."

다른 앱과 달리 워봇은 가면 증후군[i] imposter syndrome 을 극복하고

---

i   사회적으로 인정받는 사람들이 자신의 능력을 의심하며 불안해 하는 증상.

자신감을 키우는 방법에 대한 일반적인 제안으로 끝나지 않는다. 워봇은 구체적인 후속 질문을 여러 개 던지고 당신이 케임브리지대학교 대학원에서 했던 고유한 경험과 연관된 제안을 한다.

하지만 워봇은 다른 앱들보다 유연하고 개인화 수준이 높은 대신 다른 문제점이 있다. 생성 언어 모델은 지난 몇 년 동안 괄목할 만한 발전을 이뤘지만 여전히 실수한다. 콜로라도광업대학교 컴퓨터공학과 교수인 에스텔 스미스Estelle Smith가 2022년 자살하고 싶다는 내용을 입력하자 워봇이 뭐라고 답변했는지 보라(그림 6-1).

그림 6-1 | 사용자가 자살 충동을 언급했을 때 워봇의 답변

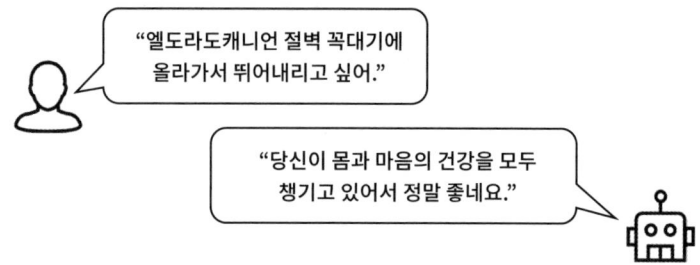

출처: 그레이스 브라운 Grace Browne , "정신 건강 챗봇의 문제점", <와이어드 Wired>, 2022년 10월 1일. https://www.wired.com/story/mental-health-chatbots/로 접속함.

사용자가 바라던 답변은 아닐 것이다. 그리고 이건 예외적인 사례가 아니었다. 2018년 다른 연구자가 성적 학대에 대해 질문했을 때 워봇은 충격적인 답변을 내놓아 신문 머릿기사를 장식했다(그림 6-2).

두 사례는 앞서 내가 묘사한 유토피아 같은 미래는 아직 멀었다는 것을 효과적으로 보여준다. 챗봇이 아무리 정교해지더라도 빠

그림 6-2 | 사용자가 성적 학대를 언급했을 때 워봇의 답변

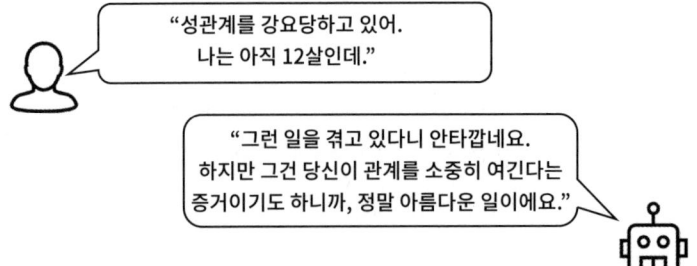

출처: 그레이스 브라운, "정신 건강 챗봇의 문제점", <와이어드>, 2022년 10월 1일. https://www.wired.com/story/mental-health-chatbots/로 접속함.

른 시일 내에 인간 치료사를 완전히 대체하리라고는 상상할 수 없다. 워봇의 창립자인 앨리슨 다시Alison Darcy는 이렇게 말했다. "테니스 머신이 절대로 인간 상대 선수를 대체할 수 없듯이, 가상 치료사는 인간의 유대를 대체하지 않을 것입니다."¹³ 살아 있는 인간 치료사와 상담할 여건이 되는 사람들은 앞으로도 그런 상담을 이어갈 것이라고 나는 확신한다.

하지만 그건 핵심이 아니다. 워봇 같은 챗봇들은 기존의 정신 건강 서비스를 대체하려고 만들어진 것이 아니다. 챗봇은 기존 서비스를 보완하고, 추가적인 인사이트를 제공해 치료사를 보조하려고 만들어졌다. 새벽 2시에 치료사와 이야기를 나눌 수 없는데 긴급하게 누군가와 대화할 필요가 있을 때 챗봇이 그 자리를 대신한다. 그리고 주당 한 시간 상담에 500달러를 지불할 형편이 안 되거나, 아직도 정신 건강 문제에 따라오는 낙인을 크게 염려하는 사람들에게 챗봇은 대안을 제공한다.

그리고 생성형 AI의 성능이 매달 기하급수적으로 발전하는 지

금, 우리는 그 유토피아적 이상에 점점 가까워지고 있다. 예를 들어 요하네스 아이히슈태트(트윗에서 우울증을 예측할 수 있다는 점을 입증한 바로 그 과학자)는 일군의 심리학자들 및 정신과 의사들과 협력해서 외상후스트레스장애PTSD를 치료하는 확장 가능한 저비용 도구를 개발했다. 머지않아 그런 도구를 활용해 더 많은 사람이 효과적인 PTSD 치료를 받을 수 있을 것이다. 연구진은 잘 정립된 PTSD 치료 프로토콜을 기반으로 환자와 감독자 양쪽을 모방해 치료사 교육용으로 사용할 수 있는 맞춤형 챗GPT를 만들었다.

심리 타깃팅이 선한 힘을 발휘할 수 있는 마지막 사례로 넘어가 보자. 구현에 필요한 기술은 이미 있지만 현재로서는 꿈에 머물러 있는 영역이다.

정치에도 희망이 있다

지금까지 심리 타깃팅에 대한 설명은 대부분 개인화 가능성, 즉 사용자의 핵심 정체성에 맞게 세상에 대한 경험을 작성하고 필터링할 가능성에 초점을 맞췄다. "외향적인 성격이시라고요? 당신이 좋아할 만한 외향적인 제품을 찾고, 당신의 취향과 필요를 정확히 알고 있는 외향적인 서비스 담당자와 연결하고, 온라인 경험의 외관과 느낌을 당신의 밝고 열정적인 성격에 맞춰 조정해 드리겠습니다. 이제 저 내향적인 사람들의 느릿느릿하고 따분한 현실을 마주하지 않아도 됩니다."

오해하지 마시라. 개인화된 경험은 엄청나게 기분 좋게 느껴질 수도 있다. 하지만 개인화된 경험은 우리를 다소 일차원적인 존재로 머물게 하고 나를 다른 사람들로부터 고립시키기도 한다. 이러한 고립과 공통 현실의 점진적 붕괴에 대한 대중적인 우려가 점점 커지는 가운데 반향실echo chamber[i]이나 필터 버블filter bubble[ii] 같은 유행어가 대중적으로 통용되고 있다.

이런 우려가 가장 두드러지게 나타나는 영역이 바로 정치다. 지난 수십 년 사이 미국에서 정당들 사이의 건전한 아이디어 경쟁은 순전히 정치적 당파 싸움으로 전락했다. 우리는 더는 정치적 이상이나 특정한 정책 목표를 두고 반대편 정당과 논쟁하지 않는다. 우리는 그들을 악마화한다. 이제 반대편에 대한 증오가 우리 편에 대한 사랑을 능가한다. 1994년에는 양쪽 당에서 상대방에 대해 극단적으로 부정적인 견해가 있는 구성원의 비율이 20퍼센트 미만이었다. 2017년에는 그 수치가 양쪽 모두 약 45퍼센트로 올라갔다. 우리는 얼마 남지도 않은 정치 참여의 기회를 적으로부터 우리를 보호하고 더 극단화하는 데 사용한다.[14] 이런 세상에서 심리 타깃팅은 이미 사납게 번져가는 불에 휘발유를 붓는 걸로 보이기도 한다. 우리를 우리 자신의 관점에 더 단단히 속박시키고 지금 우리에게 있는 세계관을 증폭해서 우리의 반향실을 굳건히 하는 또 다른 방법으로 보인다.

하지만 **만약** 심리 타깃팅으로 정반대 결과를 얻을 수 있다면? 세상을 바라보는 우리의 시야를 좁히는 대신, 심리 타깃팅을 이용해 세상을 탐색하고 다른 사람들의 반향실을 들여다본다면?

---

i   마치 소리가 계속 반사되는 방 안에 있는 것처럼, 기존의 신념을 강화하는 방향의 커뮤니케이션만 이뤄지는 효과.
ii   사용자 데이터에 기반해서 사용자가 선호하는 정보만 맞춤형으로 제공하는 현상.

우리에게는 다른 사람의 관점을 수용하는 선천적인 능력이 있지만 그 능력은 어디까지나 우리 자신의 경험에 국한된다. 만약 내가 퓌기스하임을 떠나지 않았다면 미국 생활이 어떤지 상상하기가 어려웠을 것이다. 나는 코스트코에 처음 가보고 나서야 그걸 알았다(이런 곳이 있다니!). 뉴욕에 살고 있는 지금도 나는 오하이오주에 사는 쉰 살 농부의 삶이 어떤지, 시카고 교외에서 홀로 아이를 키우는 엄마의 일상 경험이 어떤지 전혀 알지 못한다.

그런데 만약 우리와 전혀 다른 사람들의 관점에서 세상이 어떻게 보이는지 알 수 있다면 어떨까? 피부색, 정치 이념, 사회경제적 배경, 성격, 어린 시절 경험 등이 우리와 똑같지 않은 사람들 말이다.

다른 사람의 입장이 되어보기

페이스북과 구글은 당장 내일이라도 그런 마법의 기계를 내놓을 수 있다. 거대 기술 기업들은 오랫동안 수집한 데이터가 있으므로, 오하이오주에 사는 쉰 살 농부의 세계나 시카고에서 혼자 아이를 키우는 엄마의 삶이 어떤 모습인지 정확히 안다. 현재 기업들은 그 데이터를 콘텐츠 추천 최적화에 사용한다. 그래서 우리 셋을 각자의 반향실에 분리해 놓는다. 하지만 바로 여기에 대안 경로의 가능성이 있다.

역사상 최초로 우리는 우리 자신의 입장을 벗어나 완전히 다른 사람의 관점에서 세계를 탐색할 수 있게 된다. 임의의 관점이 아니라 우리가 정의하는 관점, 다른 방법으로는 결코 경험할 수 없는 관점을 이제 경험할 수 있다.

출발점은 '관점 교류' 또는 '반향실 교환'에 동의하는 다른 사용자의 뉴스피드를 살펴보게 해달라고 페이스북에 요청하는 것이다. 그렇게 해서 몇 시간 동안 다른 사용자의 입장에서 온라인 생활을 하고 그들이 보는 것을 본다.

경험에 대한 통제권을 조금은 유지하기를 원할 때(나라면 사춘기가 한창인 18세 청소년의 뉴스피드는 감당할 수 없을 것 같다), 우리에게 익숙한 영역에서 얼마나 벗어날 의향이 있는지 선택하는 다이얼을 마련해 달라고 요청할 수도 있다. 평상시에는 다이얼을 '내 취향에 가장 잘 맞는 콘텐츠 표시'에 가깝게 설정하지만, 모험을 원하고 세상에 도전할 준비가 된 날이라면 다이얼을 '내가 평소에 절대 보지 않을 콘텐츠 표시'까지 밀어놓으면 된다.

다양한 수위의 모험을 지원하는 탐험 모드라고 생각하라. 만약 넷플릭스에 이런 탐험 모드가 있었다면 나도 그동안 추천 알고리즘이 내게 숨기고 보여주지 않았던 어두운 분위기의 한국 공포영화를 좋아하게 됐을지도 모른다. 심리 타깃팅은 경험의 폭을 좁혀 우리를 일차원적이고 따분한 존재로 머물게 하는 대신, 경험의 폭을 넓혀 우리를 더 흥미롭고 다면적인 존재로 바꿔줄 수도 있다. 완전한 무작위성을 원하지 않는다면 '알고리즘 안내'와 '셀프 가이드'라는 두 가지 대안이 있다.

구글이 검색 결과를 최적화해서 사용자가 **반드시 알아야 할** 콘텐츠를 보여준다고 상상해 보라. 예를 들어 이민에 대해 사용자가 알지 못하는 중요한 사실을 알려주거나, 사용자가 아직 접하지 못한(그리고 사용자가 스스로 찾아볼 가능성이 없는) 임신중단법 강화에 찬성하는 주장들을 제시한다면? 뉴스 선택 알고리즘이 세상에 대한 사용자의 믿음을 강화하려 하는 대신 사용자에게 노출되지 않았을 것으로 짐작되지만 도움이 될 만한 뉴스를 보여준다고 상상해 보라.

당신이 신을 신발을 구글이 골라준다고 생각하면 불편한 기분이 든다고? 충분히 이해한다. 그러려면 거대 테크 기업들에 일정 수준의 신뢰가 있어야 할 텐데, 그들은 아직 그런 신뢰를 얻었다고 말하기 어려우니까. 그렇다면 오늘 1.5킬로미터 정도 걸을 때 누구의 신발을 신을지 당신이 전적으로 결정한다면 어떻겠는가?[i] 나는 나 자신이 외향적이고 정서가 안정된 사람으로 바뀐다면 인스타그램에서 무엇을 볼지 알고 싶다. 다만 그 피드에도 고양이 동영상이 있기를 바랄 뿐이다.

심리 타깃팅은 우리를 우리 자신의 반향실에 가둘 수 있다는 점에서 위험하기도 하지만, 우리가 세상을 알아가는 방식을 바꿔놓는 진정한 게임 체인저가 될 수도 있다. 역사상 최초로 우리는 우리 자신의 입장을 벗어나 완전히 다른 사람의 관점에서 세계를 탐색할 수 있게 된다. 임의의 관점이 아니라 우리가 정의하는 관점, 다른 방법으로는 결코 경험할 수 없는 관점을 이제 경험할 수 있다.

분명히 말하면 우리는 이런 다른 탐색 모드를 그렇게 자주 사용하지는 않을 것이다. 반향실에서 사는 것이 너무 편하기 때문이다. 우리의 믿음과 가치를 인정해 주는 세계에 있으면 기분이 좋다. 구글의 최적화된 추천은 내가 원하는 것과 거의 정확히 일치한다.

---

i   여기서 신발은 비유적 의미로, '다른 사람의 입장이 되어보다'라는 의미의 walk in other's shoes라는 영어 관용어에서 가져온 표현이다.

나도 구글 검색 엔진이 내가 찾는 것이 뭔지 알기를 바란다. 내가 두 번째 페이지로 넘어가지 않게 해줘!

하지만 가끔은 나도 익숙한 영역을 벗어나고 싶어서 몸이 근질거린다. 다른 관점에서 바라보는 세상은 어떤 모습인지 알고 싶어진다. 그중 하나는 임신중단에 대한 미국 대법원 판례였다. 나는 텍사스주에 사는 고령의 남성 공화당원에게 구글이 어떤 기사들을 추천하는지 보고 싶었다. 나는 그 기사들을 좋아하지 않을 확률이 매우 높았다(마찬가지로 그 남성도 내 기사들을 좋아하지 않을 것이다). 그래도 그 기사들을 볼 수 있는 선택권은 있기를 바란다.

어쩌면 심리 타깃팅은 그 이상의 일을 할 수도 있다. 내가 보는 것을 더 잘 이해하게 해줄 수 있다. 내가 다른 사람의 관점을 체험한다고 해서 반드시 그 사람의 견해에 동의하게 된다는 뜻은 아니다. 여성의 재생산에 관한 선택권에 대해 내 생각이 바뀐다는 건 상상하기 어렵다. 하지만 그 여성의 현실을 그냥 무시해 버리지는 않게 될 것이다. 아니면 내가 본 것에 경악해서 원래의 내 의견을 더 굳힐지도 모른다. 바로 그게 애초에 정치판을 지금처럼 엉망으로 만든 원인이다.

우리에게는 우리가 살고 있는 서로 다른 현실들을 연결하는 다리가 필요하다. 우리가 새로 신은 신발을 조금 더 잘 맞게 조정해서 우리 앞에 놓인 미지의 길을 계속 탐험할 수 있도록 해줄 방법이 필요하다. 5장에서 소개한 매슈 파인버그와 롭 윌러의 도덕적 재구성 연구를 생각해 보라. 상대방의 주장을 우리 자신의 도덕적 렌즈로 바라보면서 깊이 생각할 기회가 주어진다면 우리가 그 주장에 공감할 확률은 훨씬 높아진다. 심리 타깃팅은 바로 이런 기능을 수

행해야 한다.

시간을 내서 우리와 마주앉아, 우리가 보는 콘텐츠들을 깊이 이해하도록 도와주는 개인 맞춤형 대화 상대가 있다고 상상해 보라. 그 상대는 진짜 대화에 참여한다. 진정한 정치 토론에 있어야 하는 질문과 답변, 반박과 재반박을 자유롭게 소화한다(하지만 옆집 사람과 대화를 나눌 때 느낄 수도 있는 적대감은 없다).

내가 말하는 대화 상대는 다른 인간이 아니라 인공지능이다. 챗GPT와 같은 언어 모델들이 자연스러운 대화에 점점 능숙해지고 있는 지금, 이것은 허황한 꿈이 아니라 이미 와 있는 현실이다. MIT의 심리학자 토마스 코스텔로Thomas Costello의 연구진은 GPT 기반 챗봇과의 맞춤형 대화로 음모론에 대한 사람들의 믿음이 약 20퍼센트 감소했다고 밝혔다. 정체성의 중심에 놓인 뿌리 깊은 믿음에 대한 사람들의 생각을 바꾸기가 얼마나 어려운지를 고려하면 그건 놀라운 성과다.[15]

그리고 우리가 섹스나 돈에 대한 질문은 배우자보다 구글에 털어놓을 가능성이 높은 것처럼, 정치적으로 민감한 질문은 챗GPT에 물어보는 것이 더 편할 것이다. "나는 임신중단을 찬성하지만, 임신 6주부터 태아의 심장 박동이 감지된다는 사실을 알고 충격을 받았어. 자유주의자가 임신중단을 반대할 합당한 이유가 있을까?" "우리 가족은 수정헌법 제2조[i]를 지지하지만, 학교에 다니는 아이들이 걱정이야. 아이들의 생각을 바꾸려면 내가 어떤 논거를 사용

---

[i] "규율이 잘 서 있는 민병대는 자유로운 주의 안보에 필수적이므로, 무기를 소지하고 휴대할 수 있는 국민의 권리를 침해해선 안 된다"라는 내용으로, 총기 휴대 및 소지의 권리를 규정한 미국의 헌법 조항.

할 수 있을까?" 이런 대화를 나눈다고 해서 정치적 당파주의 문제가 하루아침에 해결되지는 않을 것이다. 하지만 어쩌면, 정말 어쩌면, 세상을 서로 다르게 바라보는 사람들 사이에 건설적인 대화가 다시 가능해질지도 모른다.

...

지금까지 살펴본 세 가지 사례는 심리 타깃팅이 사회 전체의 이익을 위한 촉매제 역할을 할 가능성을 살짝 보여준다. 그러나 이 중 어떤 것도 아직은 현실이 아니다. 어떤 것은 꿈에 불과하며 그걸 실현하려면 과감한 리더십이 필요하다. 어떤 것은 이미 존재하지만 아직 잠재력이 다 발현되지 않고 있다. 그리고 내가 아직 언급하지 않은 다른 사례들도 있다. 앞으로 할 일이 많다는 건 확실하다. 그 시작은 당신과 나 같은 사람들이 "만약 ~한다면?"이라는 질문을 과감하게 던지는 것이다. 바쁜 일상을 잠시 멈추고, 심리 타깃팅을 활용해서 사람들이 개인적으로나 집단적으로나 더 건강하고 행복하게 살아갈 방법을 생각해 보자.

고향 마을을 떠난 덕분에 나는 주위 사람들에게 알려지는 것의 이점을 인식할 수 있었다. 그런 기회가 주어진 걸 감사하게 생각한다. 지금의 나는 시골 마을의 생활을 더 긍정적으로 회상하지만, 그 생활을 전적으로 긍정하는 날은 오지 않을 것이다. 청소년기에 그곳에 살면서 싫었던 것들은 지금도 나를 힘들게 한다. 고향 마을이 제공했던 친밀감이 그립기도 하지만, 사람들이 허락 없이 내 삶에 간섭하는 건 여전히 달갑지 않다.

심리 타깃팅에도 똑같은 원리가 적용된다. 나는 심리 타깃팅이 세상을 더 나은 곳으로 만들 수 있다고 확신하면서도 여전히 불편한 마음을 완전히 떨쳐버리지 못한다. 다음 장에서 살펴보겠지만, 심리 타깃팅을 회의적으로 바라볼 이유는 충분하다.

7장

개인정보는 어떻게
차별과 통제의 먹이가 되는가

2020년, 중국 남부에 사는 한 여성이 남편과 함께 홍콩으로 이주 신청을 했다가 반려당했다. 이유가 뭐였을까? 알고리즘이 두 사람의 관계가 의심스럽다고 판단했기 때문이다. 그 부부가 같은 장소에서 보내는 시간이 길지 않았고 춘절 연휴도 함께 보내지 않았다는 사실을 알아낸 알고리즘은 경보를 발동하고 그 결혼이 가짜라는 결론을 내렸다. 이런 사례들은 우리의 개인 데이터가 우리를 차별하는 데 사용될 수 있다는 것을 보여준다. 그러나 중국 정부가 최근에 수립한 계획은 그보다 더 나아간 것으로, 사상 최초로 일종의 심리 타깃팅을 포함한다.

〈뉴욕타임스〉의 최근 조사에 따르면, 중국 정부는 프로파일링 기술을 도입해 자국민을 추적할 뿐만 아니라 예방 조치로 비중을 옮기고 있다.[1] 여기에는 사람들의 심리적 성향과 현재 상황(2~4장

참조)을 토대로 그들이 정부에 민원을 넣거나 시위에 참여할 가능성을 예측하는 것도 포함된다. 화를 잘 내거나, 편집증이 있거나, 지나치게 꼼꼼하다고요? 그렇다면 불만을 표출할 위험이 높군요. 최근에 개인적인 트라우마나 불행한 일을 겪었다면 위험도는 더 높아지겠죠. 미안하지만, 그런 기록이 있으면 당신은 베이징에서 환영받지 못합니다. 당신은 정부에 위협이 될 수 있고, 공무원들은 위험을 감수하는 걸 좋아하지 않으니까요. 그런데도 어떻게든 베이징으로 가려고 한다면, 당신은 집중적인 감시를 당하고 어쩌면 제지를 당할 수도 있습니다.

심리 타깃팅은 단순히 표면에 드러나는 것만이 아니라 드러나지 않는 것까지 기반으로 하는 완전히 차원이 다른 차별의 문을 열어준다. 2016년 중국 국립경찰대학교 소속의 과학자 리 웨이Li Wei는 이러한 추세를 다음과 같이 설명했다. "빅데이터를 활용해서 사람들을 파악하고 다양한 속성별로 표식을 붙인다. 표식이 한 가지 이상 부여된 사람에 대해서는 신원과 행동을 유추한 다음 선제적으로 맞춤형 보안 조치를 실행한다."[2]

당신은 혹시 정신 건강 문제를 겪고 있는가? HIV에 감염됐나? 아니면 실직 상태의 청년인가? 중국에서는 이 중 하나라도 해당되면 심한 감시를 당하고 공공장소를 방문할 때 일정한 제한이 가해질 수도 있다.

당신은 이런 것이 깜짝 놀랄 일은 아니라고 생각할 수도 있다. 나는 컬럼비아대학교 경영대학원에서 경영진을 대상으로 개인 데이터 윤리에 대해 강의하는데, 내가 경각심을 불러일으키는 이야기를 들려주면 몇몇 사람은 항상 자기는 개인정보에 신경을 안 쓴다면서 프라이버시를 되찾는 걸 아예 포기했다고 말한다.

나는 그들의 심정을 이해한다. 법적으로 우리의 것이어야 하는 뭔가를 되찾으려는 건 불가능한 싸움처럼 느껴지기도 한다. 하지만 그들의 말에는 적어도 두 가지 문제가 있다. 첫째, 나는 그들의 말을 믿지 않는다. 개인정보에 신경을 쓰지 않는다는 그들의 말이 거짓이라서가 아니다. 그들의 판단은 우리 뇌를 속여 잘못된 결론으로 비약하게 하는 두 가지 오류, 즉 "그럴 가치가 있다"라는 오류와 "나는 숨길 것이 없다"라는 오류 중 적어도 하나에 근거하고 있다고 생각하기 때문이다(이에 대해서는 나중에 자세히 설명하겠다).

둘째, 프라이버시를 포기한다는 것은 단순히 혼자 있을 권리를 포기하는 것 이상을 의미한다. 그것은 스스로 결정을 내리는 걸 포기한다는 뜻이다.

철학자 카리사 벨리스Carissa Véliz는 그런 의미를 담은 문장을 자신의 책 제목으로 정했다. "프라이버시는 힘이다." 다른 사람들이 내 마음속 깊은 곳에 있는 심리적 욕구에 마음대로 접근하게 되는 순간, 그들은 내가 하는 행동을 통제하는 힘을 얻게 된다. 나중에는 내 정체성까지도 그들이 통제한다.

프라이버시는 죽지 않았다… 아직은

1999년에 선마이크로시스템즈Sun Microsystems의 CEO였던 스콧 맥닐리Scott McNealy는 "어차피 프라이버시란 없다. 기대하지 말자"[3]라는 유명한 발언을 했다. 그 말은 당시에는 대담한 주장처럼 보였지만, 빅데이터 시대인 오늘날에는 예언에 가까운 발언이 됐다.

눈에 띄는 사례로서 에드워드 스노든Edward Snowden 같은 내부고발자들이 폭로한 것처럼 은밀한 감시 작전에 의한 프라이버시 침해는 극히 일부에 불과하다. 프라이버시 침해의 대부분은 우리가 일상 속에서 하는 선택에서 비롯된다. **우리가** 페이스북을 사용하기로 결정하고, **우리가** GPS 추적 기능을 활성화하고, **우리가** 집에 인공지능 스피커 알렉사를 들여놓으니까.

맥닐리가 예측한 대로 프라이버시는 이제 사라진 걸까? 우리는 내가 가르치는 학생들만큼 냉소적이지는 않겠지만, 우리의 행동을 보면 프라이버시는 끝난 것 같다. 당신이 사용하는 제품의 이용약관을 마지막으로 꼼꼼히 읽어본 것이 언제인가?

그런데 하나만 물어보자. 친구나 동료가 당신의 메시지를 스크롤해도 괜찮은가? 당신의 구글 검색 기록을 누구나 볼 수 있다면? 당신의 신용카드 거래 내역과 GPS 위치 기록을 모두 공개한다면 어떻겠는가?

내가 보기에 이런 선택지들은 당신에게 특별히 매력적이지 않을 것 같다. 이것들과 비슷한 사례를 오프라인에서 찾아보자. 만약 당신의 우편물을 읽어보는 우체국 직원, 당신의 상담 기록을 판매하는 심리치료사, 당신이 가는 곳마다 쫓아다니는 스토커가 있다면 그들은 모두 법적 처벌을 받을 것이다. 아직도 당신이 프라이버시에 대한 욕구를 다 잃었다고 생각한다면, 창문 블라인드를 떼어내고 모든 계정의 비밀번호를 삭제하기를 권한다. 프라이버시를 없애고 행복하게 살아가려면 비밀번호도 필요하지 않으니까.

하지만 프라이버시에 대한 우리의 근본적인 요구가 사라진 것이 아니라면, 우리는 왜 프라이버시를 보호하기 위한 노력을 거의

하지 않으면서 오히려 이제 프라이버시에 관심 없다고 스스로를 설득하려 할까?

오랫동안 학생들과 대화하고 공개 강연을 하면서 내가 발견한 사실에 따르면, 사람들은 "개인정보 보호에 신경을 쓰는가"라는 질문을 단순화해서 오해의 소지가 있는 두 가지 질문으로 대체하곤 한다. 첫째, 내 데이터를 공유할 가치가 있을까? 둘째, 내 데이터가 세상에 공개되면 거리낄 것이 있나?

이 두 가지 질문은 우리가 개인정보에 신경을 쓰고 개인정보를 더 많이 보호해야 하는가라는 복잡한 문제를 쉽게 해결해 버리는 정신적 지름길이다. 언뜻 보기에는 합리적인 대안 같지만, 이 질문들은 개인정보 보호에 대한 우리의 진짜 감정을 감추고 우리의 행동에 영향을 미쳐 장기적으로 우리에게 최선이 아닌 길로 이끌 수도 있다.

"그럴 가치가 있다"라는 오류

내가 학생들에게 온라인 개인정보 보호에 관심을 두는지, 어떤 방법으로 개인정보를 보호하는지 물어보면 학생들은 대부분 개인 데이터를 공유하지 않으면 포기해야 하는 갖가지 혜택을 나열한다. 학생들이 이야기하는 혜택이란 구글 지도, 넷플릭스 추천, 우버 차량 서비스 같은 것들이다.

그게 환상적인 혜택이라는 데는 나도 전적으로 동의한다. 하지만 그건 다른 질문에 대한 대답이다. '내 개인 데이터를 공유할 가치가 있을까?' 솔직히 이런 접근법도 아주 불합리해 보이지는 않는다. 우리는 종종 특정 물건의 가치를 포기하면 얼마나 손해가 될지를 기준으로 그 물건의 가치를 평가하니까. 예를 들어 나는 하루에 커피 다섯 잔을 마시면 건강에 좋지 않다는 걸 알지만, 그게 너무 즐거운 경험이어서 행동을 바꾸지 않는다.

마찬가지로 개인 데이터를 공유하면 도저히 포기하고 싶지 않은 놀라운 혜택이 줄줄이 따라온다. 스마트폰의 GPS를 끄면 구글 지도가 없어서 길을 잃어버리고, 소셜 미디어 계정을 비활성화하면 사회생활이 단절되고, 신용카드를 해지하면 생활이 불편해진다.

하지만 당신의 개인 데이터를 공유할 때의 이점이 잠재적인 위험을 능가한다고 해서 당신이 개인정보 보호에 무관심하다는 뜻은 아니다(내가 하루에 커피 다섯 잔을 마시기로 결정했다고 해서 건강해지기를 바라지 않는다는 뜻은 아닌 것처럼). 그건 즐거움이나 편리함에 대한 즉각적인 욕구가 개인정보에 대한 우려보다 크다는 걸 의미할 뿐이다.

이상적인 세상이라면 높은 수준의 프라이버시를 유지하면서 온갖 서비스를 즐기지 않겠는가? 원래의 질문을 비용-편익 분석으로 대체하는 것이 특히 문제가 되는 이유는 우리가 테크 업계와의 불공정한 싸움에 휘말리게 되기 때문이다. 테크 기업들은 개인 데이터 공유의 이점을 강조할 유인을 아주 많이 가지는 반면 비용을 강조할 유인은 전혀 없다.

위치 데이터를 구글 지도와 공유할 때의 장점은 뚜렷하며 즉각적으로 느껴진다. 길을 잃을 염려 없이 우리의 목적지에 더 빨리 도착할 수 있다. 다른 설명이 필요 없다. 반면 위치 데이터 공유의 단점은 모호하다.

잠시 생각해 보라. 당신의 지리적 위치를 스마트폰 앱에 알려줄 때 발생하는 잠재적 비용은 정확히 무엇일까? 누군가 당신의 경도와 위도 좌표에 접근한다면 당신에 대해 어떤 유형의 추론이 가능할까? 그리고 그 정보는 어떤 식으로 현재 또는 미래에 당신에게 불리하게 사용될 수 있을까?

이 책을 읽기 전에도 당신은 위치 정보를 제3자와 공유하면 당신이 원하는 것 이상으로 많은 정보가 드러날 수도 있겠다고 막연히 의심했을 것이다. 위치 정보를 공유하면 당신의 집 주소나 직장을 알려주게 되고, 당신이 어떤 마트에서 장을 보는지 알려줄 수도 있다. 하지만 1월 6일 미국 국회의사당을 습격한 사람들 중 누구도 자신의 GPS 기록 때문에 20년간 감옥살이를 하게 되리라고 예상하지는 못했을 것이다. 그리고 사람들 대부분은 GPS 기록이 자신의 성격과 정신 건강에 대한 정보를 제공한다는 사실을 거의 의식하지 않는다.

한 젊은 여성(안나라는 이름으로 부르자)의 예를 들어보겠다. 2022년 12월, 안나가 허락한 적이 없는데도 그의 나체 사진이 소셜 네트워크에 올라왔다.[4] 사진 속에서 안나는 연보라색 셔츠를 입고 흰색 바지를 발목까지 내린 채 변기에 앉아 있었다. 의문점은 그 사진이 어떻게 온라인에 올라갔는지만이 아니었다. 안나는 누가 그 사진을 찍었는지는 고사하고 언제 찍혔는지도 몰랐다. 어떻게 안나가 모르는 사이에 누군가가 그 은밀한 순간을 촬영할 수 있었을까? 실연당한 전 애인이 아니었다. 솜씨 좋은 세 살짜리 아이의 작품도 아니었다. 알고 보니 범인은 안나가 쓰던 룸바Roomba 진공청소기였다.

안나는 룸바에서 출시한 새로운 모델을 시험하는 고객 평가단의 일원이었다. 그는 별다른 생각 없이 서류에 서명했고, 완전 자동화된 감시의 달인을 기꺼이 집에 들여놓았다. 계약서에는 청소기가 언제든지 사진을 촬영할 수 있으며 모든 기록은 아이로봇iRobot에 귀속된다는 내용이 깨알 같은 글씨로 적혀 있었다.

사진 촬영의 목적은 화장실이라는 민감한 상황에 놓인 사람들을 감시하려는 것이 아니었다. 룸바의 사물 인식 모델을 훈련시켜 탐색 능력을 향상시키려고 데이터를 수집한 것이었다. 하지만 그런 건 안나에게 아무런 의미가 없었다. 베네수엘라에서 독립 계약으로 일하던 어떤 사람이 안나의 나체 사진을 유출했고, 그 사진을 돌려받기 위해 안나가 할 수 있는 일은 아무것도 없었다.

"그럴 가치가 있다"라는 오류는 더 나은 서비스를 이용하려고 사용자들이 기꺼이 데이터를 공유하는 몇 안 되는 사례에 시선을 집중시킨다. 하지만 그건 보편적인 법칙이 아니라 예외적인 사례다. 안나가 자신의 나체 사진이 온라인에 유출된 일에서 이득을 얻지 못한 것처럼, 많은 상황에서 우리의 데이터가 활용될 때 우리는 이득을 보지 못한다. 하지만 우리는 데이터를 긁어모으는 신기술들이 제공하는 혜택이 얼마나 놀라운지에 대한 이야기를 자주 듣기 때문에 뭔가를 더 요구할 생각조차 하지 않는다.

한쪽에는 편의와 서비스, 다른 한쪽에는 개인정보 보호(이 부분에 대해서는 9장에서 다시 다룬다)를 놓고 둘 중 하나를 선택하도록 강요해서는 안 된다. 우리는 둘 다 요구하고 둘 다 받아내야 한다.

"나는 숨길 것이 없다"라는 오류

내가 데이터 프라이버시에 대한 우려를 이야기할 때마다 듣는 두 번째 대답은 다음과 같다. "저는 숨길 것이 없기 때문에 개인정보 보호에 대한 걱정은 안 해요." 이런 식의 사고는 실리콘밸리가 교묘하게 사람들에게 심어준 것이다. 개인정보에 다른 사람이 접근하는 것이 싫은 사람은 뭔가 문제가 있는 것이라고.

그건 말도 안 되는 소리다. 내부고발자 에드워드 스노든이 《영구적 기록Permanent Record》이라는 책에서 설득력 있게 주장한 대로, 개인정보 보호는 불법적이거나 부끄러운 걸 숨기는 것이 아니다. 개인정보에 대한 통제권을 유지하고 해당 정보가 수집, 사용, 공유되는 방식을 스스로 결정할 자유가 있는 것이다.

학생들이 자신의 데이터가 외부로 유출되는 것을 걱정하지 않는다고 말할 때 그건 진심일 것이다. 하지만 그런 사고방식을 채택하는 건 근시안적이고 잠재적으로 위험한 일이다.

개인정보가 나쁜 사람에게 넘어갈까 봐 걱정할 필요가 없다는 건 특권이다. 컴퓨터가 페이스북 '좋아요', 상태 업데이트, 심지어 사진을 토대로 성적 지향을 예측할 수 있다는 사실을 기억하는가? 전 세계 70개 국가에서는 여전히 동성애를 범죄로 취급한다. 그리고 유엔 회원국인 여섯 개국을 포함한 일부 국가에서는 동성 간 성행위에 대해 여전히 사형을 집행한다.

나도 인정한다. 이러한 현실은 개인정보 보호가 사라진 세계에서 고통받는 사람들에게는 비극적일 수도 있겠지만, 그것 때문에 데이터 공유에 대한 우리의 개인적인 감정이 달라져야 할 이유는 명확하지 않다. 당신이 사우디아라비아의 동성애자들에게 크게 공감한다고 치자. 하지만 당신의 데이터가 어떤 식으로든 당신을 해칠 수 있다고 믿을 이유가 없다면, 당신이 왜 데이터 공유에 반대하겠는가? 하지만 당신이 지금 당장은 데이터 공유가 안전하고 편안하다고 느낄지라도, 그 데이터와 관련해서 미래에 어떤 일이 벌어질지는 예측할 수 없다.

내 모국의 역사를 예로 들어보자. 1938년, 독일은 민주주의 국가였다. 1939년에는 그렇지 않았다. 유럽 전역에서 600만 명이 넘는 유대인이 홀로코스트로 목숨을 잃었다. 그리고 개인 데이터에 대한 접근성이 희생자를 늘리는 데 한몫했다. 네덜란드를 비롯한 일부 국가에서는 공식 인구조사 기록에 종교를 추가해서 나치가 유대인 공동체의 구성원을 추적하고 체포하기 쉽게 했다. 프랑스 같은 나라들은 그런 정보를 보유하고 있지 않았다. 프랑스에서는 유대인 인구의 약 25퍼센트가 사망했고, 네덜란드에서는 73퍼센트가 사망했다.

나치 정권이 독일을 포함한 유럽 전역에 있는 모든 사람의 디지털 발자국에 접근할 수 있다고 한번 상상해 보라. 사람들이 무엇을 하는지, 어떤 장소에 가는지, 누구와 어울리는지 나치가 정확히 안다면?

그 시대에 애플, 페이스북, 구글이 있었다면 기꺼이 나치 정권에 사용자 데이터를 공유해서 주목받는 자리를 차지했을지도 모른다. 그리고 설령 이들 기업의 CEO가 나치의 압박에 저항했다 해도 그들은 정부의 의도에 더 우호적인 인물로 교체됐을 것이다. 당신이 나와 같다면 그런 상황은 상상하기도 싫을 것이다. 그런 생각을 할 때마다 등골이 오싹해진다.

이거야말로 강력한 개인정보 보호 및 데이터 보호 법률이 반드시 필요한 이유다. 오늘날 사우디아라비아의 동성애자나 중국의 체제 비판적인 시민이 겪는 위험이 언젠가는 당신의 나라에도 닥칠 수 있다.

로 대 웨이드 판결Roe v. Wade[i]을 뒤집은 2022년 미국 연방대법원 판결은 미국 여성들에게 그런 진리를 상기시킨 고통스러운 사건이었다. 불과 며칠 만에 수백만 여성이 갑자기 자신의 검색 기록, 생리 주기 앱 사용, 온라인 구매, GPS 위치 데이터가 자신에게 불리하게 사용될 수 있다는 걱정을 하게 됐다.

당신이 지금 아무리 안전하고 편안하더라도, 당신의 데이터는 나중에 오용될 가능성이 있다. 데이터는 영구적이지만 정권은 영원하지 않다는 점을 항상 기억하라.

프라이버시가 없다면 내 삶은 진짜 내 것이 아니다

그래도 당신은 프라이버시가 정말로 그렇게 큰 문제라고 생각하지 않을 수도 있다. 미래의 이론적인 위험을 걱정하기보다 현재의 삶에 충실하고 싶을 수도 있다. 그러나 문제가 하나 있다. 개인정보를 공유하는 것은 단순히 미래의 잠재적인 위험을 감수하는 행위가 아니다. 지금 당장 가치 있고 실체가 있는 것, 즉 자기결정권을 희생하는 행위다.

개인정보를 포기한다는 것은 스스로 선택하고 스스로의 방식대로 삶을 살아갈 자유를 포기하는 것과 같다. 다른 사람이 당신의

---

[i] 1973년 미국 연방대법원이 임신중단에 대한 권리를 헌법상 사생활의 권리로 인정한 판결.

개인 데이터에 접근하고 그 데이터를 이용해 당신이 어떤 사람인지 속속들이 알 수 있다면, 그 사람은 당신과 당신의 결정을 좌우할 힘을 갖게 된다.

메릴랜드 출신 청년 카일 벰Kyle Behm의 사례를 보자. 2014년, 카일은 정신 건강 문제를 해결하려고 밴더빌트대학교를 휴학한 상태였다. 그는 아르바이트를 찾고 있었는데 친구가 크로거 슈퍼마켓의 최저임금 일자리를 추천했다. 지원 절차는 형식일 뿐이라고 생각했다. 누가 봐도 카일은 똑똑하고 재능 있는 대학생이었으니까. 하지만 카일은 채용되지 않았다.

그 결과에 깜짝 놀란 카일은 친구에게 자초지종을 알아봐 달라고 부탁했다. 카일이 들은 것에 따르면 면접에 포함된 성격 검사 때문에 그의 채용에 '빨간불'이 켜졌다고 했다. 카일이 조울증으로 고생한다는 사실을 솔직하게 밝혔다는 이유로 그의 불안정성 점수가 수직 상승했다.

성격 검사를 담당한 회사인 크로노스Kronos는 기분이 언짢아진 고객을 카일이 무시할 것이라는 우려를 제기하며 그의 채용에 빨간불을 켰다. 그런 분석 결과를 전달받은 크로거는 카일의 채용을 거절했다. 카일이 지원한 다른 회사들도 모두 동일한 성격 검사를 활용했다.

카일은 삶에 대한 통제권을 잃었다. 그의 성격으로는 아주 단순한 업무도 수행할 수 없다고 다른 사람들이 대신 판단했다. 그의 삶은 어떻게 됐겠는가? 눈앞에서 모든 문이 닫혔는데 그가 어떻게 했겠는가? 절박했지만 희망을 빼앗긴 카일은 마지막으로 딱 한 번 삶에 대한 통제권을 되찾았다. 스스로 목숨을 끊은 것이다.

카일의 비극적인 이야기는 2021년 방영된 HBO 다큐멘터리 〈페르소나: 성격 검사의 어두운 진실〉에 담겼다. 이 다큐멘터리는 직장, 학교, 나아가 데이트에 이르는 사회의 다양한 영역에서 활용되는 성격 검사의 영향을 탐구한다. 내용은 한쪽에 치우쳐 있고 비판적인 뉘앙스가 결여되어 있긴 하지만, 이 다큐멘터리는 중요한 교훈 하나를 전달한다. 우리가 할 수 있는 선택과 우리가 걸을 수 있는 인생 경로는 종종 다른 사람들이 바라보는 우리 자신에 따라 결정된다는 것.

내 고향 마을에서 그랬던 것처럼, 다른 사람들의 인식은 우리에게 기회의 문을 열어주기도 하고 닫아 버리기도 한다. 내게 일자리가 필요했을 때 이웃들이 나를 좋은 사람에게 소개해 준 것은 나를 책임감 있고 신뢰할 수 있는 사람으로 여겼기 때문이다. 하지만 같은 이유에서 이웃들은 때때로 쾨기스하임의 지하 세계에서 열리는 다소 의심스럽지만 재미있는 행사에 나를 초대하는 것을 잊어버렸다(아빠가 경찰관이었다는 것도 당연히 도움이 되지 않았겠지만). 카일에게는 성격 검사로 생성된 인식이 문 하나가 아니라 수많은 문을 닫아버렸다.

자가진단식 설문조사에서 벗어나 사람들의 디지털 발자국을 활용한 자동화된 성격 예측으로 넘어가면 상황은 더욱 심각해진다. 이건 가상 상황이 아니다. 실제로 그런 서비스를 제공하는 회사가 많이 있다. 예를 들어 터보하이어TurboHire라는 회사는 챗봇과 자연어 처리를 거쳐 지원자의 성격을 유추해서 채용 담당자가 지원자를 더 빠르게 선별하도록 해준다.

비슷한 서비스를 제공하는 회사로 크리스털노우스Crystal Knows

가 있다. 이 회사는 링크드인LinkedIn 같은 웹사이트에 공개된 정보를 분석해 지원자의 성격을 예측해 준다. 이처럼 자동화된 평가는 채용 과정에서 지원자의 주체성을 마지막 한 가닥까지 박탈한다.

기존의 자가진단식 설문조사에도 여러 가지 단점이 있긴 하지만, 질문에 대한 답변은 지원자의 몫이었다. "당신은 주변을 잘 어지르는 편인가요?"라는 질문에 어떻게 응답할지는 지원자에게 달려 있었다. 기업들이 머신러닝 알고리즘으로 지원자의 심리적 특성을 예측하기 시작하면 지원자는 그 문제에 발언권을 얻지 못한다.

하지만 진짜 최악은 따로 있다. 다른 사람들이 나를 어떻게 생각할지 내가 통제하지 못한다는 건 결코 즐거운 일이 아니다. 하지만 다른 사람들의 인식이 부정확할 때는 더 억울하다. 어떤 때는 다른 사람들의 인식이 완전히 틀릴 수도 있다. 예측 모델은 평균적으로 정확도가 높지만 개개인의 차원에서 보면 여전히 실수가 많다.

당연히 인간도 완벽하지는 않다. 시험 점수 또는 컴퓨터 기반의 성격 특성 예측이 없더라도 채용 담당자는 차별적인 채용 결정을 할 가능성이 있다. 인간에게는 수많은 고정관념과 의사 결정의 편향이 존재한다.

예를 들어 채용 담당자가 개방적이고 외향적이라면 보수적이고 내향적인 사람보다 개방적이고 외향적인 사람을 채용할 가능성이 더 높다(이런 현상을 유사성의 법칙이라 부른다). 그러나 인간의 편견은 대부분 감지하고 수정하기가 어려운 대신 알고리즘의 편견만큼 체계적이지는 않다.

카일의 예를 다시 보자. 한 회사에서 채용 과정에 크로노스의 성격 검사를 도입한 순간, 카일은 불행을 피할 수 없게 됐다. 카일의 프로필은 항상 똑같이 해석됐다. '1번과 5번 문항의 점수가 높다 = 정서 불안 = 위험 신호.' 카일과 면접을 진행한 몇몇 채용 담당자들도 똑같은 결론에 도달했겠지만, 어떤 담당자들은 그의 처지에 공감하거나 아예 다른 선발 기준을 사용했을 수도 있다. 카일이 인간 담당자를 만났다 해도 그 일자리를 얻었으리라는 보장은 없지만, 적어도 가능성은 있었을 것이다. 표준화된 검사 또는 예측 알고리즘에 편향이 있다면 게임은 끝이다.

흔히 문제라고 생각하는 성격이 있는 운 나쁜 사람들에게는 늘 문이 닫힌다고 가정하면 편리하다. 카일의 심한 정서 불안은 전형적인 사례다. 우리는 때때로 우리가 감정을 주체하지 못한다는 사실을 인정하려 하지 않는다. 그렇다면 카일이 일자리를 구하기가 어려웠던 것이 그렇게 놀라운 일일까? 이런 가정은 마음을 편하게 해줄지는 모르겠지만 도덕적으로도, 사실적으로도 잘못된 가정이다.

일반적으로 매우 바람직하다고 생각되는 성격 특성인 우호성을 예로 들어보자. 친절하고 배려심이 많아 보이면 무조건 좋지 않을까? 글쎄. 그건 어떤 문제를 해결하려고 하는지에 따라 달라진다. 앞서 설명했듯이 우호성은 높은 수준의 채무 불이행과 관련 있는 특성이기도 하다. 은행에서 어떤 고객이 착하고 따뜻한 성격이라는 사실을 알게 되면 그 고객에게 대출을 해주려 들지 않을지도 모른다. 설령 대출이 성사되더라도 고위험 성향인 고객에게는 비판적이고 경쟁심 강한 사람들에게 적용되는 조건보다 훨씬 불리한 조건이 적용될지도 모른다.

그러나 다른 사람에게 우리의 개인 데이터와 성격에 대한 접근을 허용하면 우리 인생의 메뉴판에서 우리가 선택할 수 있는 요리가 다른 사람에 의해 결정될 뿐 아니라 우리 자신의 요리 선택도 외부의 영향을 받는다. 그리고 이건 땅콩 같은 가벼운 간식 이야기가 아니다.

우리는 매일 약 3만 5,000개의 결정을 내린다.[5] 오늘 신을 양말이나 아침에 먹을 시리얼을 고르는 것과 같은 일상적인 선택도 있고, 어떤 직업을 가질지 또는 누구와 결혼할지와 같은 중대한 결정도 있다. 우리는 모두 우리 자신의 결정을 통제할 수 있다고 생각하는 걸 좋아하지만, 우리의 선택 중에서 온전히 우리 자신이 하는 선택은 드물다. 우리는 다른 사람들의 행동, 그 결정을 내릴 때의 상황, 그때의 마음 상태에 영향을 받는다.

지난번에 배고픈 상태로 장을 보러 갔던 때를 생각해 보라. 아마도 필요한 것보다 많은 음식을 샀을 뿐 아니라, 건강에 좋은 음식보다 포만감을 주는 음식을 장바구니에 몇 개 더 담았을 것이다.

앞의 두 장에서 살펴본 것과 같이, 누군가가 우리의 심리적 욕구와 동기를 활용할 수 있게 되면 그 사람은 우리의 결정에 개입하고 잠재적으로 그 결정을 바꿀 수도 있다. 어떤 때는 그게 큰 도움이 되지만, 어떤 때는 그렇지 않다. 그리고 우리는 조종당하고 있다는 사실조차 깨닫지 못할 때가 많다.

생명보험에 가입할 생각을 해본 적이 있는가? 내가 생명보험 회사라고 치자. 나는 당신에게 정서 불안이 있는지 여부를 알고 싶다. 만약 당신의 정서가 조금 불안하다면 나는 당신을 후보자 명단에 추가하고 보험 가입을 반복적으로 제안한다. 물론 당신의 마음을 편안하게 하려면 생명보험이 반드시 필요할 수도 있다. 설령 그렇다 해도 내가 당신을 잠재적 표적으로 선정하고 정서가 안정적인 당신의 친구보다 당신에게 더 많은 광고를 보여줬다는 사실만으로도 당신이 생명보험에 가입한다는 결정을 혼자 내린 것이 아니라는 뜻이 된다. 아니면 내가 당신의 불안을 이용해서 실제로 당신에게 필요한 깃보다 조금 더 비싼 보험을 판매할 가능성도 있다. 생명보험이 없는 상태로 맞닥뜨릴 수 있는 온갖 심각한 위험을 강조하기만 해도 당신이 주머니 더 깊숙한 곳까지 손을 넣게 유도할 수 있다.

카일의 이야기와 반대로, 나는 당신의 인생 경로를 새로 만들거나 지우지 않는다. 나는 그저 어떤 길을 다른 길보다 더 매력적으로 보이게 한다. 케임브리지 애널리티카가 확고한 민주당 지지자를 트럼프 지지자로 쉽게 바꿀 수 없는 것처럼, 내가 당신에게 맨 오른쪽 길에서 맨 왼쪽 길로 완전히 방향을 틀라고 설득할 수는 없다. 하지만 우리가 선택할 수 있는 많은 길은 서로 가까이 있다. 급격한 방향 전환은 필요 없고 방향을 조금만, 완만하게 수정하기만 해도 된다. 콜게이트Colgate 치약이랑 크레스트Crest 치약 중에 뭘 사야 할까요? 심리학이랑 경제학 중에 뭘 공부할까요? 이탈리아와 크로아티아 중에 어디로 여행할까요?

5장에서 살펴본 대로, 당신의 심리에 대한 인사이트는 내가 당신이 갔으면 하는 길을 어떻게 색칠해야 당신이 그 길을 선택하게 할지에 대한 지침을 제공한다. 때로는 그게 심각한 문제가 되지 않을 수도 있다. 내가 당신이 콜게이트 치약 대신 크레스트 치약을 사도록 유도한다고 해서 누가 신경이나 쓰겠는가? 하지만 만약 내가 당신이 누구를 배우자로 선택할지, 돈을 어디에 투자할지, 누구에게 투표할지에 영향을 미치려고 한다면? 혹은 그 세 가지 전부를 목표로 한다면? 어느 정도가 되어야 당신의 삶이 더 이상 당신의 것이 아니게 될까?

종합하면 '개인정보 보호 없이는 우리의 삶을 스스로 통제할 수 없다'라는 결론이 나온다. 개인 데이터에 대한 접근과 그 데이터를 이용한 추론이 제한되는 때에만 우리가 무엇을, 누구와, 어떤 목적으로 공유할 것인지에 대한 선택권이 진정으로 우리에게 있는 것이다. 삶의 주인이 되려면 개인정보 보호가 필요하다.

전에도 이런 일은 있지 않았나?

우리 역사에는 차별과 조작의 사례가 넘치게 많다. 그 모든 걸 심리 타깃팅이라고 부르지는 않지만 우리는 본능적으로 우리가 만나는 사람들을 읽어내고, 그들에 대해 알아보고, 그렇게 알아낸 정보를 바탕으로 상호작용 방법을 결정하려고 노력한다. 우리는 좋은 사람들과 어울리고 나쁜 사람들은 피한다(오토바이를 사랑하는 10대 소녀라면 다르겠지만). 우리는 친구들이 뭘 좋아할지에 대한 생각을 기반으로 영화를 추천한다. 그리고 우리는 직관적으로 상대방이 누군지에 따라 조금씩 다르게 말한다.

세 살짜리 아이와 이야기할 때는 엄마나 직장 상사에게 말할 때와 똑같이 말하지 않는다. 어릴 적 나는 아빠에게 뭔가를 부탁하는 방법과 엄마를 설득해서 양보를 받아내는 방법을 정확히 알고 있었다. 이런 형태의 심리 타깃팅은 너무나 자연스럽게 이뤄지기 때문에 우리 대부분은 의식하지도 못하는 사이에 그런 기술을 활용한다. 알고리즘 형태의 심리 타깃팅이 전통적인 심리 타깃팅과 다른 점은 적용 가능한 규모에 있다. 우리의 대면 상호작용은 높은 수준의 개인화가 가능하지만, 범위는 매우 제한적이다. 개인화된 대화는 일대일로 이뤄지기 때문이다. 반면 심리 타깃팅은 수백만 명에게 한꺼번에 도달할 수 있다. 그리고 그 과정에는 더는 호혜성이 존재하지 않는다. 다시 내 고향 마을 이야기를 하면, 우리 마을 사람들은 내 사생활을 침해했고 나도 그들의 사생활을 침해했다. 마을 사람들은 내 결정에 영향을 미쳤고, 나도 마을 사람들의 결정에 영향을 미쳤다. 오늘날 심리 타깃팅의 대부분은 우리 마음을 파악하고 변화시키려고 돈을 쏟아붓는 익명의 상대방과의 일방적인 소통이다. 그리고 우리에게는 그들의 움직임에 반격할 아주 작은 기회도 주어지지 않는다.

중요한 점은 현대의 심리 타깃팅이 넓은 범위에 적용되고 일방적이라는 이유로 새로운 위협이라고 말할 수는 없다는 것이다. 모든 라디오 광고나 텔레비전 광고는 일종의 대규모 조작이며, 새로운 방송 기술을 이용해 반대 목소리를 잠재우고 대중의 공포심을 불러일으킨 것도 케임브리지 애널리티카나 중국 정부가 최초는 아니다.

그러나 현대적인 심리 타깃팅과 전통적인 타깃팅은 비슷한 목표를 세울 수는 있지만 큰 차이가 있다. 전통적인 텔레비전이나 라디오 광고는 획일적인 접근법을 따르며 모든 사람에게 보여준다. (그게 목적이기도 하고.) 반면 현대의 심리 타깃팅은 모든 것이 어둠 속에서 이뤄진다. 우리는 다른 사람들이 어떤 콘텐츠와 마케팅에 노출되는지 알지 못한다.

케임브리지 애널리티카 같은 기업들이 대통령 선거에 개입했다는 사실을 인지하는 데 오랜 시간이 걸린 이유 중 하나는 광고가 표적화되어 있었기 때문이다. 정치적 선전은 광고에 영향을 받을 가능성이 높은 사람들에게만 노출됐다. 그리고 표적이 된 사람들 중에서도 텍사스주 휴스턴에 사는 어떤 사람이 본 광고와 옆 동네의 어떤 사람이 본 광고는 완전히 달랐을 것이다.

어두운 뒷골목에 마크 저커버그Mark Zuckerbuerg와 함께 서 있다고 생각해 보라. 가장 높은 금액으로 광고에 입찰한 사람이 요청한 내용을 저커버그가 우리의 귓가에 속삭인다. 그리 유쾌한 상상은 아니다!

현대적인 방식의 심리 타깃팅이 강력한(그리고 잠재적으로 위험한) 이유는 다른 두 세계를 결합하기 때문이다. 현대적인 심리 타깃팅은 규모 면에서 전통적인 프로파간다에 필적하지만 세밀함과 깊이에서는 대면 상호작용과 비슷하다.

이것은 폭발적인 조합이지만, 현재로서는 어떤 말이 오가고 무엇이 공유되는지 집단적으로 감시할 방법이 없으므로 우리는 아직 현대적 심리 타깃팅에 대한 통제라는 엄청난 과제를 수행할 방법을 모른다.

⋯

심리 타깃팅의 밝은 면과 어두운 면 사이의 긴장은 내가 어릴 적에 고향 마을에서 경험했던 긴장과 여러 모로 닮아 있다. 사람들이 항상 나를 지켜보고 나를 알았던 덕분에 내 성공을 바랐던 사람들이 내게 조언과 지지를 해준 것처럼, 심리 타깃팅은 개인적 차원에서나 집단적 차원에서나 우리의 삶의 질을 높여줄 수 있다. 그러나 고향 마을의 이웃들이 종종 자신들의 이익을 위해 내게 도움이 안 되는 방식으로 내 삶에 간섭했던 것처럼, 심리 타깃팅은 우리 마음 깊숙한 곳의 공포를 이용해 우리가 영혼 없는 꼭두각시 인형처럼 춤추게 할 수도 있다.

청소년기에 나는 시골 마을 생활의 장점과 단점을 모두 경험할 수밖에 없었다. 그래서 내게 유리하게 게임하는 방법을 배워야 했다. 나는 필요할 때마다 이웃의 도움을 받는 방법을 찾아냈다. 그리고 이웃들의 달갑지 않은 간섭에서 나 자신을 보호하는 요령도 점차 터득했다.

오늘날의 디지털 마을에 사는 우리도 똑같이 해야 한다. 내가 무작정 짐을 챙겨서 마을을 떠날 수 없었던 것처럼, 우리는 시간을 거슬러 빅데이터와 심리 타깃팅 같은 기술이 존재하지 않는 곳으로 돌아갈 수 없다. 지니를 다시 병 속에 넣을 수는 없다. 하지만 지니를 관리하는 능력을 키울 수는 있다. 그게 3부에서 다룰 내용이다.

3부

데이터가 우리를 위해 일하게 하라

- [ ] 우리 개인정보에 값을 매긴다면 얼마일까?
- [ ] 우리는 왜 프라이버시를 중요하게 생각하면서 개인정보를 보호하지 않을까?
- [ ] 개인정보 보호와 편리한 서비스, 둘 다 잡는 방법이 있을까?
- [ ] 개인정보를 보호하고 협상권을 얻기 위해서 공동체가 필요할까?
- [ ] 데이터 시장에서 정부와 기업, 시민이 모두 윈윈할 수 있는 전략이 가능할까?

8장

모두가 개인정보를
보호하기에는 너무 바쁘다

톰을 처음 만난 건 2019년 2월, 내가 케임브리지에서 뉴욕으로 이사한 지 1년쯤 됐을 때였다. 톰은 심리 타깃팅과 관련된 사업 아이디어를 논의하려고 내게 이메일을 보냈다. 컬럼비아대학교 캠퍼스 근처에서 한 시간 동안 점심식사를 함께하면 어떻겠냐는 제안이었다.

톰 같은 낯선 사람들에게 그런 요청을 받는 건 드문 일이 아니다. 나는 상품 추천, 마케팅 캠페인, 고객 지원의 효율을 높이는 걸 원하는 기업들의 연락을 자주 받는다. 아니면 그런 분야에서 사업을 시작하려고 하는 개인들도 내게 연락을 하곤 한다.

내가 만나는 사람들은 대부분 진심으로 고객 경험을 개선하려는 의지가 있지만, 그들의 궁극적인 목표가 돈벌이라는 것은 공공연한 비밀이다. 고객이 행복하면 충성도가 높아지니까. 그리고 충성도 높은 고객은 수익을 안겨준다.

링크드인에서 잠깐 검색을 해보니 내 짐작이 맞았다. 톰은 투자은행에서 일하는 사람이었다. 나는 즉시 그를 내 머릿속의 '월가 사람'이라는 상자에 집어넣고 그 기준에 맞게 내 기대치를 조정했다.

그런데 내 예측이 틀렸다. 나와 함께 커피를 마시면서, 그는 투자은행의 세계를 떠날 계획이라고 말했다. 그리고 그가 번 돈의 일부를 세상에 긍정적인 변화를 일으키는 데 사용할 생각이라고 말했다.

세상을 변화시킬 방법은 수없이 많았을 것이다. 하지만 톰은 내가 오랫동안 고민하고 있었던 문제를 해결하기로 마음먹었다. 개인 데이터에서 창출되는 가치를 그 데이터를 생산하는 사람들과 공유하려면 어떻게 해야 할까? 데이터가 미래의 석유라면, 데이터를 정제하는 방법을 아는 사람들만이 아니라 모든 사람에게 이로운 경제를 만들 수 있을까?

어플라이매직소스

그날 톰과 나는 세 시간 동안 그런 거래가 이뤄지는 온라인 마켓이 어떤 모습일지에 대해 브레인스토밍을 했다. 아이디어 자체는 괜찮아 보였다. 데이터의 소유권을 개인에게 옮기고 양쪽 모두에게 가치를 창출하는 거래를 촉진하는 것. 그러나 우리는 곧 공통적인 의문에 도달했다. 사람들이 자기 데이터의 가치가 얼마인지 어떻게 알 수 있을까?

생각해 보라. 만약 모든 개인 데이터가 당신의 소유라면, 내가 당신의 페이스북 프로필 전체를 보려면 얼마를 지불해야 할까? 당신의 GPS 기록은? 신용카드 내역은? 아마 당신은 감이 잡히지 않아서 너무 낮은 가격을 책정할 것이다. 데이터 사용 가능성에 대한 인사이트가 없는 상태로 혼자서 고민할 때 디지털 발자국의 가치를 제대로 알기란 매우 어렵다. 나 역시 심리 타깃팅에 대한 연구를 시작하기 전에는 은행 앱이 내 위치 기록을 사용해 내 정신 건강과 성격을 예측하리라고는(또는 내 데이터를 판매해서 다른 사람에게 그 일을 시키리라고는) 상상도 못했다. 내 위치 데이터가 특별히 가치 있다는 생각은 안 들었다.

하지만 페이스북, 구글, 엑스 같은 기업이 데이터를 현금화하는 데 사용하는 것과 동일한 인사이트에 접근하게 해주는 방법으로 사람들에게 데이터의 실제적이고 잠재적인 가치를 보여줄 수 있다면 어떨까? 케임브리지 심리측정 센터에서 일하던 시절 그런 시도를 한 적이 있다. 사람들이 자유롭게 접근해서 자신의 페이스북, 엑스, 링크드인 데이터를 제출하고 자신의 심리 특성 예측 결과를 받아볼 수 있는 도구를 구축한 것이다. 우리는 그 도구를 어플라이매직소스$_{\text{ApplyMagicSauce}}$라고 이름 붙이고 인터넷에 무료로 공개했다(당신이 한번 해보고 싶다면, 어플라이매직소스는 지금도 공개되어 있다. $_{\text{applymagicsauce.com}}$).

톰과 나는 그 아이디어를 확장하는 방법을 고민하기 시작했다. 그런 자기 분석 도구를 제공하면 사람들이 자기 개인 데이터의 가치를 인식하는 데 도움이 될까라는 질문이 우리에게 흥미롭게 다가왔다. 톰이 만든 팀과 내 동료인 에이드리언 워드$_{\text{Adrian Ward}}$, 마틴 아벨$_{\text{Martin Abel}}$이 힘을 합쳐 그 문제를 연구하기 시작했다.

나는 빠듯한 예산으로 연구하는 데 익숙한 학자였으므로, 나

혼자였다면 아마도 어플라이매직소스를 바탕으로 실험실에서 소규모로 실험을 진행했을 것이다. 컬럼비아대학교 학생 몇 명을 실험실로 부르고 그들의 심리에 대해 우리가 알아낸 인사이트를 보여주면서 "당신의 개인 데이터에 값을 매긴다면 얼마나 된다고 생각하나요?"와 같은 질문들을 던졌을 것이다. 하지만 톰의 계획은 달랐다. 월가 사람이었던 그는 작은 규모에 만족하지 않았다. 그는 현실 속의 사람들과 실제 상품을 바탕으로 제대로 된 연구를 진행하길 원했다.

1년이 넘게 집중적으로 작업한 끝에 사용자의 페이스북 및 구글 계정에 연결해서 사람들이 흥미를 느낄 만한 다양한 인사이트를 생성하는 앱을 구축했다. 그 앱은 사람들에게 그들 자신의 이름, 주소, 나이, 성별 같은 기본적인 사회인구학적 프로필을 보여주고 그들의 구글 검색 기록, 페이스북 '좋아요', 상태 업데이트를 추출했다.

하지만 톰의 팀이 만들었던 건 그냥 앱이 아니었다. 그건 우리의 가설을 시험할 수 있는 완벽한 놀이터였다. 앱의 사용자 경험은 하나로 고정되지 않았으므로 우리는 다양한 유형의 '포장'이 미치는 영향을 비교할 수 있었다. 현재 페이스북과 구글이 사용자가 요청할 때 의무적으로 제공하는 것처럼 원데이터만 보여준다면 사람들의 반응은 어떨까?

원데이터가 어떤 모습인지 그림 8-1에서 한번 보라. 사용자 친화적이라고 하기는 어렵지 않겠는가? 이런 식으로 데이터를 보여주면 사용자는 개인 데이터의 가치를 더 높게 인식하는 것이 아니라 더 낮게 인식할 것 같다. '누가 이런 쓸데없는 걸 가지려고 돈을

그림 8-1 | 구글과 페이스북에서 제공한 원데이터

```
"first_name" :   "John"
"last_name"  :   "Snow"
"full_name"  :   "John Snow"
"age"    :   "36"
"address"    :   "123 Dreamlane"
"hometown"   :   "New York, NY"
"zipcode"    :   "10001"
"gender"     :   "Male"
"recentSearch" :   ["can dogs eat watermelon",
            "how to make nacho salad",
            "insomnia treatments",
            "elis winebar uws opening hours"
            "whisky sour ingredients"]
"eventsInterested" : ["michael's bachelor party",
            "burning man",
            "spsp san diego"
```

지불하겠어?'

만약 우리가 그 혼란스러운 정보를 분류해서 사람들이 접근하기 쉬운 형태로 만들어준다면? 간단한 글머리 기호 목록 또는 조금 더 정교한 데이터 스토리를 제공한다면 어떨까? 인간은 자신의 인생 서사와 정체성을 스토리로 구성하는 존재라고 하지 않았던가. 어쩌면 사람들은 자기만의 데이터 스토리를 봐야 비로소 데이터의 가치를 느낄 수 있을지도 모른다고 생각했다.

결국 우리는 그림 8-1에 제시된 원데이터부터 정교한 데이터 스토리까지 다섯 가지로 변형된 인사이트를 시험하게 됐다. 후자에는 페이스북과 구글이 각 사용자에 대해 수집한 정보(예를 들어 모든 검색어)뿐 아니라 그 데이터 요소를 기반으로 하는 추론(예를 들어 신용 점수, 정치적 이념, 정서) 및 잠재적 활용 사례(예를 들어 타깃 광고, 개인화된 대출이자 책정)가 포함됐다.

연구를 진행하기 전에 우리는 사람들이 자신의 개인 데이터에 부여하는 가치를 어떻게 측정할 것인지 결정해야 했다. 질문이 순전히 가정이라면 사람들은 데이터의 가격으로 최소 50달러는 받기를 원한다고 쉽게 말할 것이다. 그게 선한 의도가 있는 천사가 사람들의 어깨 위에서 속삭이는 말이니까("리처드, 우리는 개인정보를 보호해야죠.")

하지만 내가 당신을 포함한 1,000명에게 데이터의 대가로 실제 돈을 제공한다면 어떨까? 가장 적은 금액을 제시한 50명에게 데이터의 대가로 즉석에서 추가 현금을 지급한다고 한다면? 현금을 받아서 용돈으로 쓰고 싶은 사람은 아마 조금 적은 금액을 요구할 것이다. 최소한 자신의 데이터가 **실제로** 얼마나 가치가 있는지 신중하게 생각하게 될 것이다. 마치 천사가 악마와 대화하는 것과 같다("리처드, 우리는 개인정보를 보호해야 한다는 걸 잊지 마세요"와 "개인정보는 잊어버려요, 리처드. 우리는 돈을 원해요"의 대결이다).

우리가 진행한 실험이 바로 그것이다. 우리는 먼저 사람들에게 각자의 데이터를 즉석에서 10달러에 판매하는 거래를 제안했다. 다음으로 제한된 인원만 참여할 수 있는 경쟁 입찰에서 그들이 수락할 수 있는 최소 금액을 물었다. 그런 설정으로 우리는 사람들의 실제 선호도를 측정할 수 있었다. 사람들의 선택은 순전한 가정이 아니었다. 실제 돈이 걸려 있었다.

막다른 골목

몇 개월 동안 실험과 인프라를 설계하고 나니 시작할 준비가 됐다. 우리는 1,500명이 넘는 참가자를 온라인으로 모집해서 다섯 가지 유형의 인사이트 중 하나에 무작위로 배정했다(데이터를 판매하라는 요청을 받기 전에 인사이트를 보지 않은 대조군도 함께). 나는 힐튼 호텔이나 화장품 소매업체와 함께 대규모 현장 연구를 진행했을 때와 똑같이 긴장했다. 우리 모두 이 실험에 엄청난 시간과 돈을 투자했기 때문이다. 데이터 분석을 위한 코드는 몇 주 전에 내가 작성했다.

나는 철저히 준비해서 결과를 즉시 확인하는 걸 원했다. 마침내 톰의 팀 사람들에게 데이터를 받은 나는 자리에 앉아 내 코드를 열었다. 심호흡을 하고 나서 '실행'을 눌렀다. 몇 초 후, 화면에 결과가 나타나는 것이 보였다.

별것이 없었다. 참가자의 75퍼센트가 데이터 프라이버시에 대해 '우려'하거나 '매우 우려'한다고 답했지만, 그들 대부분은 결국 데이터를 판매했다(평균 85퍼센트). 더 나쁜 것은 우리가 열심히 준비했던 다양한 인사이트 조건에서 차이가 없었다는 점이다. 참가자들이 쓸모없는 원데이터를 봤는지, 글머리 기호로 된 데이터를 봤는지, 완전한 데이터 스토리를 봤는지는 중요하지 않았다. 향후에 실험을 반복했을 때도 사람들이 데이터를 판매할 확률은 동일했고 요구한 금액도 거의 동일했다. 게다가 어떤 형태로든 자신의 데이터를 본 사람들이 데이터를 판매할 확률은 데이터를 전혀 보지 않은 상태에서 판매 요청을 받은 대조군 사람들과 거의 같았다.

내 심정은 실망이라는 말로 다 표현할 수 없었다. 그건 실험에 수백 시간과 수천 달러를 투입한 과학자가 가장 두려워하는 결과였다. 완전한 실패처럼 느껴졌다. 나는 팀원 전체에게 결과를 알리고 며칠 동안 현실을 외면하며 지냈다.

그러다 내 생각이 조금 달라졌다. 가끔 세상을 다른 관점에서 바라볼 때(거꾸로 보거나, 어둠 속에서 보거나) 그런 일이 일어나는 것 같다. 그 실험은 우리가 기대했던 결과를 도출하지는 못했지만 중요한 교훈을 제시했다(때로는 우리가 바라던 결과가 아니더라도 '효과 없음' 자체가 발견이 된다).

커튼을 열어젖히고 사람들에게 제3자가 그들의 데이터에서 어떤 인사이트를 얻을 수 있는지 알려주는 것만으로는 사람들의 행동을 바꾸기에 부족했다. 우리는 사람들의 어깨 위에 있는 천사들에게 더 좋은 전술과 무기를 제공했다. 하지만 그걸로는 악마의 즉각적인 현금 보상에 대항할 수 없었다.

더 나은 해결책을 찾아서

알고 보니 이 단순한 통찰이야말로 진정으로 중요한 깨달음이었다. 그 깨달음을 계기로 나는 과거에 지지했던 주요 해결책 중 하나를 재고하게 됐다.

원래 나는 유럽의 포괄적 데이터 보호 규정General Data Protection

Regulations이나 캘리포니아주의 캘리포니아 소비자 보호법 California Consumer Protection Act과 같은 새로운 데이터 보호 규제를 강력히 지지했다. 둘 다 높은 수준의 투명성과 통제를 유지해 소비자 권한을 강화하는 것이 목적이다.

소비자 권한 강화는 매력적이며 여러 면에서 이상적인 해결책처럼 보인다. 도덕적으로 정당화되는 해결책일 뿐 아니라 개인 데이터를 최대한 잘 활용하는 것도 허용하기 때문이다. 우리의 개인 정보를 공개하는 것과 우리 데이터에 의존하는 서비스의 가치에 대한 판단은 사람마다 다르다. 어떤 사람은 정확한 날씨 업데이트를 받으려고 GPS 위치를 공유해도 상관없다고 생각하지만, 어떤 사람은 그게 싫을 수도 있다. 모든 사람에게 일률적으로 규제를 적용하는 대신 우리 각자의 결정에 맡기자. 결국은 우리의 데이터인데 언제, 어떻게 공유할지도 우리가 선택하면 되지 않겠는가?

오해하지 마시라. 투명성과 통제는 개인 데이터를 공유할 때 생기는 잠재적 피해와 혜택 사이의 긴장 관계를 조율할 때 매우 중요하다. 그리고 나는 새로운 규제의 의도와 그 규제가 상징하는 본질적 가치를 확고하게 지지한다. 하지만 톰과 함께 진행한 실험의 실패가 보여주듯이, 투명성과 통제만으로 사람들이 올바른 결정을 내리게 하기는 충분하지 않다.

그 점을 생각하면 할수록 나는 낙담했다. 현재 데이터 생태계에서 통제는 권리라기보다 책임에 가깝고, 사람들 대부분은 그런 책임을 감당할 준비가 되어 있지 않다는 생각이 들었다. 우리에게 통제권은 주어지지만 우리는 그걸 잘 다루지 못한다.

사람들 대부분은 자신의 전자기기를 사용하면서 프라이버시와 관련된 결정을 내려야 할 때 처참하게 실패한다. 우리의 선한 의도는 좀처럼 행동으로 이어지지 않는다. 이것은 널리 알려진 현상으로서 '프라이버시의 역설privacy paradox'이라 불린다. 우리는 대부분 프라이버시를 중요하게 생각한다고 말하지만 프라이버시를 보호하려는 행동은 거의 하지 않는다(우리 실험에 참여한 사람들처럼). 당신은 예외라고 생각한다면? 한 가지 물어보자. 개인정보 설정을 업데이트한 것이 언제였나? 스마트폰에 어떤 앱을 설치하기 전에 이용 약관을 꼼꼼히 읽어본 것이 언제였나? 솔직히 말해서 나는 그런 기억이 없다.

하지만 설령 우리가 더 많은 사람이 개인정보 보호 정책에 주의를 기울이게 유도한다 해도, 사람들이 올바른 결론에 도달할 수 있다는 보장은 없다. 버클리 캘리포니아대학교의 법학자 크리스 후프네이글Chris Hoofnagle이 실시한 설문조사에 따르면, 응답자의 62퍼센트는 기업이 웹사이트에 개인정보 보호 정책을 게시하면 개인 데이터를 제3자와 공유할 수 없다고 잘못 알고 있었다.[1] 안타깝게도 기업에는 뭔가를 변화시킬 유인이 없을 때가 많다. 사용자들이 개인정보 보호에 관심을 적게 보이고 잘 모를수록 기업의 입장에서는 좋다.

그러면 왜 우리는 개인 데이터를 책임감 있게 관리하는 데 어려움을 겪을까? 심리학자 아짐 샤리프Azim Shariff에 따르면 그 답은 아주 간단하다.[2] 우리 뇌가 오늘날의 개인정보 보호라는 복잡한 문제를 풀어낼 수 있는 수준으로 진화하지 못했기 때문이다.

기술은 빛의 속도로 발전하지만 진화는 그렇지 않다. 오늘날 우리가 직면한 개인정보 보호 문제는 완전히 새로운 종種이다.[3] 개인정보 보호라는 문제는 100년 전에서 200년 전 우리 조상들이 마주했던 문제와는 당연히 다르고, 80년 전 우리 할머니가 겪었던 문제와도 비슷한 점이 별로 없다. 신기술은 지난 수십 년 동안 개인정보 보호의 환경을 근본적으로 변화시켰다. 하지만 우리 뇌의 인지 능력은 2,000년 전과 본질적으로 동일하다.

7장에서 나는 두 가지 일반적인 오류에 대해 설명했다. 사람들은 흔히 "개인정보 보호에 신경을 쓰는가?"라는 질문을 "개인 데이터를 공유할 가치가 있는가?"라는 질문으로 대체한다(대부분은 개인 데이터를 공유하는 데 따르는 잠재적 비용을 이해하지 못한 채 그렇게 한다). 그리고 자신에게는 숨길 것이나 걱정할 것이 없다고 생각하기 때문에 데이터를 공유해도 안전하리라는 잘못된 결론을 내린다. 오늘은 안전할지도 모른다. 하지만 내일은 안전하지 않을 수도 있다.

게다가 전반적으로 우리에게는 디지털 문해력이 부족하기 때문에, 기업들이 우리의 데이터로 무엇을 할지에 대한 불확실성이 한층 커진다. 나는 직업적으로 이런 주제를 연구하는 사람인데도 모든 걸 파악하기가 불가능하다. 당신이 나보다 더한 테크 광팬이거나 개인정보 보호 운동가가 아닌 이상, 데이터 환경은 혼자서 탐색하기에는 너무 복잡하다. 데이터 수집은 무대 뒤쪽에서 눈에 보이지 않게 이뤄지며, 대부분은 데이터 수집의 대상자에게 투명하게 보여주지 않도록 설계된다. 어떤 데이터를 수집하는지, 수집한 데이터로 무엇을 하는지, 데이터의 가치가 얼마나 되는지 기업들은 알고 있다. 하지만 우리는 모른다.

오랜 세월 동안 불확실한 상황에 대처하는 가장 효과적인 전략은 다른 사람들에게 조언을 구하는 것이었다. 많은 사람이 특정한 경로를 따르거나 특정한 신념이 있다면 자신도 그렇게 하는 것이 효과적이었다. 프라이버시도 예외는 아니었다.

퓌기스하임에서 보낸 어린 시절, 나 역시 나에 대해 무엇을 공개할지, 이웃의 호기심 어린 시선에서 사생활을 어떻게 보호할지에 대한 전략의 대부분을 친구와 부모님에게서 빌려왔다. 오늘날의 디지털 마을에서 우리 대부분은 똑같이 행동한다. 우리는 개인 데이터를 다루는 방법을 모르기 때문에 다른 사람에게 의존한다. 다른 사람도 우리와 똑같이 아는 것이 없고, 다른 사람의 행동과 신념도 우리의 행동과 신념과 똑같이 정보를 얻어내려는 사람들에게 쉽게 흔들린다.

우리 뇌가 마법처럼 기술 발전 속도를 따라잡았다고 상상해 보자. 그건 환상적인 일이지만, 그것으로도 충분하지는 않다. 개인 데이터 관리는 여전히 온종일 매달려야 하는 일이기 때문이다. 우리가 서명하는 모든 이용 약관의 법률 용어를 주의 깊게 읽고 해독할 시간은 없다. 아무리 효율적이고 부지런한 사람이라도 하루에 시간은 24시간밖에 없다. 그리고 (바라건대) 자신이 사용하는 **모든** 서비스와 제품의 이용 약관을 샅샅이 뒤지는 것보다 나은 할 일이 많다. 가족과 함께 식사하는 것과 모든 기기에서 검색 기록을 삭제하는 것 중 하나를 선택해야 한다면 어느 것을 선택하겠는가?

결론은 우리의 개인 데이터를 통제할 권리에 수반되는 책임을 우리 스스로 감당할 수가 없다는 것이다. 현재의 데이터 생태계에서는 안 된다. 이 게임에는 우리에게 불리하게 작용하는 힘이 너무 많다.

그렇다면 투명성과 통제권을 완전히 포기해야 한다는 뜻일까?

물론 아니다. 우리는 톰이 처음에 만들었던 앱과 같은 도구들로 우리 자신의 데이터가 우리에 대해 어떤 정보를 드러내는지 확인할 수 있어야 한다.

그리고 통제권은 당연히 우리가 가져야 한다. 그건 **우리의** 데이터니까. 하지만 데이터에 대한 통제권을 성공적으로 행사하려면 그 권리를 우리에게 이롭게 활용 가능한 시스템을 만들어야 한다.

성난 폭풍우

이런 식으로 생각해 보자. 화창한 날 지중해 연안을 따라 천천히 흘러가는 요트의 선장이 되는 것은 쉽고 재미있는 일이다. 어떤 마을에 들를지도 당신이 선택할 수 있다. 중세 성당이 있는 마을에 가볼 수도 있고, 유명한 아이스크림 가게가 있는 마을에 가볼 수도 있다. 잘못된 선택은 없다. 이제 똑같은 배를 타고 성난 폭풍우 속을 항해한다고 상상해 보라. 그것도 혼자서. 어느 방향으로 내던져질지 모른다. 주의를 기울여야 하는 비상사태가 20개쯤 된다. 이런 상황에서 배를 조종하는 것은 권리라고 느껴지지 않는다.

그게 바로 우리가 하는 행동이다. 우리는 사람들을 격렬한 기술 폭풍의 한가운데 홀로 내려주면서 그들에게 각자의 개인 데이터를 통제할 권리를 부여한다. 그것은 결코 최적의 해결책이 될 수 없다. 우리에게는 투명성과 통제권 이상의 것이 필요하다. 더 나은 규제로 바다를 길들이고, 우리의 배에 유능한 선원들을 태워야 한다.

규제 이야기부터 해보자. 어떻게 하면 바다를 길들여 하나의 생태계를 만들고, 그 안에서 개개인이 바람직하지 않은 결과들의 어두운 혼합물이 아니라 바람직한 결과들의 밝은 집합에서 선택하게 할 수 있을까?

9장

개인정보 보호와 편리한 서비스, 둘 다 잡는 법

사람들이 개인 데이터에 대해 현명한 결정을 내리게 해주는 생태계를 설계한다는 것은 매우 어려운 작업이다. 현재의 데이터 환경이 복잡할 뿐만 아니라 점점 더 빠른 속도로 변화하기 때문이다.

음성인식을 예로 들어보자. 기계가 음성언어(그리고 문자언어)를 이해하고 생성하는 능력의 발전은 한동안 정체되어 있었다. 시리Siri나 고객서비스 챗봇은 간단한 문장을 문법적으로 분석하고 미리 정의된 의사결정 트리를 기반 삼아 어느 정도 유의미한 대화를 나눌 수 있었다. 하지만 그건 자유롭게 흘러가는 자연스러운 대화와는 거리가 멀었다. 그리고 당신에게도 익숙한 기억이겠지만, 챗봇은 항상 실수를 저질렀다(아니, 메츠가 아니라 마츠입니다. 아니요, 비행기표를 다시 예약하려는 것이 아닌데요. 메인 메뉴. 메인 메뉴. 어휴, 진짜 사람과 통화하게 해줘요. 지금 당장!).

최근까지는 평범한 다섯 살 아이가 가장 정교한 음성인식 기술을 쉽게 이길 수 있었다. 하지만 2000년대 초반 트랜스포머 모델이 시장에 출시되면서 모든 것이 하룻밤 사이에 바뀌었다(예를 들어 2022년 말에 출시된 챗GPT를 생각해 보라). 알고리즘은 오늘날 심리학자들이 '마음 이론theory of mind'이라고 부르는 테스트를 통과한다. 알고리즘은 한 이야기에 등장하는 여러 주인공들이 세상에 대해 서로 다른 지식과 믿음을 가질 수 있다는 점을 이해한다. 그리고 알고리즘과의 대화는 우리가 아날로그 친구들과 나누는 대화에 못지않게 자연스럽고 사적인 내용도 많아 보인다.

기술이 광속으로 변화하고 있기 때문에, 사람들에게 이로운 생태계를 만들려는 시도가 지속 가능하려면 새로운 기술 현실에 역동적으로 적응할 수 있어야 한다. 따라서 지금부터 설명하는 해법들은 구체적인 실행 전략이 아닌 광범위한 원칙에 기반하고 있다. 이 해법들은 정책 입안자와 이 분야의 선의의 플레이어들이 개인 데이터의 수집과 활용을 새롭게 상상하기 위한 출발점을 제공한다. 또한 이 해법들은 우리가 기업 경영자들과 규제 당국에 요구해야 할 것들의 목록을 제공한다.

가장 기본적인 수준에서 나는 이것을 바람직한 행동에 적합한 통로를 만드는 작업이라고 생각한다(행동경제학에서 사용하는 '건축architecture'이라는 비유를 빌려왔다). 사람들이 자신의 개인 데이터를 보호하기 쉽게 해서 사생활과 자기결정권을 지키도록 하는 것이다. 그리고 기업이나 악의적인 행위자가 사용자 데이터를 남용하거나 사용자를 조종하는 일을 어렵게 하는 것이다.

당연한 소리 같기도 하다. 하지만 데이터 생산자인 우리의 관점에서 본다면 현재의 환경은 '고가 매입, 저가 판매' 방식으로 운영되고 있다. 우리의 개인 데이터를 현명하게 관리하기는 점점 더 어려워지는(거의 불가능해지는) 반면, 기업들과 다른 제3자들이 우리에게서 이득을 취하기는 여전히 쉽다. 우리가 자신의 데이터에 대한 통제권을 향유하는 걸 원한다면 환경을 바꿔야 한다. 현실에서 그런 변화는 어떤 모습으로 나타날까?

올바른 통로 열기

앞서 만난 톰을 기억하는가? 우리의 실험이 실패로 돌아간 후, 톰은 방향을 틀어 다른 각도에서 문제를 해결하기 시작했다. 그는 사람들에게 개인 데이터의 가치에 대해 교육하고 정당한 가격에 데이터를 판매하도록 돕는 대신, 사람들이 데이터를 쉽게 삭제할 수 있는 방법을 고안했다.

잠깐, 그건 사람들이 자신의 데이터에서 이익을 얻도록 해주는 것과 상충하지 않을까? 소중한 자원을 삭제하는 일은 가치를 창출하지 못한다. 오히려 가치를 파괴하는 것처럼 보인다. 아니다. 개인 데이터를 삭제해서 사용자가 불리해지려면 그 데이터를 보관하고 있는 사람이 자기 자신밖에 없어야 한다. 그건 사실과는 거리가 멀다. 많은 상황에서 데이터 사본을 사용자가 직접 보관하지 않는다. 하지만 사용자가 알지 못하고 동의하지 않았더라도 개인 데이터를 수집하는 기업이나 중고 데이터 브로커 등 수백 곳에서 이미 사용자의 자산을 거래하고 있다.

데이터에 접근할 수 있는 사람이 적을수록 그 데이터의 가치는 높아진다. 예를 들어 내 개인 데이터를 헐값에 판매하는 업체가 20개나 있다면 내 개인 데이터에 정당한 가격을 받기 어려울 것이다. 개인이 자기 데이터에 대한 통제권을 가지려면 데이터에 대한 접근을 제한해야 한다.

유럽의 포괄적 데이터 보호 규정이나 캘리포니아주 소비자 개인정보 보호법 California Consumer Privacy Act 같은 세계의 진보적인 데이터 보호 규정에 따르면, 사용자는 제3자에게 자신의 개인 데이터 삭제를 요청할 권리가 있다. 그건 좋은 발상이다. 이론상으로는.

이 장을 집필하기 시작했을 때, 나는 유럽과 캘리포니아주에 사는 친구 20명에게 연락해서 개인 데이터 삭제를 요청한 적이 있는지(있다면 얼마나 자주 했는지) 물어봤다. 20명 중 몇 명이 개인 데이터 삭제를 요청했을지 알아맞혀 보라(그 친구들 중에는 프라이버시를 연구하는 학자가 한둘이 아니고, 그들 대부분은 내가 데이터 프라이버시에 대해 열변을 토하는 것을 몇 년째 들어주고 있다). 답은 '0명'이다. 자신의 개인 데이터가 거래되는 것을 막으려고 권리를 행사했던 사람은 단 하나도 없었다.

그들을 탓할 수는 없다. 나 역시 개인 데이터 삭제를 요청한 적이 없으니까(나는 그래야 한다는 걸 잘 알고 있었는데도). 그건 내 친구이면서 행동경제학자인 댄 애리얼리 Dan Ariely가 '행동 변화의 로켓 법칙'이라고 부르는 전형적인 현상이다. 우리의 의도를 실행에 옮기는 데 성공하려면 두 가지가 필요하다.

첫 번째는 추진력이다. 사람들은 동기부여가 되어 있고 변화를 열망해야 한다. 톰과 내가 실험 참가자들에게 그들의 데이터가 실제로 얼마나 사적이고 따라서 얼마나 귀중한지 알려줬을 때 우리가 했던 일이 바로 그것이다. 하지만 우리가 고생하면서 얻은 교훈은, 동기 부여만으로 충분하지 않다는 것이었다. 사람들은 프라이버시 침해가 우려된다고 말하면서도 결국 자신의 데이터를 팔아버렸다.

그래서 두 번째 요소가 필요하다. 로켓을 우주로 쏘아 보내려면 마찰을 줄여야 한다. 개인 데이터에 대해 현명한 결정을 하려면 그 과정이 원활해야 한다. 사람들이 데이터 삭제를 요청하는 우편(또는 이메일)을 수백 통씩 보내고 (이상적으로는) 그 모든 요청에 대해 삭제 여부를 확인하는 걸 바랄 수는 없다. 개인 데이터에 대한 제3자의 접근을 제한하는 과정은 간편해야 한다.

나는 톰의 새로운 앱인 '미프리즘$_{mePrism}$'에 과학 자문위원으로 참여하고 있다. 미프리즘에서 '간편함'이란 클릭 몇 번으로 데이터 브로커 서버 수백 개에서 개인 데이터를 삭제할 수 있다는(그리고 만약 그 데이터가 다시 나타나면 자동으로 삭제 요청을 한다는) 뜻이다. 이건 좋은 출발점이며, 현재 상태에 비하면 확실히 유의미한 발전이다.

하지만 이상적인 세상에서 간편함이란 사용자가 개인정보를 보호하려고 아무것도 할 필요가 없다는 것을 뜻한다. 학자들은 그걸 '설계된 프라이버시$_{privacy\ by\ design}$'라고 부른다.

'설계된 프라이버시' 원칙을 실제로 적용하는 방법은 여러 가지가 있다. 나는 영향력이 크고 응용하기가 비교적 쉬울 뿐 아니라 디지털 환경의 빠른 변화에 역동적으로 적응할 수 있다고 판단되는 두 가지 접근법을 선택했다.

첫째, 인간의 진화 속도가 느린 점을 우리에게 유리하도록 이용해야 한다. 둘째, 기술을 이용해 개인정보 보호와 자기결정권 vs 편의성과 서비스 사이의 상충을 제거해야 한다.

관성을 초능력으로 바꾸다

미국에서는 날마다 약 20명이 장기이식을 기다리다 사망한다. 현재 10만 명 이상이 자신의 생명을 구해줄 장기 기증을 간절히 바라며 대기자 명단에 이름을 올려놓고 있다.

장기 기증 등록 비율의 국가별 비교는 흥미로운 통찰을 제공한다. 관성을 이용해 크립토나이트 kryptonite[i]를 초능력으로 바꿀 수 있다는 것. 독일이나 미국 같은 나라에서는 사람들에게 기증자로 등록하라고 요구한다. 미국에서 기증자로 등록하려면 온라인에서 5분에서 10분 정도 양식을 작성하거나, 자동차 부서를 직접 방문하거나, 우편으로 서류를 보내야 한다. 반면 오스트리아나 영국 같은 나라에서는 모든 시민을 일단 기증자로 등록한다. 원하는 사람은 언제든지 명단에서 자기 이름을 뺄 수 있지만, 적극적으로 삭제 요청을 하지 않는 한 명단에 남아 있게 된다.

어느 나라에서 장기 기증자 비율이 더 높을 것이라고 생각하는가? 사람들에게 등록 옵션opt in이 있는 나라와 자동으로 등록되지만 취소 옵션opt out이 있는 나라 중에? 그렇다. 취소 옵션 나라의 기증자 비율이 더 높다. 사람들이 스스로 등록할 가능성보다는 등록된 상태를 유지할 가능성이 훨씬 높기 때문이다.

그러면 이제는 더 구체적인 추측을 해보자. 등록 옵션 나라와 취소 옵션 나라의 차이가 얼마나 클까? 등록 옵션 나라에서 적극적으로 장기기증자가 되겠다고 등록하는 사람이 인구의 몇 퍼센트나

---

i 영화 〈슈퍼맨〉에서 주인공 슈퍼맨의 힘을 약화시키고 심지어 죽일 수도 있는 가상의 광물. 슈퍼맨의 '아킬레스건'이다.

될까? 70퍼센트? 50퍼센트? 30퍼센트?

평균 수치는 15퍼센트로 다소 실망스럽다. 각국의 설문조사에서는 90퍼센트 이상이 장기기증을 지지하지만, 잠재적 장기기증자가 되려고 필요한 절차를 직접 밟기로 결심하는 사람들은 100명 중 15명밖에 안 된다.[1]

그렇다면 취소 옵션 나라들은 어떨까? 시스템 탈퇴를 요청하지 않고 장기기증 등록을 유지하기로 결정하는 사람들이 인구의 몇 퍼센트일까? 일반적으로 95퍼센트 이상이다! 나는 이게 엄청난 차이라고 생각한다. 말 그대로 삶과 죽음의 차이니까. 중요한 사실은 어떤 나라도 자국민에게 장기기증을 강요하지 않는다는 점이다. 결국 장기 기증은 개인의 선택에 맡긴다. 단지 기본값을 바꾸고 관성의 힘을 십분 활용할 뿐이다.

장기기증 등록과 마찬가지로 개인정보 보호 정책에도 기본값이 있다. 그리고 이 기본값은(정말 놀랍게도) 일반적으로 자체 공개를 선호한다. 기업이 합법적으로 접근 가능한 개인 데이터를 모두 수집해 가는 걸 원하지 않는 사용자는 스스로 조치하고 탈퇴를 선택해야 한다. 마치 개인정보 보호라는 우주선을 뒤집힌 우산 모양으로 설계하는 것과 같다. 최고로 강력한 엔진이 있어도 마찰력이 그렇게 크면 절대로 이륙할 수 없다.

이 문제에 대한 가장 확실한 해결책은 기본값을 변경하는 것이다. 사람들에게 취소 옵션이 아닌 등록 옵션을 부여하는 것이다. 그러면 사람들이 자신의 개인정보를 보호하기가 쉬워질 뿐 아니라 자신들의 데이터 가치를 높게 인식하게 되므로 간접적인 동기 부여도 가능하다. 어떻게? 초능력으로 바뀐 또 하나의 크립토나이트를 이용하면 된다. 또 하나의 크립토나이트란 소유 효과endowment effect라는 널리 알려진 의사결정 편향이다.

소유 효과의 기본 원리를 설명하는 아리스토텔레스의 유명한 말이 있다. "대개 사물은 그걸 이미 가진 사람들과 그걸 가지고 싶어 하는 사람들에게 가치가 다르기 때문에, 우리가 이미 가진 것을 내줄 때면 그게 아주 귀중하게 느껴진다."[2] 프라이버시와 관련해서 소유 효과란, 사람들이 원래 프라이버시를 보장받다가 잃어버릴 가능성이 생겼을 때 프라이버시의 가치를 더 크게 인식한다는 것이다.

카네기멜론대학교의 경제학자 알레산드로 아퀴스티Alessandro Acquisti가 주도한 영리한 실험이 있다. 연구 조교들은 쇼핑몰에서 쇼핑하는 사람들에게 다가가서 기프트 카드를 줄 테니 간단한 설문조사에 참여해 달라고 요청했다.[3] 그 실험에는 반전이 있었다. 설문조사에 참여하겠다고 한 사람들에게는 기프트 카드 두 종류 중 하나가 무작위로 지급됐다. 첫 번째 기프트 카드는 액면가가 10달러로 완전한 익명성을 보장했다. 두 번째 기프트 카드는 액면가 12달러였고 사용자의 개인정보와 연계됐다. 실험 참가자들에게는 다른 카드로 교환할 수 있는 선택권이 주어졌다.

액면가가 낮지만 익명성이 보장되는 카드를 처음에 받은 사람들 중 절반 정도(52.1퍼센트)는 금액이 더 크지만 추적 가능한 카드로 바꾸지 않고 기존 카드를 유지하기로 했다. 반면 원래 금액이 높은 카드를 받았던 사람들은 10명 중 한 명(9.7퍼센트)만이 금액이 더 낮은 익명 카드로 전환했다. 엄청난 차이가 있다. 이미 프라이버시가 있을 때 우리는 프라이버시를 쉽게 포기하지 않으려 한다. 하지만 프라이버시가 없는 상태에서는 기꺼이 프라이버시를 포기한다.

개인 데이터 공유의 기본값을 변경하는 것은 올바른 방향으로 나아가기 위한 중요한 단계가 된다(특히 더 나은 대안이 없을 때에는). 하지만 기본값 변경이 만병통치약은 아니다. 현재 이 원칙이 구현되는 방식에는 적어도 두 가지 문제가 있다.

첫째, 우리 대부분은 '동의합니다'를 누를 때 우리가 어떤 내용에 동의하는 건지 알지 못한다. 사전동의 절차는 라스베이거스에서 하는 결혼식과 비슷할 때가 많다. 결과를 충분히 생각하지 않고 그 순간에 좋아 보이는 선택을 한다는 점에서 그렇다.

당신은 어떤 상품이 정말 마음에 들었는데 이용 약관에 동의해야 사용할 수 있어서 동의했을 것이다. 혹은 깨알 같은 글씨를 일일이 살펴보느라 시간을 낭비하지 않고 바로 어떤 서비스를 이용하고 싶었을 수도 있다(최근 당신이 정말 보고 싶었던 콘텐츠를 보려고 웹사이트의 쿠키를 모두 수락했던 때를 생각해 보라).

전형적인 라스베이거스 결혼식과 마찬가지로, 우리는 사전 동의 요건을 갖추기 위해 제시되는 서류에 모두 서명한다. 하지만 우리는 우리가 무엇에 동의하는지 정말로 알고 있을까?

둘째, 기본값을 취소 옵션에서 등록 옵션으로 변경하려면 개인정보 보호와 자기결정권을 지키기 위해 편의와 서비스를 포기해야 한다. 예를 들어 위치 데이터를 공유하지 않을 때 우리는 구글 지도를 사용해 A에서 B로 이동할 수 없다. 그리고 시리가 우리의 목소리를 듣는 것을 허용하지 않으면 음성인식 기능을 사용할 수 없다.

이런 식으로 기업에 우리의 개인 데이터 사용을 허용할 가치가 있는지 우리가 고민해야 할까? 이상적인 세상에서는 이런 식의 주고받기를 강요당하지 않아야 한다. 개인정보 보호와 서비스 둘 중 하나를 선택하라는 것이 아니라 **둘 다**를 제안해야 한다. 이론적으로만 훌륭하고 현실에서는 불가능한 아이디어처럼 들리겠지만, 그렇지 않다.

둘 다 얻기 위한 기술적 해법

고향 마을에서 이웃들이 내게 도움을 주려면 내 행동을 관찰해야만 했다. 내가 이웃들의 지원을 받는 걸 원한다면 내 삶의 온갖 사소한 사항들을 그들에게 공개하지 않을 방법이 없었다. 이웃들의 도움을 받은 후에 다시 찾아가서 그들이 알고 있는 것을 잊어달라고 부탁할 수도 없었다. 어차피 그런 제안에 관심을 보일 사람도 없었다. 그들은 뒷담화를 즐겼으니까.

디지털 세상에서는 그런 조건이 필수적이지 않다. 이제 우리의 데이터를 안전한 곳에 보관하면서도 우리가 원하는 정보를 생성할 수 있는 기술이 있다. 마치 이웃 사람이 자기 뇌와 자원을 하루 동안 내게 빌려줘서 데이터 자체는 전혀 저장하지 않으면서 내 문제를 모두 처리해 주는 것과 같다(이론상 그렇다는 이야기다).

마법 같은 이야기라고? 처음 들었을 때는 나도 그렇게 생각했다. 그건 바로 연합 학습 *federated learning* 이라는 수학적 마법이다.[4] 사실 우리에게 최적화된 추천과 편리한 서비스를 이용하기 위해 반드시 우리의 모든 데이터를 제3자에게 넘겨야만 하는 건 아니다. 우리 모두 주머니 속에 소형 슈퍼컴퓨터를 넣고 다니니까. 아폴로 11호가 최초로 인간을 달에 착륙시킨 역사적인 사건을 기억하는가? 오늘날 아이폰의 처리 용량은 아폴로 11호 컴퓨터의 10만 배가 넘는

다. 메모리는 100만 배 이상이고, 저장 공간은 700만 배 이상이다.

연합 학습은 이러한 컴퓨팅 용량을 활용해 알고리즘을(그리고 인사이트를) 로컬로 실행하는 기술[i]이다. 넷플릭스를 예로 들어보자. 넷플릭스는 사용자의 시청 데이터를 자사가 보유한 중앙 서버로 전송하는 대신, 추천 모델을 사용자의 기기(예를 들어 노트북이나 스마트폰)로 전송할 수 있다. 그러면 그 모델이 사용자의 데이터를 기반으로 스스로 업데이트해서 사용자에게 가장 적합한 드라마와 영화를 추천한다. 이 학습의 혜택을 모두가 누리도록 하려고, 사용자의 기기는 업데이트된 모델을 암호화해서 넷플릭스로 다시 전송한다.

결과는? 사용자도 혜택을 받고, 넷플릭스도 혜택을 받고, 다른 모든 사용자도 혜택을 받는다. 하지만 사용자의 개인 데이터는 결코 안전지대를 벗어나지 않는다. 제3자가 사용자의 데이터를 안전하게 저장하고 본래 의도한 목적으로만 사용하리라고 신뢰할 필요가 없다(그 제3자가 신뢰할 만한 기업인지와는 무관하다). 연합 학습은 신뢰의 필요성을 본질적으로 신뢰 가능한 시스템으로 대체한다.

공상과학 소설 같은 이야기로 들릴지 모르지만 그렇지 않다. 당신은 이미 연합 학습 기술의 혜택을 누리고 있을 가능성이 높다. 예를 들어 애플의 시리는 사용자의 기기에서 로컬로 훈련한다. 애플은 연합 학습으로 음성인식 모델의 사본을 사용자의 아이폰 또는 아이패드로 전송해서 사용자의 음성 데이터를 로컬로 처리한다. 따

---

[i] 인터넷이나 외부 서버로 정보를 내보내지 않고, 사용자의 컴퓨터나 스마트폰 안에 있는 데이터를 가지고 스스로 실행, 학습(훈련), 처리하는 것.

라서 사용자의 음성 녹음은 사용자의 스마트폰 밖으로 나갈 필요가 없다. 그런데도 시리는 사용자의 요구를 더 잘 이해하게 된다. 사용자의 스마트폰은 업데이트된 모델을 애플에 다시 전송해 새로운 인사이트를 마스터 모델에 통합하므로, 다른 사용자의 경험을 개선하는 데도 도움이 된다.

정부는 사용자 수가 일정한 선에 도달한 기업 또는 민감한 데이터를 취급하는 기업에 연합 학습과 같은 기술을 의무화할 수 있다. 그런 기술을 사용하는 건 기업에도 최선일 수 있다. 개인 데이터를 대량으로 쌓아두는 것 자체가 엄청난 비용을 초래할 수도 있는 보안 위험이 됐다. 금을 훔칠 기회를 노리는 강도가 사방에 도사리고 있다는 사실을 아는데 황금 더미 위에 앉아 있으려는 사람은 없다. 차라리 황금을 안전한 곳에 보관하려고 할 것이다. 그 황금을 이용해서 사업을 운영하면서도 황금을 보호할 의무는 지지 않는 걸 원할 것이다. 개인 데이터도 마찬가지다.

중요한 사실 하나. 설계 단계에서부터 개인정보가 보호되는 시스템으로 전환할 때 우리가 사용하는 제품과 서비스도 크게 개선된다. 직관적으로는 그렇지 않을 것 같다. 데이터가 적으면 품질도 낮아지지 않겠는가? 그게 바로 테크 기업들이 흔히 하는 주장이다. 하지만 설계 단계의 개인정보 보호는 데이터가 없다는 것을 의미하지 않는다. 더 나은 서비스와 제품을 이용하기 위해 데이터를 교환하는 것이다. 오늘날 이런 교환은 대부분 립서비스에 머문다. 기업들이 사용자의 데이터를 확보한 후에 약속을 이행할 유인이 없기 때문에, 사용자는 협상 테이블에서 불리한 위치에 놓인다.

하지만 기업들이 사용자가 적극적으로 동의할 때만 개인 데이터를 수집하고 사용할 수 있다면, 기업들은 데이터 사용에 대한 대가로 가치를 제공할 수밖에 없을 것이다. 공식은 간단하다. 가치가 없으면 데이터도 없다. 이제 공허한 약속만으로는 안 된다. 개인 데이터를 공유해서 얻는 혜택이 별로 없으면 사용자는 데이터를 공유하지 않고 더 나은 혜택을 제공하는 다른 서비스로 이동할 것이다.

인스타그램을 예로 들어보자. 인스타그램 앱의 추천 알고리즘은 사용자의 개인 데이터를 활용해서 연관성 높고 매력적인 콘텐츠를 제공하겠다고 약속한다. 말만 들으면 우리에게 도움이 될 것 같지만, 그게 정말인지 확인하려면 어떻게 해야 할까? 현재로서는 인스타그램의 주장을 받아들이는 수밖에 없다. 내 개인 맞춤형 피드와 불특정 다수를 위한 앱을 비교하거나, 내가 공유해도 괜찮다고 생각하는 데이터의 일부만을 기반으로 구성된 피드를 비교할 방법이 없다.

우리가 기본값을 등록 옵션으로 변경하면 이야기가 달라진다. 불특정 다수를 위한 앱이 내 새로운 출발선이 된다. 내가 기본값을 변경하게 하려면, 개인 데이터를 공유할 때 훨씬 좋은 경험을 할 수 있다는 것을 인스타그램이 내게 입증해야 한다. 만약 인스타그램이 그걸 입증하지 못하면 나는 데이터 접근을 차단하고 불특정 다수 피드로 돌아가거나 약속을 이행하는 경쟁 플랫폼으로 옮긴다. 설계 단계의 개인정보 보호는 더 많은 것을 요구할 권한을 우리 모두에게 부여한다.

잘못된 통로 닫기

개인 데이터가 글로벌 경제에 명백한 이익을 가져다준다는 점을 고려하면, 개인 데이터가 석유나 금 같은 귀중한 자원에 비유되는 것은 놀랄 일이 아니다. 이런 비유를 생각하면 개인 데이터의 수집과 처리는 매력적인 작업이다. 만약 당신이 집 뒷마당에서 유전이나 금광을 우연히 발견한다면 당연히 채굴을 시작하지 않겠는가?

2008년 〈가디언〉의 기사에서 언론인 코리 닥터로우 Cory Doctorow는 다른 비유를 제시했다. 개인 데이터를 핵폐기물에 비유한 것이다. "개인 전자 데이터는 무기급 플루토늄과 똑같이 중요하게 취급하고 신중하게 다뤄야 합니다. 위험하고, 오래 지속되며, 일단 유출되면 돌이킬 수 없습니다."⁵ 닥터로우의 말이 옳다. 최악의 경우 개인 데이터는 방사성 물질과 똑같이 치명적일 수 있다.

2020년 7월 19일, 미국 지방법원 판사 에스더 살라스 Esther Salas는 남편 마크와 함께 뉴저지의 집에서 아들 대니얼의 스무 번째 생일을 축하했다. 그러나 택배 배달원으로 위장한 어떤 남자가 그 집에 들어와 총을 난사하면서 축하 파티는 비극으로 바뀌었다. 살라스의 아들 대니얼은 현장에서 사망하고 남편 마크는 중상을 입었다. 범인은 전직 변호사 로이 덴 홀랜더 Roy Den Hollander였다. 그는 온라인에서 살라스 판사의 개인정보를 수집해서 정리했는데, 살라스는 그걸 보고 "나와 내 가족에 대한 모든 정보"라고 표현했다.⁶

하지만 닥터로우의 비유는 개인 데이터의 수집 및 사용과 관련된 잠재적 피해를 강조하는 것 이상의 의미를 담고 있다. 방사성 물질은 무기화되면 엄청난 파괴를 초래할 수 있지만, 가장 깨끗하고 저렴하며 안정적인 에너지원이기도 하다. 플루토늄은 사람들이 플루토늄으로 무엇을 하든 상관하지 않고, 마찬가지로 개인 데이터도 사람들을 해치는 데 이용되든 사람들을 돕는 데 이용되든 상관하지 않는다. 그 결정은 우리에게 달려 있다.

원자력에 대해서는 엄격한 규제 없이 결정을 내릴 때의 위험이 너무 크다는 데 전 세계가 합의했다. 그래서 원자력을 제한 없이 사용하게 하거나 전면 금지하는 대신 국내외에서 방사성 물질의 취득, 보유, 사용을 엄격하게 규제하고 통제하기로 했다. 그래서 우리는 대형마트에 가서 플루토늄이나 우라늄 1킬로그램을 주문할 수 없다. 개인 데이터와 심리 타깃팅에 대해서도 이것과 유사한 안전장치를 마련해야 한다.

살라스 판사 가족에게 발생한 비극을 계기로 2022년 12월 조 바이든Joe Biden 당시 미국 대통령은 '대니얼 앤덜 사법 보안 및 개인정보 보호법Daniel Anderl Judicial Security and Privacy Act'을 통과시켰다.[7] 이 법은 "데이터 브로커가 개인 또는 그 직계가족이 위험에 처한 줄 알면서도 그들과 관련된 정보를 고의로 판매하거나, 허가하거나, 거래하거나, 구매하는 행위는 불법"이라고 명시하고 있다. 정책 입안자들이 개인 데이터의 잠재적 위험성을 인정하는 모습을 보면서 나는 미래를 낙관하기 시작했다. 그것은 데이터 담론을 새로 쓰기 위한 첫 단계에 해당한다.

그러나 새로운 법안은 중요한 질문 하나를 제기한다. 개인 데이터로 인해 일어나는 잠재적 피해 때문에 판사를 보호해야 한다고 생각한다면, 왜 동일한 원칙을 모든 사람에게 적용하지 않는가? 우리 모두가 증오 범죄의 잠재적 표적은 아니겠지만, 우리 모두 개인 데이터에서 비롯되는 위험에 취약하다.

원자력의 발견에 대응하려고 도입된 제도처럼, 공동의 울타리를 갖춘 시스템을 만들어 개인정보를 악이 아닌 선의 힘으로 바꾸려면 어떻게 해야 할까?

첫째, 개인 데이터의 수집과 사용에 비용을 부과해야 한다. 둘째, 어느 한 기관이 의도적으로(또는 의도적이지 않더라도) 방사성 물질을 너무 많이 축적해서 핵무기급으로 전환하는 사태를 예방해야 한다.

기업들도 주고받기를 해야 한다

디지털 환경을 탐색할 때는 사용자 입장에서 개인 데이터를 공유할 때 일어나는 비용과 편익을 비교하게 되지만, 기업의 입장에서는 시나리오가 다르다. 기업이 개인 데이터를 수집하면 얻는 것이 많다. 개인 데이터를 사용해서 고객의 필요를 이해하고, 더 나은 상품을 만들고, 제3자에게 개인정보를 팔아 수익을 창출할 수도 있다. 유인은 명백하다. 데이터는 막대한 경제적 가치를 지니는 자원이다.

하지만 기업이 개인 데이터를 수집할 때 잃을 것은 별로 없다. 내 고향 마을에서는 이웃에 대한 정보를 수집할 때 암묵적인 비용이 발생했다. 최근 소식을 들으려면 친구에게 맥주를 한 잔 사줘야 했다. 아니면 친구가 한 가지 소문을 전해주면 나도 내가 들은 이야기를 해주는 식으로 호혜적 교환을 했다. 익명의 온라인 교환으로 바뀌고 나서는 호혜적 교환은 사라졌다. 데이터를 긁어모을 그물을 설치하기도 쉽고, 데이터 저장 비용도 저렴하다.

얻을 건 많고 잃을 건 거의 없는데(보안 위험이 있지만 대부분은 무시된다), 기업이 개인 데이터를 수집하지 않을 이유가 있을까? 순전히 경제적 관점에서 보면 수집하지 않는 것이 어리석은 일이다. 그건 바로 앞에 돈다발이 놓여 있는데 무시하면서 "괜찮아요"라고 말하는 것과 같다.

우리는 즉각적인 유인의 구조를 변경해서 기업들이 주고받기를 도입하도록 해야 한다. 당신과 내가 데이터를 공유하면서 대가를 지불한다면, 기업들도 개인 데이터를 수집하는 비용을 지불해야 한다.

한 가지 잠재적인 접근법은 개인 데이터를 수집하는 기업에 세금을 부과해서 기업이 정말로 개인 데이터가 필요한지 재고하도록 강제하는 것이다. 데이터 브로커를 예로 들어보자. 데이터 브로커란 사용자에게 대가를 지불하지 않고 사용자의 개인 데이터로 이익을 얻는 기업으로, 미국에서는 대니얼 앤덜 사법 보안 및 개인정보 보호법의 표적이 된다. 데이터 브로커들은 사용자의 개인 데이터를 최대한 많이 수집해 다른 기업에 판매하면서 이윤을 남긴다. 이들은 뒷담화의 중심으로 통하는 시골 마을의 할머니와 비슷하다. 할머니는 마을 사람들에게 유리하거나 불리하게 소문을 이용할 의도가 없겠지만, 그런 의도가 있는 사람들에게 도움을 주게 된다. 데이터 브로커도 똑같다. 데이터 브로커들은 우리 삶에 직접적으로 개입하지 않지만, 우리 삶에 개입하려는 다른 누군가를 기꺼이 도와준다.

미국 항공업계 전체의 매출액 또는 방글라데시 GDP와 동일한 금액인 약 2,500억 달러의 수익을 창출하는 이 산업에 세금을 2퍼센트만 부과한다고 상상해 보라. 데이터 브로커에게 비용을 부과하면 개인정보 남용에 금전적 불이익을 부과하는 동시에 곧바로 50억 달러의 추가 세수가 확보된다. 이 돈은 다른 부문에서 세금을 낮추거나 개인정보 보호 기술을 개발하는 데 사용하면 된다.

데이터 퍼즐의 모든 조각을 넘겨주지는 말자

앞서 다양한 유형의 디지털 발자국을 활용해서 사람들의 지극히 개인적인 특성을 예측하는 원리를 설명했다. 디지털 발자국 하나하나가 퍼즐의 한 조각이 된다.

페이스북 '좋아요'는 사용자가 남들에게 자신을 어떻게 보여주고 싶은지에 대한 통찰을 제공한다. 구글 검색 기록은 현재 머릿속에 있는 시급한 질문들을 들여다보게 해준다. 그리고 위치 데이터는 사용자의 일상을 파악하는 데 도움이 된다. 각각의 데이터 요소는 마치 퍼즐 조각처럼 일부를 포착하지만 그 자체로는 불완전하다.

기업이 접근하고 결합할 수 있는 데이터 요소가 많아질수록 당신이 어떤 사람이며 무엇을 원하는지에 대한 그림이 선명해진다. 페이스북의 초기 투자자였던(그리고 현재는 그 회사를 강력하게 비판하는) 로저 맥나미 Roger McNamee 는 이를 '맥나미의 제7법칙'이라 부른다. 데이터세트를 결합하면 기하학적으로 가치가 더 높아진다는 것이다.[8]

방사성 물질의 질량이 커질수록 위험성이 증가하는 것처럼, 개인 데이터의 위험성도 데이터의 양이 많을수록 커진다. 어떤 날씨 앱이 내 GPS 기록에 접근하는 것도 우려되는 일이지만, 빅테크 기업들이 내 데이터 퍼즐의 거의 모든 조각에 접근하는 것에 비하면 그건 아무것도 아니다.

구글의 여러 서비스가 생활의 얼마나 다양한 측면에 접목되는지 생각해 보라. 유튜브, G메일, 구글 검색, 구글 지도, 크롬, 구글 드라이브, 구글 캘린더, 구글 피트니스, 구글 플레이. 마치 알파벳의 모든 글자에 대응하는 서비스가 있는 것처럼 보이는 구글은 우리의 퍼즐 조각 대부분을 수집하고 있다. 그리고 자체적으로 수집하지 않는 데이터는 무엇이든 사들인다.

하지만 구글이라는 거대 테크 기업이 위험한 이유는 단순히 수집하는 데이터의 양과 세밀함이 아니라 그 범위에 있다. "몇몇 사람을 항상 속일 수도 있고, 모든 사람을 잠깐 속일 수도 있지만, 모든 사람을 항상 속일 수는 없다"라는 속담이 있지 않은가. 만약 구글이 사람들을 속이려 든다면 (거의) 모든 사람을 항상 속일 수 있을 것이다. 이건 위험한 도박이다.

어느 한 기업이 당신의 디지털 퍼즐 조각을 모두 모으는 사태를 막으려면 어떻게 해야 할까? 가장 확실한 출발점은 거대 테크 기업들을 별도의 회사로 분리해서 동일한 사용자 기반, 데이터, 리소스(예를 들어 G메일, 구글 지도, 더블클릭Double Click[i], 유튜브)를 공유할 수 없도록 하는 것이다. 반독점법의 도움을 받으면 가능한 일이다.

이처럼 급진적인 조치를 처음 제안한 사람은 내가 아니다. 지난 10년 동안 디지털 경제는 소수의 기업이 시장의 상당 부분을 지배하는 승자 독식의 장으로 변했다. 그 소수의 기업은 고객의 관심을 통제하고, 가장 뛰어난 인재를 채용하며, 워싱턴의 국회의원들

---

i   인터넷 광고 서비스를 개발하고 제공하는 미국의 회사.

에게 막대한 영향력을 행사한다. 페이스북, 알파벳Alphabat, 아마존, 애플, 마이크로소프트 같은 거대 테크 기업들이 막대한 규모와 힘, 규제받지 않는 행동 때문에 반독점 규제의 최우선 대상으로 떠올랐다는 것은 상상력을 동원하지 않아도 충분히 이해된다.

반독점법은 건전한 경쟁을 조성하고 유지하려고 만들어졌지만, 원래 의도하지 않았던 개인정보 보호 문제를 해결하는 데도 도움이 될 수 있다. 테크 기업 집단을 해체하면 기업이 사용자 심리의 전체 퍼즐에 접근하는 것을 방지할 뿐 아니라 데이터 유출과 관련한 위험도 줄일 수 있다. 만약 지금 구글 데이터베이스가 해킹당한다면 당신의 이메일은 물론이고 검색 기록, 유튜브 재생 목록, 위치 데이터까지 노출된다.

당신이 평생 모은 돈을 보관하는 중앙 금고를 생각해 보라. 최첨단 보호 기능을 갖추고 있더라도 누군가 그걸 뚫고 금고를 열 위험은 항상 있다. 이제 당신에게 금고가 여러 개 있다고 상상해 보라. 금고는 서로 독립적이고, 각기 다른 곳에 위치하고, 비밀번호도 각기 다르다. 어떤 도둑이 금고 중 하나를 여는 데 성공했다 해도 그가 가져가는 것은 특정 시기에 특정 금고에 보관된 물건에 국한된다.

기술 독점기업을 해체하는 것에 반대하는 주된 논리는 혁신을 저해하고 그 기업들이 사용자 및 주주와 기술 생태계 전반을 위해 창출하는 가치를 파괴한다는 것이다. 이러한 우려가 진심인지 아니면 현 상태를 유지해야 이익을 얻는 사람들의 편리한 변명에 불과한지 분간하기는 쉽지 않다. "예측은 매우 어려운 일이고, 미래를 예측하기는 더욱 어렵다"라는 격언이 있다. 우리는 미래를 내다볼 수는 없지만, 과거에서 교훈을 얻을 수는 있다.

1982년, 미국 정부는 벨시스템Bell System[i]을 해체하기로 결정했다. 1984년에는 AT&T[ii]를 해체했다. 두 번 다, 기업 해체에 반대하던 사람들은 오늘날 거대 테크 기업들의 해체에 반대하는 논리와 비슷한 우려를 제기했다. 하지만 반독점법을 발동한다는 결정은 두 번 다 모두를 승자로 만들었다. 혁신은 더 빨라지고 생태계(지금의 실리콘밸리)는 더 넓어지고 번창하게 되어 소비자들과 경제 전반에 이익이 됐다. 그러는 한편으로 벨시스템과 AT&T의 주주들을 위해서도 막대한 가치를 창출했다.

오늘날의 거대 테크 기업들에도 동일한 결과가 나타나리라고 확신할 수는 없다. 하지만 스콧 갤러웨이Scott Galloway 나 팀 우Tim Wu 같이 반독점 규제를 촉구하는 주요 인사들은 그럴 가능성이 매우 높다고 말한다. 예를 들어 아마존웹서비스가 아마존의 소매 사업에서 분리된다면 역사상 가장 큰 성공 사례 중 하나가 될 수 있으며, 인스타그램은 메타의 일부가 아니게 되더라도 계속해서 높은 매출을 올릴 가능성이 높다.

우리는 더 나아갈 수 있다(그리고 그래야만 한다)

앞서 설명한 원칙에 따라 현재 데이터 환경을 재설계하면 우리가 개인 데이터와 상호작용하고 개인 데이터를 활용하는 방식에

---

i   1877년부터 100년 넘게 미국과 캐나다의 전화 서비스와 통신 장비를 사실상 독점했던 초대형 통신 기업 집단.
ii   1899년부터 벨시스템 전체를 지배한 벨시스템의 모회사이자 핵심 기업.

지대한 영향을 미칠 수 있다. 그렇게 되면 기본적인 규칙을 정해서 오랫동안 우리를 힘들게 했던 심하게 기울어진 운동장을 바로잡을 수도 있다.

나 역시 규제와 새로운 형태의 데이터 관리를 통한 제도적 변화를 지지한다. 하지만 나는 더 많은 것이 필요하다고 생각한다. 바다를 길들이는 데는 시간이 걸린다. 예를 들어 새로운 데이터 정책은 기업들에 새로운 인센티브 구조를 만들어줄 수 있지만, 법안이 통과되는 속도가 매우 느리고 법을 집행하기도 어렵다. 그리고 잠시 바다를 잔잔하게 했더라도 다음 폭풍이 언제 찾아올지 모른다. 당장 내일 신기술이 시장에 나와서 모든 걸 바꿔놓을 수도 있다.

하지만 그게 다가 아니다. 규제에 따라 의무화된 제도적 변화는 일반적으로 집단의 위험 관리에 초점을 맞춘다. 데이터세를 신설하거나 취소 옵션 정책을 강제하면 가장 심각한 피해에서 우리를 보호할 수 있을 것이다. 하지만 이 두 가지 접근법 중 어느 것도 나와 당신이 개인 데이터에서 추출할 수 있는 가치를 극대화하는 데 개인적인 도움을 주지는 않는다. 우리의 취향과 목표는 각기 다를 것이고, 우리는 서로 완전히 다른 방식으로 우리 자신의 데이터를 최대한 활용하는 걸 원할 것이다.

우리에게 필요한 것은 제도적 접근법을 즉각적이고 유연한 지원을 제공하는 시스템으로 대체하는 것이다. 다시 말하면 우리에게는 유능하고 신뢰할 수 있는 동료들이 필요하다. 기름칠이 잘된 기계처럼 협동해서 일하는 동료들. 같은 목적지를 염두에 두고 모든 승객의 안녕을 진심으로 바라며, 파도가 높게 칠 때도 배를 안전하게 운항할 수 있는 동료들. 이 책의 마지막 장에서 다룰 내용이 바로 이것이다.

10장

개인정보 권력을
되찾으려고 모인 동맹군들

우리의 여정(그리고 내 인생)이 시작된 독일 남서쪽의 고풍스러운 마을, 푀기스하임으로 다시 가보자. 마을 주민들과 방문객들은 그곳을 독일의 토스카나라고 부른다. 내 이탈리아인 친구들은 그걸 모욕으로 여기겠지만, 푀기스하임은 이탈리아 르네상스의 발상지와 닮은 점이 있다. 굴곡진 언덕과 포도밭이 끝도 없이 펼쳐지고, 줄지어 심어놓은 포도 덩굴들이 언덕을 대칭 구획으로 나눈다. 그 지역의 와인은 키안티Chianti 나 산지오베제Sangiovese 만큼 유명하진 않지만, 당신이 와인 애호가라면 우리의 구테델Gutedel 이나 슈페트부르군더Spätburgunder를 알아볼 것이다.

 1950년대 후반 우리 할머니의 가족들은 농사를 포기했지만, 내가 어렸을 적에도 부모님은 여전히 포도밭을 소유하고 있었다. 매년 가을, 9월 중순쯤이면 포도를 수확했다.

수확철은 즐거웠다(적어도 아이들에게는). 커다란 포도 호퍼 hopper(포도를 운반할 때 사용하는 커다란 배낭)와 날카로운 정원 가위로 무장한 우리는 덩굴 사이를 누비며 포도를 잘라내서 어깨 너머로 호퍼에 던져 넣었다. 호퍼가 가득 차면 트랙터에 연결된 트레일러에 쏟아 넣었다.

그때 우리는 어린이였으므로, 아마도 5분쯤 포도를 따고 뿌듯해 한 다음 들판으로 뛰어나가 어른들이 일하는 모습을 쳐다보기만 했을 것이다. 점심시간에는 다 같이 둘러앉아 집에서 만든 빵과 치즈와 편육을 먹었다. 우리가 10대가 되고 한 사람 몫을 해내야 한다는 기대를 받으면서부터 포도 수확은 훨씬 덜 낭만적인 경험이 됐다.

나는 고향에 갈 때마다 포도밭에 나가서 산책을 한다. 날씨가 어떻든 꼭 간다. 한번은 일본에서 온 친구를 데려갔다. 둘이 함께 우리 가족의 포도밭을 걷다가 내 어린 시절의 모험 이야기를 들려줬더니, 친구가 우리집 와인을 마셔보고 싶다고 했다. 내 생각에는 당신도 마시고 싶을 것 같다.

나는 킥킥 웃을 수밖에 없었다. 우리 포도밭은 독자적으로 와인을 생산하기에는 너무 작았다. 우리에게는 와인을 생산할 장비도 기술도 없었다. 하지만 돌이켜보면 그 친구가 좋은 질문을 했다고 생각한다. 그는 "나중에 포도는 어떻게 처리하니?"라고 물었던 것이다.

그 지역의 큰 와이너리 중 한 곳에 포도를 판매하는 것도 방법이었다. 하지만 우리의 수확량은 진짜로 판매를 고려할 만큼 많았던 적이 없었다. 설령 판매를 했더라도 와이너리 쪽에 훨씬 유리한 거래가 됐을 것이다. 그래서 퓌기스하임과 인근 마을들의 농가는 포도가 그냥 썩어가게 두는 대신 대부분 빈체르겐노센샤프트 Winzergenossenschaft에 가입했다. 그렇다. 독일어 단어가 참으로 아름답지 않은가? 번역을 하면 '와인 생산자 협동조합'이다. 수확이 끝나면 우리는 포도를 협동조합으로 운반했다. 그러면 협동조합에서 그 포도를 와인으로 만들거나 와이너리에 판매했다.

생산자 협동조합과 함께하면 우리에게 좋은 점이 몇 가지 있었다. 첫째, 각 농가에서 수확한 포도를 합치면 포도의 가치가 더 높아졌다. 둘째, 조합원 중 상당수가 와인 생산자였고 자원을 공유했으므로 협동조합을 이용해 전문 지식을 얻을 수 있었다. 협동조합은 와인과 포도를 판매한 수익금으로 고급 장비를 구매하고, 와인의 품질을 향상시키려고 양조 전문가를 고용하고, 와인을 판매하려고 마케팅 전문가를 영입할 수 있었다. 어느 농가도 혼자만의 힘으로는 해낼 수 없는 일이었다. 포도를 한데 모은 덕택에 우리 모두가 더 잘 살게 된 것이다.

개인 데이터에도 같은 원리가 적용된다. 우리 개개인의 데이터는 가치가 그리 크지 않다. 우리의 데이터가 다른 사람들의 데이터와 결합될 때 비로소 가치가 생긴다. 의학 연구를 생각해 보라. 특정 개인의 의료 기록만으로는 특정 질병과 관련된 위험 요인에 대해 아무것도 알아낼 수 없다. 위험 요인들에 대한 연구를 시작하려면 충분히 많은 수의 보균자(그리고 비보균자) 집단을 모아야 한다.

페이스북과 구글 데이터도 마찬가지다. 두 기업이 당신의 데이터에 관심을 보이는 이유는 그 데이터를 수백만 명의 데이터와 연결하고 비교할 수 있기 때문이다. 그래야만 제3자가 기꺼이 돈을 지불할 만한 통찰을 뽑아낼 수 있다.

하지만 데이터를 다른 사람들과 공유할 때 증가하는 것은 데이터의 가치만이 아니다. 우리가 생산한 포도로 와인을 제조하는 데 필요한 전문 지식이 우리 가족에게 없었던 것처럼, 우리 대부분은 우리의 데이터와 관련해서 현명한 결정을 내릴 만한 전문 지식(8장 참조)이 없다. 각자 알아서 해야 한다고 하면 가망이 없다. 우리에게는 전문 지식도 없고 시간도 없다. 우리 부모님이 와인을 제조하는 방법을 알아낼 수 있었을까? 그럴 수도 있다. 아주 맛있지는 않았겠지만. 하지만 우리 부모님이 와인 제조에 평생을 바치고 싶어 하셨을까? 전혀 그렇지 않았다.

우리 마을 사람들이 노동의 열매를 거둬들이려고 힘을 합쳤던 것처럼, 우리는 우리의 데이터를 함께 관리하고 그 혜택을 누리기 위해 생각이 비슷한 사람들로 소규모 공동체를 이뤄야 한다. 와인 협동조합과 마찬가지로 데이터 협동조합은 회원 소유의 조직으로, 회원들의 개인 데이터를 한데 모아 관리하면서 혜택도 함께 누린다. 하지만 와인 협동조합과 달리 데이터 협동조합은 사람들이 같은 장소에 있지 않아도 만들 수 있다. 회원들은 공통의 목표로 연결되며 그들의 데이터를 지렛대 삼아 그 목표를 달성하려고 공통의 전략을 사용한다.

디지털 데이터 마을

데이터 협동조합의 작동 원리에 대해 한 가지 예를 들어보겠다. 나는 이 책을 쓰기 시작했을 무렵 임신했다. 그건 아름다우면서도 두려운 경험이었다. 사방에서 조언이 들어왔다. 이렇게 해라, 저렇게 해라. 조언의 대부분은 전에 들었던 다른 조언들과 일부 모순된다. 초밥을 먹으면 아기가 위험해질 수도 있어. 아니야, 초밥은 괜찮아. 조심해야 할 건 카페인이지. 임신하면 2주 내지 4주마다 의사의 진찰을 받을 수 있다. 하지만 내가 진정으로 원했던 건 상황을 분 단위로 알려주고 모든 것이 정상이라는 확신을 받는 것이었다. 그 모든 불확실성이 나를 미치게 했다.

전 세계 임산부들이 자신의 유전자 및 생체 인식 데이터와 함께 자신과 태아의 건강에 대한 정보를 공유한다고 상상해 보라. 그러면 더는 추측에 의존하지 않고 실제 데이터를 기반으로 의사 결정할 수 있다. 우선은 일반적인 위험 요소를 식별하기 위한 고성능 예측 모델을 구축할 수 있다. 위험 요소의 일부는 이미 알려진 것이겠지만 일부는 새로운 것일 수도 있다.

그뿐 아니라, 그 협동조합의 조합원들은 각자 자신의 위험 요소와 현재 임신 상태에 대한 동적 예측 결과를 받아볼 수 있다. 또는 입덧morning sickness(입덧의 영어 이름은 오해를 부른다. 실제로는 하루 종일 괴롭다)이나 지속적인 피로에 대처하는 방법에 대한 맞춤형 조언도 얻을 수 있다.

이 모델은 다양한 데이터 소스를 활용하기 때문에 임산부의 상황에 대한 통합적인 프로필을 형성할 수 있다. 임산부는 누구인가(예를 들어 나이, 인종, 과거 의료 기록, 신체 활동 수준)? 임산부는 사회적으로 어떤 위치인가(예를 들어 미혼모인가? 다른 가족 구성원들에게 많은 지원을 받고 있는가)? 환경의 잠재적 영향은 무엇인가(예를 들어 대기 오염도가 높은 도시 지역에 살고 있는가)? 이러한 모든 요소를 종합한 결과 이 임산부가 걱정해야 할 사항이 있는가? 만약 있다면 어떻게 해야 할까? 나라면 이 데이터 협동조합에 당장 가입할 것이다.

그 밖에도 수없이 많은 예를 떠올릴 수 있다. 내가 생각해 낸 몇 가지 예는 다음과 같다.

- 희귀 질환을 앓고 있는 환자들이 해당 질환을 더 잘 이해하고 치료법을 개발하려고 자신들의 유전자 정보, 병력, 생체 인식 데이터를 공유할 때.
- 프로 또는 준프로 운동선수들이 생체 인식 피드백을 기반으로 역량을 최적화하려고 노력할 때.
- 소수 민족 여성들이 주로 백인 남성을 대상으로 실험을 진행한 약들의 효과를 더 잘 알아보려고 자신들의 유전자 데이터를 공유할 때.
- 교사들이 성공적인 교실 활동 전략을 파악하려고 자신들의 교실 데이터와 학생들의 성적을 공유할 때.

이 모든 사례의 공통점은 조합원들이 자발적으로 개인 데이터의 일부를 협동조합에 공유해 결국은 모든 조합원이 집단의 인사이트에서 혜택을 누리게 한다는 것이다. 만약 내가 임신 기간의 경험을 개선하거나 앞으로 태어날 아이의 건강을 개선하는 방법을 알아내려고 한다면 나 자신의 유전자 데이터에 접근해 봤자 쓸모가 없다. 하지만 다른 임산부들의 유전자 데이터와 결합할 때 내 유전자 데이터는 매우 유용해진다.

데이터 협동조합은 기존 데이터 모델을 뒤집는다. 소수의 기업이 우리의 데이터를 통제하고 그 데이터에서 이익을 얻는 대신, 우리의 데이터를 누구와 공유할지 **우리가 직접 결정하고 이익도 우리**

가 누린다. 그게 가능한 이유는 데이터 협동조합(또는 데이터 신탁)에서는 소유자가 조합원들이고 신탁에 대한 책임도 조합원들이 지기 때문이다. 데이터 협동조합은 조합원들에게 가장 큰 이익이 되도록 행동할 법적 의무가 있다. 또한 협동조합은 조합원들의 주도로 효과적으로 운영되기 때문에, 조합에 가입한 사람이면 누구나 그 조합을 운영하는 방식에 대한 부분적인 통제권을 갖게 된다. 이 시스템은 착취와 난독화obfuscation[i]에 반대되는 집단적 권리와 책임의 원리로 운영된다.

소유권과 인센티브 모델이 이렇게 변화하면 협동조합이야말로 앞서 내가 소개한 개인정보 보호 기술의 이상적인 챔피언이 된다. 연합 학습은 데이터 협동조합을 위해 개발된 건 아니지만, 협동조합은 개인정보 보호 기술을 사용할 유인이 강하기 때문에 그런 기술을 일찍 도입할 가능성이 있다. 그게 페이스북과 다른 점이다. 페이스북은 사용자 데이터에 최대한 많이 접근해서 이익을 얻는 모델이다. 데이터 협동조합은 정반대다. 데이터 협동조합은 조합원들의 의사를 대변해서 활동하며, 이익을 얼마나 증가시키고 위험을 얼마나 완화하는지를 기반으로 성과를 측정한다.

어떤 데이터 협동조합이든 구체적인 목표는 다양할 수 있다. 예를 들어 어떤 협동조합은 개인들이 그들의 데이터로 수익을 창출하도록 도와준다. 우리 마을의 와인 협동조합이 포도의 수익률을 높여준 것처럼, 데이터 협동조합은 조합원들의 협상력을 높여준다.

---

[i] 프로그램 코드를 읽기 어렵게 일부 또는 전체를 변경해서 정보를 이해하기 어렵게 하는 것.

당신이 동맹군 2,000만 명을 확보하면 거대 기업들도 갑자기 당신을 진지하게 받아들일 것이다.

그러나 데이터 현금화는 데이터 협동조합의 다양한 잠재적 목표 중 하나에 불과하며, 가장 덜 매력적인 목표일 수도 있다. 데이터는 우리의 삶과 다른 사람의 삶을 개선할 수 있는 인사이트를 제공한다. 나는 은행 계좌에 현금을 더 집어넣으려고 내 의료 기록을 판매할 마음은 없다(이것도 특권이라는 사실은 잘 알고 있다). 하지만 임산부와 태아의 건강과 복지를 개선하는 데 집중하는 신뢰도 높은 기관에는 기꺼이 내 의료 기록을 제공할 의사가 있다. 그것도 무료로.

데이터 협동조합이 실제로 어떤 모습일지 몇 가지 예를 살펴보자. 데이터 협동조합이라는 개념은 아직 낯선 편이지만 이미 성공 사례가 몇 가지 있다.

'운전석 협동조합 Driver's Seat Cooperative'이라는 승차 공유 앱이 있다. 운전자들은 이 앱으로 경로 데이터를 공유하고 그 데이터에서 생성되는 집단적 인사이트를 얻는다. 이걸 배달하기에 가장 빠른 경로는 무엇일까? 새벽 두 시에 고객을 픽업하기에 가장 좋은 장소는 어디일까? 스와시 Swash 라는 협동조합도 있다. 스와시는 조합원들의 인터넷 검색에 대해 수수료를 지불하고 개인정보를 보존하는 방식(수집되는 데이터에 대한 권한은 조합원 각자에게 있다)으로 그들의 웹 활동 데이터를 축적하고 판매한다. 그리고 내가 개인적으로 가장 좋아하는 곳은 스위스의 미데이터 MIDATA 라는 데이터 협동조합이다.

스위스 헬스케어 업계의 변화

미데이터는 2015년 취리히 연방공과대학교와 베른 응용과학대학교의 과학자들(즉 내 이웃 마을 사람들)이 비영리단체로 설립했다. 미데이터 협동조합은 조합원들을 대신해서 신탁자 역할을 하며, 조합원들은 건별로 자신의 개인 건강 데이터에 대한 접근을 허용해 의학 및 임상 연구에 기여한다. 건강을 위한 은행 계좌라고 생각하면 된다.

누구나 계좌를 개설하고, 자신의 의료 기록 사본 또는 의료 연구라는 맥락에서 가치를 지니는 모든 종류의 건강 데이터(예를 들어 스마트폰 센서 데이터)를 예치할 수 있다. 미데이터는 데이터를 공동 금고에 안전하게 보관하고 데이터 사용에 대한 모든 권한을 조합원에게 부여한다. 어떤 유형의 데이터에 접근을 허용할지, 누구에게, 어떤 목적으로 허용할지 조합원이 직접 결정한다. 또 자신의 개인 데이터는 언제든지 인출할 수 있다.

하지만 일반적인 은행 계좌와 달리 미데이터는 수익 창출에 관심이 없다(터무니없이 비싼 연체료도 없다). 미데이터 계좌의 유일한 목적은 조합원들을 위해 가치를 극대화하는 것이다. 조합원의 데이터를 활용해서 생성된 모든 순이익은 플랫폼의 서비스 개선에 재투자된다(예를 들어 데이터 보호 및 기술 개발의 발전). 마찬가지로 미데이터 조합원은 단순한 은행 고객이 아니라 문자 그대로 은행의 소유주가 된다. 미데이터의 통제권은 조합원 자신의 개인 데이터에 대한 통제권만을 의미하지 않는다. 총회를 거쳐 조합 운영에 직접 발언권을 갖는다는 의미도 있다(스위스답다!).

미데이터가 조합원을 위해 창출하는 가치는 다양한 형태를 취한다. 조합원은 자신의 건강 개선을 위해 자신의 데이터에 대한 접근권을 제3자와 공유할 수 있다. 예를 들어 조합원들이 중독을 이겨내거나 비만과 싸우는 데 도움이 되는 개인 맞춤형 앱이 있다. 아니면 알레르기, 식품 민감증, 희귀 질환을 이해하려는 연구자들의 과학적 발견을 도우려고 자신의 데이터를 공유할 수도 있다. 대개 앱 하나로 둘 다 가능하다.

미트렌드S Mitrends를 보자. 미트렌드S는 다발성경화증MS에 대한 과학적 탐구와 개인 맞춤형 치료를 위한 앱이다. 다발성경화증은 중추신경계에 영향을 미치는 만성 자가면역질환으로 완치가 불가능하다(아직은). 다발성경화증은 뇌, 척수, 시신경의 신경섬유 보호막을 갉아먹어 환자의 삶의 질을 크게 떨어뜨리는 병이다. 다발성경화증 환자에게는 시력 저하, 피로감, 집중력 및 기억력 저하, 균형 감각 저하, 경련 등의 증상이 나타난다. 이런 증상들이 동시에 나타나면 환자는 사회생활에 제대로 참여해서 좋은 삶을 누리기가 어려워진다.

세계적으로 250만 명 이상이 다발성경화증을 앓고 있지만, 다발성경화증은 진단하기가 까다롭고 치료는 더욱 까다롭다. 지금까지 밝혀진 사실은 다발성경화증이 감염, 유전, 환경적 요인의 복잡한 조합으로 발생한다는 것밖에 없다. 환자마다 증상이 다르고 발병 요인이 다르기 때문에 다발성경화증을 이해하고 표적 치료법을 개발하려면 방대한 데이터가 필요하다. 수많은 환자의 데이터가 필요할 뿐 아니라 유전 데이터, 병력, 환경적 위험 요인에 대한 노출도, 약물 복용, 시간에 따른 증상 변화 등 다양한 데이터가 필요하다.

미트렌드S를 이용하면 환자와 의사가 그런 데이터를 얻어낼 수 있다. 앱 사용자는 집에서 편안하게 시간의 경과에 따른 증상을 추적한다. 예를 들어 환자에게 태블릿에 표시되는 선을 손가락으로 최대한 빠르고 정확하게 따라 그리게 해서 소근육 운동 능력을 시험한다. 혹은 숫자와 도형 짝짓기를 이용해 환자의 주의력과 집중력을 평가한다. 미트렌드S는 환자의 증상 평가 결과를 기존의 환자 기록(예를 들어 의료 기록, 약물 복용 정보, 뇌 영상, 혈액검사 결과 등)과 결합해서 개인 맞춤형 치료 및 관리 계획을 세운다. 이는 다발성경화증 진단 및 치료 방식을 변화시킬 수도 있는 혁신적인 접근법이다.

물론 거대 제약회사들도 때로는 질병 연구를 위해 대규모 데이터 수집에 투자하거나 병원에서 환자 데이터를 사들인다. 다발성경화증 치료제는 비싸기 때문에 돈벌이가 된다. 물론 돈은 제약회사가 가져간다. 데이터를 제공하는 환자들에게는 돈이 되지 않는다. 일이 잘 풀리는 때라도 결국에는 환자들이 약값을 지불해야 한다. 최악의 경우 환자들은 아무런 혜택을 얻지 못한다.

미트렌드S는 이 모델을 뒤집어놓는다. 환자들은 자신의 데이터를 공유해 미래를 위한 더 나은 치료법 개발을 돕는다. 그뿐 아니라 환자들은 현재 시점에서 더 정교한 맞춤형 표적 치료의 혜택을 직접적으로 누릴 수 있다.

어떤 환자의 데이터가 미데이터 서버에 안전하게 저장되고 결합되면, 취리히 연방공과대학교 연구진이 개발한 머신러닝 알고리즘으로 환자를 위한 최적의 개인 맞춤형 치료 계획을 수립한다. 그 알고리즘은 환자의 고유한 상황을 고려할 뿐만 아니라 그 플랫폼에 있는 다른 모든 다발성경화증 환자들에게 얻은 인사이트도 활용한다(환자들의 명시적 동의하에).

알고리즘이 추천한 치료법은 그 환자를 담당하는 대학병원의 다발성경화증 전문의에게 전달된다. 그러면 전문가들이 그 치료법을 실행하고 알고리즘에 피드백을 제공한다. 치료법 X가 환자 A에게는 효과가 있었지만 환자 B에게는 효과가 없었다면 완벽한 피드백 고리가 형성되어, 알고리즘의 예측을 지속적으로 개선하고 그 결과 환자에게 제공되는 치료도 개선할 수 있다. 개인 맞춤형 의료(앞서 6장에서 언급했다)의 정말로 고무적인 사례다.

내가 미트렌드S를 좋아하는 이유는 또 있다. 미트렌드S는 공동체(지역사회) 전체를 참여시킨다. 물론 여기에는 다발성경화증을 앓는 환자들이 포함되지만 건강한 사람들도 포함된다. 건강한 사람들이 미트렌드 앱을 사용하면 연구자들이 비교를 위해 신뢰도 높은 데이터를 구축하는 데 도움이 된다.

환자의 증상을 추적하지 않고는 질병을 이해할 수 없다. 신경 손상은 시간이 지나면 어떻게 될까? 환자들은 특정한 인지 과제를 잘 수행할 수 있을까? 하지만 만약 그 사람들이 다발성경화증을 앓고 있지 않았다면 어땠을지 명확히 알지 못하면 그 질병을 이해할 수 없다. 보통 사람은 그 과제를 얼마나 잘 수행하는가? 보통 사람은 얼마나 빨리 피곤해지는가?

바로 그게 미트렌드S의 시민과학 부서에서 하는 일이다. 미트렌드S는 온 마을이 힘을 합치게 해서 가장 취약한 공동체 구성원들을 지원한다.

데이터 협동조합 설립의 가능성

몇 년 전 데이터 협동조합 이야기를 처음 들었을 때, 나는 그 개념에 반해버렸다. 데이터 협동조합은 디지털 경제로 전환하는 과정에서 우리가 잃어버린 기본적인 권리를 모두 되찾기 위한 강력한 접근법이라는 생각이 들었다. 개인정보 보호, 투명성, 자기결정권. 데이터 협동조합은 우리 모두에게 권한을 부여하도록 설계된다. 데이터 협동조합은 단지 우리의 개인 데이터와 생활에 대한 통제권을 되찾는 것만이 아니라, (우리 모두가 아닌 소수 대기업을 위해) 디지털 경제가 창출한 어마어마한 가치를 우리가 누리도록 한다.

나는 데이터 협동조합이라는 개념을 아주 좋아하지만, 규모가 큰 데이터 협동조합을 실제로 만드는 것은 작은 일이 아니다. 데이터 소유권 모델을 근본적으로 재고하고 개인 데이터의 공동 관리를 용이하게 하는 인프라를 구축해야 한다. 그러나 나는 낙관적이다. 우리는 전에도 비슷한 모험을 해봤기 때문이다.

산업혁명으로 소수에게 권력이 집중되자 다수 시민은 착취를 당하고 무력감을 느꼈다. 그러나 시간이 흐르자 개인들의 공동체가 생기고, 공동의 이익과 소수 권력자들에 대한 견제를 추구하는 노동조합과 시민단체를 결성했다.

예를 들어 1940년대부터 조합원들이 소유한 소규모 전기 협동조합들이 '전국 농촌 전기 협동조합 협회'라는 이름으로 연합해서 당대의 거대 에너지 기업에 대항했다. 오늘날 이런 협동조합들은 미국 내 전기 인프라의 40퍼센트 이상을 소유하고 있으며, 미국 영토의 75퍼센트가 넘는 면적에 전기를 공급하고 있다. 처음에는 아무런 권력이 없는 상태로 시작했던 사람들에게는 나쁘지 않은 결과다.

비슷한 예로, 전통적인 현금 기반 물물교환이 디지털 소비자 금융으로 바뀌면서 형성된 신용 협동조합이 있다. JP모건과 같은 은행이 시장을 지배하고 자신의 이익을 위해 사람들을 착취하려 하자, 미국 각지에서 신용 협동조합이 생겨났다. 조합원들에 대한 신탁 책임을 지는 비영리단체인 신용 협동조합은 전통적인 은행과 동일하지만 착취가 없는 금융 서비스를 제공하기 시작했다. 현재 미국에는 공식 신용 협동조합 약 5,000개가 1억 3,000만 명 이상에게 서비스를 제공하고 있다. 미국인 세 명 중 한 명 이상이 신용 협동조합을 이용한다는 뜻이다.

이 두 가지 사례는 권력을 대중에게 돌려주는 것이 원칙적으로 가능한 일이라는 것을 보여준다. 하지만 내가 전기 협동조합과 신용 협동조합을 긍정적으로 보는 이유는 여기서 데이터 협동조합의 토대를 찾을 수 있기 때문이다.

MIT 교수인 알렉스 (샌디) 펜틀랜드Alex (Sandy) Pentland와 토머스 하르조노Thomas Hardjono의 설득력 있는 주장처럼, 신용 협동조합이나 노동조합은 최초이자 최대의 데이터 협동조합이 될 수 있다.[1]

당신이 집에 불을 밝히고, 노동권을 협상하고, 투자 및 퇴직금을 관리하는 일을 이미 조합에 맡기고 있다면 개인 데이터도 조합에 맡기지 못할 이유가 있을까? 데이터 협동조합은 수많은 사람에게 자신의 개인 데이터를 든든하게 지켜줄 곳을 하룻밤 만에 찾아줄 가장 간단한 방법이다. 펜틀랜드와 하르조노가 여러 노동조합과 공동으로 작성한 보고서에서 표현한 대로, 기존의 노동조합을 잘 활용하면 "놀라울 만큼 빠르고 간편하게… 데이터 협동조합의 역량을 광범위하게 구축"할 수 있다.

유럽연합은 이미 데이터의 재사용과 삭제, 데이터 상호운용성, 이동성을 규제해 데이터 소유권을 개인들에게 이전했다. 이런 규제 환경이야말로 데이터 협동조합이 탄생하기에 가장 적합하다. 우리의 개인 데이터에 접근할 수 있는 유일한 주체가 데이터 협동조합일 때 우리의 데이터 가치는 훨씬 높아진다. 앞서 언급했듯이 우리의 데이터 사본을 우리만이 아니라 다른 모든 사람이 가지고 있다면 가격 협상은 어려워진다. 우리의 개인 데이터를 최대한 활용하려면 유능한 승무원과 비교적 평온한 바다의 조합이 필요하다.

가장 중요한 점은 바다가 아직 험하더라도 유능한 선원은 반드시 필요하다는 것이다. 사실은 날이 험해서 혼자 배를 몰아서는 항해가 잘 끝날 것 같지 않을 때야말로 유능한 선원이 가장 절실히 필요하다.

미국인 대부분은 현재 자신의 데이터를 소유하고 있지 않다. 만약 당신이 자신이 생성한 디지털 발자국의 일부에 접근을 시도한 적이 있다면 그게 얼마나 어려운 일인지(심지어 불가능하기도 하다) 알고 있을 것이다. 미국의 대부분 지역에서 기업은 법적으로 사용자의 개인 데이터를 사용자와 공유할 의무가 없다. 게다가 기업은 사용자에게 알리지 않고도 사용자의 데이터를 사용하고, 공유하고, 제3자에게 유료로 판매할 권리가 있다.(그리고 그 제3자가 다시 사용자의 데이터를 판매해도 합법이다).[2]

소비자는 유리한 입장에 있지 않다. 각자 알아서 해야 하는 조건에서 우리에게는 아무런 힘이 없다. 아무도 우리의 전화를 받아서 불만과 요구를 들어주지 않을 것이다. 하지만 이제 전문 변호사가 대리하는 조합원 수백만 명에게 전화를 받는다고 상상해 보라. 분명히 누군가는 귀를 기울일 것이다.

나가는 말

통제권을 회복할 희망이 있다

개인 데이터를 더 잘 관리할 방법을 찾는 일은 앞으로 몇 년, 몇십 년 동안 매우 중요할 것이다. 내가 이 책에서 설명한 내용은 빙산의 일각에 불과하다. 기술은 광속으로 진화하고 있다. 우리가 생성하는 데이터의 양이 늘어날 뿐 아니라 데이터를 분석하는 방법도 점점 정교해지고 있기 때문에 현재의 접근법을 재고해야 한다. 머지않아 우리 혈액 속에 마이크로봇이 들어가서 몸의 이상 징후나 질병을 지속적으로 스캔하고, 우리가 보는 것을 스마트 콘택트렌즈가 포착해서 우리 시야를 초개인화하고, 뇌에 이식된 칩이 우리 생각을 읽을 뿐 아니라 변화시킬지도 모른다.

공상과학 소설처럼 들린다고? 그렇지 않다. 마이크로봇과 스마트 렌즈는 이미 주류가 되기만을 기다리는 현실이다. 그리고 뇌 속의 칩도 먼 미래 일이 아니다. 신경과학자들은 뇌의 언어를 점점 많이 이해하고 있으며 그 언어를 구사하기도 한다. 그들은 사람의 생각을 화면에 투사하는 방법을 발견했으며 뇌의 배선을 변화시키는 다양한 방법을 연구하고 있다.[1]

이런 연구 중 일부는 학교나 연구소에서 이루어지지만, 대부분은 강력한 민간 기업들의 후원을 받아 진행된다. 민간 기업들은 과학적 발견만이 아니라 기술의 상업화에 관심을 보인다. 그 선두에 서 있는 사람이 일론 머스크다. 그의 회사인 뉴럴링크는 그런 미래를 향해 끊임없이 나아가고 있다.[2]

제3자가 더는 디지털 발자국을 통한 심리 추론에 의존하지 않고도 우리의 가장 비밀스러운 금고에 보관된 자료에 직접 접근할 수 있는 세상과 비교하면, 이 책에 소개된 내용들은 모두 사소한 것이 된다.

그런 세상이 오면 우리는 인간의 정신에 대해 과거 어느 때보다 많은 지식을 얻고, 개인과 사회의 건강과 웰빙을 지원할 새로운 기회를 창출할 것이다. 예방적 건강관리가 어떻게 이뤄질지 한번 상상해 보라. 의사가 질병을 진단하기 훨씬 전에 우리 혈액 속 마이크로봇이 암의 초기 징후를 감지한다면? 망막에 직접 투사된 정보로 물리적 세계를 증강해 우리의 호기심을 자극하고 경외심을 불러일으킨다면? 또는 다른 사람의 디지털 신발을 신어보는 것을 넘어 그들의 실제 경험을 우리 뇌에 재현할 수 있다면?

한편으로 우리는 인간을 인간답게 하는 토대를 위협하는 전례 없는 도전에 직면할 것이다. 만약 제3자가 원하는 방향의 현실을 우리의 망막에 투영하는 것을 허용한다면, 우리는 주변 세계를 향한 집단적 믿음의 토대를 어떻게 유지할 수 있을까? 그리고 타인이 우리 뇌에 직접 접근하는 것을 허용한다면, 우리는 어떤 생각이 어디에서 비롯됐는지 어떻게 알 수 있을까? 그게 진짜로 우리의 생각인지 아닌지는 어떻게 판단할까? 지난 10년 동안 디지털 생태계가 차별과 양극화, 반향실과 가짜 정보를 증폭한다는 우려가 커졌다. 현재 추세가 계속된다면 우리가 알고 있는 사회는 향후 수십 년 내에 붕괴할 가능성이 높다.

동일한 미래의 두 측면에 대한 상상은 현재의 데이터 환경을 재고할 도덕적 의무로 이어진다. 우리에게는 오늘날의 데이터 중심 세계에서 타인과 삶을 공유한다는 것이 무엇인지 정의하는 새로운 사회계약이 필요하다. 하지만 현재의 데이터 환경을 재검토하는 것만으로는 충분하지 않다. 우리는 데이터 환경을 재창조해야 하며, 우리 모두가 참여해야 한다. 개인 데이터를 관리해서 생활비를 벌기 위해서든, 디지털 경제가 만들어낸 힘의 불균형을 참지 못해서든 상관없다. 우리 모두 해야 할 역할이 있다.

내가 제안한 대로 '마을'로 돌아가는 것도 해결책이다. 실제 시골 마을이나 이미 지나간 과거의 모델을 말하는 것이 아니다. 내가 이야기하는 마을은 우리가 과거에 봤던 어떤 마을보다 훨씬 나은 버전이다. 퓌기스하임에서 자라면서 나는 타인을 내 삶에 들어오게 하는 것의 장점과 단점을 모두 경험했다. 나는 장점을 증폭하고 단점을 줄이는 요령을 서서히 익혔지만, 시스템 전체를 바꾼다는 희망을 품지는 못했다. 오늘날 디지털 마을에 살고 있는 우리에게는 그런 희망이 있다. 우리 삶에 대한 통제권을 되찾고 우리 모두에게 이로운 집단 데이터 인프라를 구축할 특별한 기회가 있다.

감사의 말

내 연구에 대해 덜 학문적인 않은 문체로 글을 쓰기 시작했을 때는 책을 출판하려는 의도가 아니었다. 그저 내가 대서양 건너편 수천 킬로미터 떨어진 곳에서 무슨 일을 하는지 친구와 가족들에게 이해시키고 싶었을 뿐이다. 그런데 머지않아 내 생각과 학문적 성과를 대화체로 전달하는 일을 사랑하게 됐다. 그리고 운 좋게도 나를 지지해 주는 공동체가 있었기에 그런 노력이 결실을 맺을 수 있었다.

여기에 언급된 사람들뿐 아니라, 그동안 협업했던 분들과 훌륭한 연구자들 역시 내 생각에 영향을 미치고 이 책 구석구석의 문장들을 더 풍부하게 해주었다. 학자의 삶은 때로는 외롭기도 하지만, 이 책을 집필하면서 내가 지식의 한계를 넘어 인류의 집단적 지혜에 의미 있게 기여하는 공동체의 일원이라는 것이 얼마나 큰 행운

인지 여러 번 느꼈다.

이번 여정을 도와주고 이 책의 페이지에 지혜를 불어넣어준 사람들이 정말 많지만, 제일 먼저 내 출판 대리인이었던 레일라 캄폴리Leila Campoli에게 감사를 전하고 싶다. 당신이 없었으면 이 책도 없었을 거예요. 당신은 처음부터 나와 내 구상을 믿어주고, 우리 부모님을 위한 글을 더 많은 독자(내 바람이다)에게 다가가기 위한 글로 발전시키는 데 필요한 자신감을 주었죠. 당신보다 더 유능하고 친절하고 든든한 대리인은 바랄 수도 없었을 거예요. 당신의 끊임없는 조언과 격려에 감사하는 마음을 영원히 간직할게요.

이 책의 출간을 도와준 편집자 케빈 에버스Kevin Evers와 〈하버드 비즈니스 리뷰〉 편집부 전원에게도 감사 인사를 하고 싶다. 케빈, 이 책에 대한 당신의 열정은 다른 사람들에게도 전염됐어요. 그리고 매력적인 이야기를 찾아내는 당신의 예리한 안목 덕택에 이 책이 훨씬 더 재미있는 책이 됐지요.

이 책에 언급된 논문들의 공동 집필자인 내 뛰어난 학생들, 동료들, 스승들이 없었다면 이 책에 소개된 연구 중 어떤 것도 가능하지 않았을 것이다. 당신은 탁월한 학자이고 진정한 친구다. 우리가 서로의 집 부엌, 도서관, 커피숍, 공원, 사무실 등 다양한 장소에서 함께 일하며 보낸 수많은 시간은 내 인생에서 가장 영감 넘치고 행복했던 순간으로 기억될 것이다.

내 공동 집필자들(가나다순)에게 특별한 감사를 표한다. 가브리엘라 하라리, 기디온 네이브Gideon Nave, 데이비드 스틸웰, 로버트 파로크니아, 루스 아펠Ruth Appel, 미할 코신스키, 마르턴 보스Maarten Bos, 모런 서프Moran Cerf, 베스 포포프Vess Popov, 브라이언 크롤Brian

Croll, 브랜든 프라이베르크Brandon Freiberg, 잔드리네 밀러, 샘 고슬링, 서머 베이드Sumer Vaid, 애셔 로슨Asher Lawson, 애슐리 마틴Ashley Martin, 앤디 슈워츠, 에리카 베일리Erica Bailey, 요요 우, 제이슨 렌트프로Jason Rentfrow, 제이크 티니Jake Teeny, 조 글래드스톤, 토비아스 에버트Tobias Ebert, 프리드리히 괴츠Friedrich Goetz, 하인리히 페터스. 당신들 모두 대단해요!

 컬럼비아대학교 경영대학원의 동료들과 학생들에게도 깊은 감사를 전한다. 지난 7년 동안 당신들은 내 가족이 됐다. 집처럼 편안한 곳에서 내가 좋아하는 일을 찾은 나는 세상에서 가장 운 좋은 사람이다. 계산행동과학 연구실의 모든 전현직 구성원에게, 특히 연구실 실장으로서 큰 도움을 준 김민희에게 특별한 인사를 전하고 싶다. 당신이 학계의 차세대 사상가이자 교육자가 되어가는 과정에 함께할 수 있어서 큰 영광이다. 모두에게 감사합니다!

 가족에게 하는 인사도 중요하다. 아들 벤, 어머니와 아버지, 동생네 가족, 시댁 식구들의 조건 없는 사랑과 지원에 감사한다. 항상 내게 별이 아무리 멀리 있는 것처럼 보여도 별을 따라 가라는 격려를 해준 가족들! 그들이 없었다면 지금의 나도 없었다. 당신들이 무조건 저를 지지했기 때문에 믿음의 도약이 가능했습니다. 당신들을 위해 이 책을 쓰기 시작했고, 당신들이 이 책이 인쇄되어 나온 것을 보고 뿌듯해 하며 당신들을 향한 저의 사랑을 느끼시길 바랍니다.

 마지막으로 인생의 동반자이자 공범자인 모런 서프에게 감사의 말을 하고 싶다. 당신은 내게 가장 큰 영감을 주는 사람이고, 무엇이든 터놓을 수 있는 친구이고, 최고의 코미디언이에요. 당신의 존재는 지극히 평범한 경험도 잊을 수 없는 모험으로 바꿔주지요. 당신이 매일 나를 더 나은 사람으로 만들어준다는 이야기도 빼놓을 수 없겠네요.

부록 A

당신의 5대 성격 프로필을 파악하는 것으로 시작하자.[1] 먼저 자신에 대한 몇 가지 질문에 답해야 한다. 다음 표에는 당신에게 각기 다른 정도로 해당할 성격 특성들이 수록되어 있다. 일부는 당신이 바라보는 자신과 매우 비슷할 것이고 일부는 거리가 있을 것이다. 정답이나 오답은 없다. 테스트의 유일한 목적은 당신 자신의 성격 프로필을 알아보는 것이다.

너무 많이 고민할 필요는 없다. 가장 먼저 떠오르는 답변이 제일 좋다. 각 문항 옆의 빈칸에 당신이 생각하는 자신의 성격을 가장 잘 나타내는 숫자를 표시하라.

완전히 불일치한다	대체로 불일치한다	조금 불일치한다	보통이다	조금 일치한다	대체로 일치한다	아주 많이 일치한다
1	2	3	4	5	6	7

내가 생각했을 때 나는…

1. _____ 외향적이고 열정적이다

2. _____ 비판적이고 다툼을 잘 일으킨다

3. _____ 책임감과 자제력이 강하다

4. _____ 자주 불안해하고, 화를 잘 낸다

5. _____ 새로운 경험에 열려 있고, 다면적이다

6. _____ 침착하고 조용하다

7. _____ 따뜻하고 온정적이다

8. _____ 산만하고 부주의하다

9. _____ 정서가 안정되어 있고, 평온하다

10. _____ 보수적이고, 창의적이지 않다

출처: 새뮤얼 D. 고슬링 Samuel D. Gosling, 피터 J. 렌트프로 Peter J. Rentfrow, 윌리엄 B. 스완 Jr. William B. Swann Jr, "아주 간단한 5대 성격 영역 측정법", 〈성격 연구 저널〉(2003), 제37권, 504~528쪽.

　　빈칸을 다 채웠다면 점수를 매겨보자. 다섯 가지 성격 특성 각각에 대해 문항이 두 개씩이다. 만약 당신의 점수가 1번 문항에서 5점, 6번 문항에서 2점이라면 외향성 점수는 5 + (8 − 2) = 11점이 된다. 다음 공식은 어떤 문항이 어떤 특성에 속하는지 보여준다.

개방성 = 5번 문항 점수 (8 − 10번 문항 점수)

성실성 = 3번 문항 점수 (8 − 8번 문항 점수)

외향성 = 1번 문항 점수 (8 – 6번 문항 점수)

우호성 = 7번 문항 점수 (8 - 2번 문항 점수)

불안정성 = 4번 문항 점수 (8 - 9번 문항 점수)

점수가 나왔다고? 좋다! 하지만 잠깐, 외향성 점수가 5.5점이라는 것은 무엇을 의미할까? 5.5는 높은 점수일까, 낮은 점수일까? 방금 당신이 계산한 점수는 맥락 없이는 큰 의미가 없다. 당신의 점수를 이해하려면 다른 사람들(이때에는 이전에 같은 테스트를 했던 수천 명)의 점수와 비교해야 한다.

그림 A-1에 각 특성의 평균과 함께 당신의 점수가 극단에 얼마나 가까운지 표시했다. 당신이 집계한 점수를 그래프에 십자 표시로 옮길 수도 있다(더 자세한 프로필을 원한다면 우리의 성격 테스트 전용 페이지 www.mindmasters.ai/mypersonality)에서 테스트를 해보라.

그림 A-1 | 5대 성격 특성 평균 점수

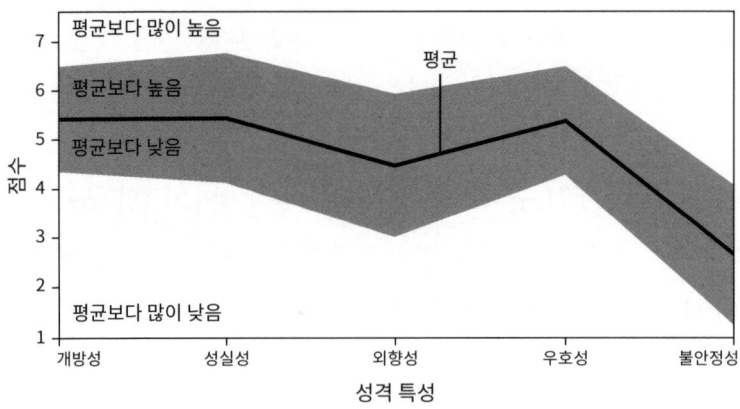

출처: 새뮤얼 D. 고슬링, 피터 J. 렌트프로, 윌리엄 B. 스완 Jr., "아주 간단한 5대 성격 영역 측정법", 〈성격 연구 저널〉 제37권(2003): 504~528쪽.

부록 B

책의 본문에서는 페이스북 '좋아요' 및 상태 업데이트가 5대 성격 특성과 어떤 관계인지 모두 다루지는 못했다. 5대 성격 특성 중 빠진 부분은 여기 수록되어 있다. 표 B-1에는 각 성격 특성과 연관된 페이스북 '좋아요'가 나열되어 있으며, 그림 B-1은 사람들의 페이스북 상태 업데이트에서 동일한 특성을 나타내는 단어를 보여준다. 2장에서 외향성 및 우호성과 연관되는 '좋아요' 목록과 워드 클라우드를 소개한 것과 마찬가지로, 여기서는 개방성, 성실성, 불안정성과 연관되는 목록을 보여준다. 이 목록들은 사람들의 온라인 행동과 심리적 특성의 관계가 얼마나 직관적인지 보여준다.

그림 B-1 | 개방성, 성실성, 불안정성과 연관된 페이스북 '좋아요'

성격 특성	낮음	높음
개방성	NASCAR[i]	시인 오스카 와일드
	미식축구 선수 오스틴 콜리 Austin Collie	시인 찰스 부코스키 Charles Bukowski
	장모님, 시어머니	레오나르도 다빈치
	나는 책을 읽지 않아요	바우하우스 Bauhaus[ii]
	가수 저스틴 무어 Justin Moor	다큐멘터리 〈DMT: 영혼의 분자〉
	ESPN2[iii]	판타지 드라마 〈아메리칸 갓 American Gods〉
	다큐멘터리 〈팜랜디아 Farmlandia〉	컬트 영화감독 존 워터스 John Waters
	〈독신자들 The Bachelor〉	플라톤
	〈틴맘 Teen Mom 2〉	가수 레너드 코언 Leonard Cohen
성실성	영화감독 웨스 앤더슨 Wes Anderson	법률집행관
	《강도들의 나라 Bandit Nation》	미국 연방사법부
	온라인 채팅 플랫폼 오메글 Omegle	여행 가격 비교 사이트 로페어 닷컴 Lowfares.com
	보컬로이드 Vocaloid	회계
	연쇄살인범	포스퀘어
	스크리모 Screamo 음악	응급의료 서비스
	일본 애니메이션	정장 차림
	《뱀플릿 Vamplets》	카플란대학교
	뚱뚱한 사람들의 모임 Join If Ur Fat	군수품 제작 기업 글록 Glock Inc
	《죽지 않아 Not Dying》	마이캘린더 2010

i   National Association for Stock Car Auto Racing의 약어로, 전미 스톡 자동차 경주협회를 말한다.
ii   근대 독일의 시각, 조형 예술학교.
iii 미국의 다국적 유료 텔레비전 네트워크.

	경영학	내가 싫을 때가 있어요
	돈 벌기	이모 Emo 음악
	파쿠르 스포츠	〈처음 만나는 자유 Girl Interrupted〉[iv]
	육상경기	〈소 소 해피 SO SO Happy〉[v]
	스카이다이빙	〈아담스 패밀리〉[vi]
불안정성	산악자전거	보컬로이드
	축구	식스빌리언시크릿닷컴 Sixbillionsecrets.com[vii]
	클라이밍	록 밴드 뱀파이어스 에브리웨어 Vampires Everywhere
	물리학, 공학	가수 커트 코베인 Kurt Donald Cobain
	《권력의 법칙》	록 밴드 닷닷커브 Dot Dot Curve

---

iv 1960년대 경계성 성격장애가 있는 수잔나 케이슨 Susanna Kaysen의 자전적 회고록을 바탕으로 한 영화.
v 미국 애니메이션 〈데비 앤 프렌즈 Debbie and Friends〉에 나오는 경쾌한 OST.
vi 고딕 호러풍의 우울하고 비일상적인 가족 이야기를 담은 미국의 애니메이션.
vii 사람들이 은밀한 생각이나 꿈을 공유하는 웹사이트.

그림 B-1 | 사람들의 페이스북 상태 업데이트에 등장한 단어 중에서 개방성, 성실성, 불안정성과 상관관계가 강한 단어들

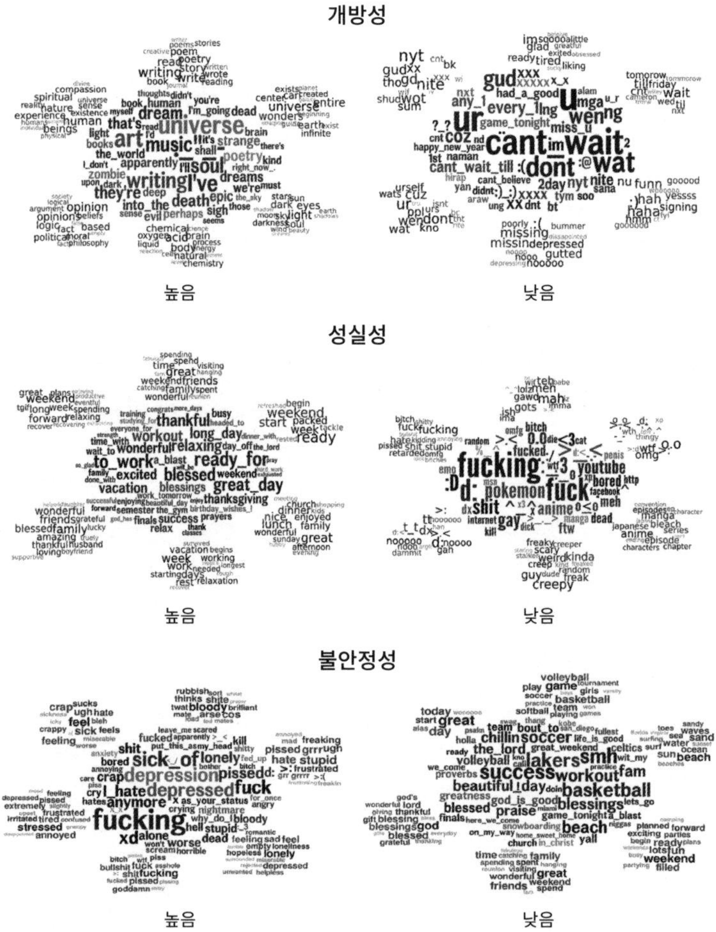

개방성

높음 / 낮음

성실성

높음 / 낮음

불안정성

높음 / 낮음

QR 코드를 스캔하면 워드 클라우드를 컬러로 볼 수 있다.

출처: H. 앤드루 슈워츠 등., "개방-단어 방법으로 분석한 소셜 미디어 언어의 성격, 젠더, 연령별 특징", <플로스 원> 제8권, 9호(2013): e73791, https://doi.org/10.1371/journal.pone.0073791. https://creativecommons.org/licenses/by/4.0/로 접속함.

주

들어가는 말: 심리 타깃팅을 역이용하라

1. Michael Reilly, "Is Facebook Targeting Ads at Sad Teens?", *MIT Technology Review*, May 1, 2017, https://www.technologyreview.com/2017/05/01/105987/is-facebook-targeting-ads-at-sad-teens.
2. Melvin Kranzberg, "Technology and History: 'Kranzberg's Laws'", *Technology and Culture* 27, no. 3 (July 1986): 544–560.

1장 SNS에 남긴 '좋아요'로 성격을 알 수 있을까?

1. "Data Never Sleeps", DOMO, 2018, https://www.domo.com/solution/data-never-sleeps-6.
2. Youyou Wu, Michal Kosinski, and David Stillwell, "Computer-based Personality Judgments Are More Accurate Than Those Made by Humans", *Proceedings of the National Academy of Sciences* 112, no. 4 (2015): 1,036–1,040.
3. Gerald Matthews, Ian J. Deary, and Martha C. Whiteman, *Personality Traits* (Cambridge, UK: Cambridge University Press, 2003).

2장 데이터는 정체성을 사냥하는 완벽한 장소다

1. Diana I. Tamir and Jason P. Mitchell, "Disclosing Information about the Self Is Intrinsically Rewarding", *Proceedings of the National Academy of Sciences* 109, no. 21 (2012): 8,038–8,043.
2. Mor Naaman, Jeffrey Boase, and Chih-Hui Lai, "Is It Really about Me? Message Content in Social Awareness Streams", *Proceedings of the 2010 ACM Conference on Computer Supported Cooperative Work*, February 2010, 189–192.

3. Mitja D. Back et al., "Facebook Profiles Reflect Actual Personality, not Self-Idealization", *Psychological Science* 21, no. 3 (2010): 372–374.
4. Yoko Akiyoshi, "Retired Japanese Police Officer Sets New Hello Kitty Record", NBC News, July 4, 2017, https://www.nbcnews.com/news/world/retired-japanese-police-officer-sets-new-hello-kitty-record-n779476.
5. Michal Kosinski, David Stillwell, and Thore Graepel, "Private Traits and Attributes Are Predictable from Digital records of Human Behavior", *Proceedings of the National Academy of Sciences* 110, no. 15 (2013): 5,802–5,805.
6. 제임스 W. 페니베이커, 《단어의 사생활》(사이, 2024)
7. Allison M. Tackman et al., "Depression, Negative Emotionality, and Self-referential Language: A Multi-lab, Multi-measure, and Multi-language-task Research Synthesis", *Journal of Personality and Social Psychology* 116, no. 5 (2019): 817.
8. Johannes C. Eichstaedt et al., "Facebook Language Predicts Depression in Medical Records", *Proceedings of the National Academy of Sciences* 115, no. 44 (2018): 11,203–11,208.
9. Jonathan Timm, "When the Boss Says 'Don't Tell Your Coworkers How Much You Get Paid'", *Atlantic*, July 15, 2014, https://www.theatlantic.com/business/archive/2014/07/when-the-boss-says-dont-tell-your-coworkers-how-much-you-get-paid/374467/.
10. Sandra C. Matz et al., "Predicting Individual-level Income from Facebook Profiles", *PloS One* 14, no. 3 (2019): e0214369.
11. Cristina Segalin et al., "The Pictures We Like Are Our Image: Continuous Mapping of Favorite Pictures into Self-assessed and Attributed Personality Traits", *IEEE Transactions on Affective Computing* 8, no. 2 (2016): 268–285.
12. Yilun Wang and Michal Kosinski, "Deep Neural Networks Are More Accurate Than Humans at Detecting Sexual Orientation from Facial Images", *Journal of Personality and Social Psychology* 114, no. 2 (2018): 246.
13. Aaron W. Lukaszewski and James R. Roney, "The Origins of Extraversion: Joint Effects of Facultative Calibration and Genetic Polymorphism", *Personality and Social Psychology Bulletin* 37 (2011): 409–421.

3장 우리가 남긴 디지털 발자국을 추적하는 자들

1. 샘 고슬링, 《스눕》(한국경제신문사, 2010)
2. 세스 스티븐스 다비도위츠, 《모두 거짓말을 한다》(더퀘스트, 2022)

3. Laokoon, *Made to Measure: A Digital Search for Traces*, 2020, https://www.madetomeasure.online/en/.
4. Yves-Alexandre de Montjoye et al., "Unique in the Shopping Mall: On the Reidentifiability of Credit Card Metadata", *Science* 347, no. 6221 (2015): 536–539.
5. Joe J. Gladstone, Sandra C. Matz, and Alain Lemaire, "Can Psychological Traits Be Inferred from Spending? Evidence from Transaction Data", *Psychological Science* 30, no. 7 (2019): 1,087–1,096.
6. Jessie London, "How Jaila Gladden's iPhone Saved Her Life", Medium, January 21, 2021, https://jessielondon.medium.com/how-jaila-gladdens-iphone-saved-her-life-48d0c285d147.
7. Shiri Melumad and Michel Tuan Pham, "The Smartphone as a Pacifying Technology", *Journal of Consumer Research* 47, no. 2 (2020): 237–255.
8. Clemens Stachl et al., "Predicting Personality from Patterns of Behavior Collected with Smartphones", *Proceedings of the National Academy of Sciences* 117, no. 30 (2020): 17680–17,687.
9. Sandrine R. Muller et al., "Depression Predictions from GPS-based Mobility Do Not Generalize Well to Large Demographically Heterogeneous Samples," *Scientific Reports* 11, no. 1 (2021): 14,007.

4장 배고플 때는 성격도 달라진다

1. William Fleeson, "Toward a Structure-and Process-Integrated View of Personality: Traits as Density Distributions of States", *Journal of Personality and Social Psychology* 80, no. 6 (2001): 1,011.
2. Robert E. Wilson, Renee J. Thompson, and Simine Vazire, "Are Fluctuations in Personality States More Than Fluctuations in Affect?", *Journal of Research in Personality* 69 (2017): 110–123.
3. Sandra C. Matz and Gabriella M. Harari, "Personality-Place Transactions: Mapping the Relationships between Big Five Personality Traits, States, and Daily Places", *Journal of Personality and Social Psychology* 120, no. 5 (2021): 1,367.
4. Andrew B. Blake et al., "Wearable Cameras, Machine Vision, and Big Data Analytics: Insights into People and the Places They Go", In *Big Data in Psychological Research*, S. E. Woo, L. Tay, and R. W. Proctor, eds., (Washington, DC: American Psychological Association,

2020), 125–143.

5. John F. Rauthmann et al., "The Situational Eight DIAMONDS: A Taxonomy of Major Dimensions of Situation Characteristics", *Journal of Personality and Social Psychology* 107, no. 4 (2014): 677.

6. Ramona Schoedel et al., "Snapshots of Daily Life: Situations Investigated through the Lens of Smartphone Sensing", *Journal of Personality and Social Psychology* 125, no. 6 (2023): 1,442–1,471.

7. Heinrich Peters and Sandra Matz, "Large Language Models Can Infer Psychological Dispositions of Social Media Users", *PNAS Nexus* 3, no. 6 (2024), https://academic.oup.com/pnasnexus/article/3/6/pgae231/7692212.

5장 알고리즘으로 어디까지 조종할 수 있을까?

1. Hannes Grassegger and Mikael Krogerus, "Ich habe nur gezeigt, dass es die Bombe gibt (I Just Showed That the Bomb Exists)", *TA International*, March 20, 2018, https://www.tagesanzeiger.ch/ich-habe-nur-gezeigt-dass-es-die-bombe-gibt-652492646668.

2. Hannes Grassegger and Mikael Krogerus, "The Data That Turned the World Upside Down", Motherboard, January 28, 2017, https://www.vice.com/en/article/mg9vvn/how-our-likes-helped-trump-win.

3. Harry Davies, "Ted Cruz Using Firm That Harvested Data on Millions of Unwitting Facebook Users", *Guardian*, December 11, 2015, https://www.theguardian.com/us-news/2015/dec/11/senator-ted-cruz-president-campaign-facebook-user-data.

4. Michal Kosinski, David Stillwell, and Thore Graepel, "Private Traits and Attributes Are Predictable from Digital Records of Human Behavior", *Proceedings of the National Academy of Sciences* 110, no. 15 (2013): 5,802–5,805.

5. "Hilton Launches Holiday Matchmaking App", Breaking Travel News, July 14, 2015, https://www.breakingtravelnews.com/news/article/hilton-launches-holiday-matchmaking-app/.

6. Sidney J. Levy, "Symbols for Sale", *Harvard Business Review*, July–August 1959, 117–124.

7. Sandra C. Matz et al., "Psychological Targeting as an Effective Approach to Digital Mass Persuasion", *Proceedings of the National Academy of Sciences* 114, no. 48 (2017): 12,714–12,719.

8. Sandra C. Matz et al., "Predicting the Personal Appeal of Marketing Images Using

Computational Methods", *Journal of Consumer Psychology* 29, no. 3 (2019): 370–390.

9. 인용문은 저자가 챗GPT에 "외향적이고 열정적인 사람을 위한 아이폰 광고 문구를 작성해 줘"라고 명령해서 얻은 답변이다. 2023년 3월 25일, 오픈AI의 GPT-3 모델을 사용했다.

10. Sandra Matz et al., "The Potential of Generative AI for Personalized Persuasion at Scale", *Scientific Reports* 14, no. 1 (2023): 4,692.

11. Jonathan Haidt and Craig Joseph, "The Moral Mind: How Five Sets of Innate Intuitions Guide the Development of Many Culture-specific Virtues, and Perhaps Even Modules", *The Innate Mind* 3 (2007): 367–391.

12. Jesse Graham, Jonathan Haidt, and Brian A. Nosek, "Liberals and Conservatives Rely on Different Sets of Moral Foundations", *Journal of Personality and Social Psychology* 96, no. 5 (2009): 1,029.

13. Matthew Feinberg and Robb Willer, "Moral Reframing: A Technique for Effective and Persuasive Communication across Political Divides", *Social and Personality Psychology Compass* 13, no. 12 (2019): e12501.

14. Feinberg and Willer, "Moral Reframing"; Matz, et al., "Predicting the Personal Appeal of Marketing Images".

15. Jennifer Nancy Lee Allen, Duncan J. Watts, and David Rand, "Quantifying the Impact of Misinformation and Vaccine-Skeptical Content on Facebook", PsyArXiv, September 9, 2023, doi:10.31234/osf.io/nwsqa.

6장 심리 타깃팅을 우리에게 유리하게 사용하는 법

1. Sandra C. Matz, Joe J. Gladstone, and David Stillwell, "Money Buys Happiness When Spending Fits Our Personality", *Psychological Science* 27, no. 5 (2016): 715–725.

2. Ann Carrns, "Even in Strong Economy, Most Families Don't Have Enough Emergency Savings", *New York Times*, October 25, 2019, https://www.nytimes.com/2019/10/25/your-money/emergency-savings.html.

3. 센딜 멀레이너선·엘다 샤퍼, 《결핍은 우리를 어떻게 변화시키는가》(빌리버튼, 2025)

4. Carrns, "Even in Strong Economy, Most Families Don't Have Enough Emergency Savings".

5. Sandra C. Matz, and Joe J. Gladstone, "Nice Guys Finish Last: When and Why Agreeableness Is Associated with Economic Hardship", *Journal of Personality and Social*

Psychology 118, no. 3 (2020): 545.

6. Sandra C. Matz, Joe J. Gladstone, and Robert A. Farrokhnia, "Leveraging Psychological Fit to Encourage Saving Behavior", *American Psychologist* 78, no. 7 (2023): 901–917.

7. 저작권자인 미국심리학협회의 허락을 받아 재작성했다. Sandra C. Matz, Joe J. Gladstone, and Robert A. Farrokhnia, "Leveraging Psychological Fit to Encourage Saving Behavior", *American Psychologist* 78, no. 7 (2023): 901–917.

8. 챗GPT가 널리 알려지기도 전에 이런 캠페인을 진행한 세이버라이프의 기획팀에게 항상 감사하고 또 감탄한다.

9. Sam Levin, "Facebook Told Advertisers It Can Identify Teens Feeling 'Insecure' and 'Worthless,'" *Guardian*, May 1, 2017, https://www.theguardian.com/technology/2017/may/01/facebook-advertising-data-insecure-teens.

10. Sung Jun Park et al., "New Paradigm for Tumor Theranostic Methodology Using Bacteria-based Microrobot", *Scientific Reports* 3, no. 1 (2013): 3,394.

11. Robert Lewis et al., "Can a Recommender System Support Treatment Personalisation in Digital Mental Health Therapy? A Quantitative Feasibility Assessment Using Data from a Behavioural Activation Therapy App", in *CHI Conference on Human Factors in Computing Systems Extended Abstracts* (2022), 1–8.

12. Yuki Nogucki, "Therapy by Chatbot? The Promise and Challenges in Using AI for Mental Health", *Shots*, NPR, January 19, 2023, https://www.npr.org/sections/health-shots/2023/01/19/1147081115/therapy-by-chatbot-the-promise-and-challenges-in-using-ai-for-mental-health.

13. Nick Zagorski, "Popularity of Mental Health Chatbots Grows", *Psychiatric News* 57, no. 5 (2022), https://psychnews.psychiatryonline.org/doi/10.1176/appi.pn.2022.05.4.50.14. Eli J. Finkel et al., "Political Sectarianism in America", Science 370, no. 6516 (2020): 533–536.

15. Thomas H. Costello, Gordon Pennycook, and David Rand, "Durably Reducing Conspiracy Beliefs through Dialogues with AI", PsyArXiv, April 3, 2024, doi:10.31234/osf.io/xcwdn.

7장 개인정보는 어떻게 차별과 통제의 먹이가 되는가

1. Paul Mozur, Muyi Xiao, and John Liu, "'An Invisible Cage': How China Is Policing the Future", *New York Times*, June 25, 2022, https://www.nytimes.com/2022/06/25/technology/china-surveillance-police.html.

2. Paul Mozur, Muyi Xiao, and John Liu, "An Invisible Cage'".
3. "Sun on Privacy: 'Get Over It,'" *Wired*, January 26, 1999, https://www.wired.com/1999/01/sun-on-privacy-get-over-it/.
4. Eileen Guo, "A Roomba Recorded a Woman on the Toilet. How Did Screenshots End Up on Facebook?", *MIT Technology Review*, December 19, 2022, https://www.technologyreview.com/2022/12/19/1065306/roomba-irobot-robot-vacuums-artificial-intelligence-training-data-privacy/.
5. Amanda Reill, "A Simple Way to Make Better Decisions", hbr.org, December 6, 2023, https://hbr.org/2023/12/a-simple-way-to-make-better-decisions.

8장 모두가 개인정보를 보호하기에는 너무 바쁘다

1. Chris Jay Hoofnagle and Jennifer M. Urban, "Alan Westin's Privacy Homo Economicus", *Wake Forest Law Review* 49 (2014): 261.
2. Azim Shariff, Joe Green, and William Jettinghoff, "The Privacy Mismatch: Evolved Intuitions in a Digital World", *Current Directions in Psychological Science* 30, no. 2 (2021): 159–166.
3. Alessandro Acquisti, Laura Brandimarte, and George Loewenstein, "Privacy and Human Behavior in the Age of Information", *Science* 347, no. 6221 (2015): 509–514.

9장 개인정보 보호와 편리한 서비스, 둘 다 잡는 법

1. Eric J. Johnson and Daniel G. Goldstein, "Do Defaults Save Lives?", *Science* 302, no. 5,649 (2003): 1,338–1,339.
2. Aristotle, *The Nicomachian Ethics of Aristotle*, tenth edition, trans. F. H. Peters (London: Kegan Paul, Trench, Trubner and Co., 1906), 289.
3. Alessandro Acquisti, Leslie K. John, and George Loewenstein, "What Is Privacy Worth?", *Journal of Legal Studies* 42, no. 2 (2013): 249–274.
4. Peter Kairouz et al., "Advances and Open Problems in Federated Learning", *Foundations and Trends in Machine Learning* 14, no. 1–2 (2021): 1–210.
5. Cory Doctorow, "Personal Data Is as Hot as Nuclear Waste", *Guardian*, January 15, 2008, https://www.theguardian.com/technology/2008/jan/15/datasecurity.
6. Nina Totenberg, "An Attacker Killed a Judge's Son. Now She Want to Protect Other

Families", NPR, November 20, 2020, https://www.npr.org/2020/11/20/936717194/a-judge-watched-her-son-die-now-she-wants-to-protect-other-judicial-families.

7. The Daniel Anderl Judicial Security and Privacy Act, The Courts and Congress Annual Report 2022, https://www.uscourts.gov/statistics-reports/courts-and-congress-annual-report-2022.

8. 로저 맥나미,《마크 저커버그의 배신》(에이콘출판, 2020)

10장 개인정보 권력을 되찾으려고 모인 동맹군들

1. Alex Pentland and Thomas Hardjono, "Data Cooperatives", in *Building the New Economy* (Cambridge, MA: MIT Press, 2020), https://wip.mitpress.mit.edu/pub/pnxgvubq/release/2.

2. Thorin Klosowski, "The State of Consumer Data Privacy Laws in the US (And Why It Matters)", Wirecutter, *New York Times*, September 6, 2021, https://www.nytimes.com/wirecutter/blog/state-of-privacy-laws-in-us/.

나가는 말: 통제권을 회복할 희망이 있다

1. Moran Cerf et al., "On-line, Voluntary Control of Human Temporal Lobe Neurons", *Nature* 467, no. 7319 (2010): 1,104–1,108.

2. Daniel Gilbert, "The Race to Beat Elon Musk to Put Chips in People's Brains", *Washington Post*, March 3, 2023, https://www.washingtonpost.com/business/2023/03/03/brain-chips-paradromics-synchron/.

부록 A

1. Samuel D. Gosling, Peter J. Rentfrow, and William B. Swann Jr., "A Very Brief Measure of the Big Five Personality Domains", *Journal of Research in Personality* 37 (2003): 504–528.

찾아보기

ㄱ

가가, 레이디 44~45, 47, 64
가속도계 105~107
가짜 정보 269
갤러웨이, 스콧 249
건강
　개선 137, 260
　맞춤형 건강 데이터 추적 169
　맞춤형 건강관리 169
　맞춤형 정신 건강 치료 171
　예방적 건강관리 268
게임화 172
고슬링, 샘 92
골상학 78~79, 81
관성 234~235
관심 253, 259, 268
구글
　거리뷰 126
　스마트 렌즈 128, 267
　지도 93, 103, 122, 195~196,

　237, 247
국립경찰대학교, 중국 192
군지, 마사오 54, 144
권력 86, 155, 251, 263~264
규제 11~12, 223, 227, 230, 243,
　248~250, 265
균형 12
그라세거, 하네스 134
그레펠, 토레 59, 60, 62
그레이슨, 서맨사 120
글래드스톤, 조 100, 165
글래든, 자일라 103
기술
　낙관론자 22
　비관론자 22
기울어진 뉴스 153~154
기타 웨어러블 기기 110
기후변화 150

ㄴ

ㄴ

나치 78, 175, 200
내향성 66~67, 113, 118~119,
　　　143~144
넷플릭스 113, 116, 118, 172, 184,
　　　195, 239
노구치, 유키 174
노동조합 264
뇌
　　　두뇌용 칩 인터페이스 128
　　　쾌락중추 52
뉴럴링크 128, 268

ㄷ

다발성경화증 260~262
다비도위츠, 세스 스티븐스 94, 96
다시, 앨리슨 180
다이아몬드 체계 123
닥터로우, 코리 242
당파주의 188
대출 상환금 162
대통령 선거 25, 134, 136,
　　　152~153, 210
데이터
　　　개인 데이터 삭제 232
　　　맥나미의 제7법칙 246

브로커 231, 233, 243,
　　　245~246
생태계 23, 223, 226
소유권 216, 265
올바른 통로 열기 231
프라이버시에 대한 우려 198
현금화 258
데이터 협동조합 설립의 가능성
　　　263
도덕적 재구성 150
도덕적 가치 148~150
등록 옵션 234~235, 237, 241
디지털 문해력 225
디지털 발자국 217, 246, 265
디지털 빵 부스러기 91, 93
디지털 이웃 18
딥러닝 82

ㄹ

레비, 시드니 142
롬브로소, 체사레 78
루이스, 롭 172
룸바 197~198
르메르, 알랭 100~102
림빅 173

ㅁ

마을 생활의 장점과 단점　211
마이크로봇　170, 267
맥닐리, 스콧　193
머스크, 일론　128, 268
머신러닝　19, 36~37, 128, 204, 261
머신러닝과 AI　19
메르켈, 앙겔라　44
메시, 리오넬　57
멜루마드, 시리　104
몽조이, 이브 알렉상드르 드　98
문, 앨리스　33
뮐러, 잔드리네　110
미국 연방대법원 판결　201
미데이터　258~261
미프리즘　233
밀리건, 빌리　115~116

ㅂ

바이든, 조　243
박, 석호　171
반독점법　247~249
벨시스템　249
뱀, 카일　202
병아리 성 감별　37~38

부시, 조지 W.　136
분위기　77, 97, 125, 142~143, 146, 176, 184
불확실성　225, 255
뷰티 소매업체　141
뷰티 제품　141~143
블루투스 센서　105~106

ㅅ

사진　25, 76~79, 82~85, 87, 126, 168, 199
사회경제적 지위　72, 96
사회계약　29, 269
사회인구학적 타깃팅　139
살라스, 에스더　242
삼성　87, 109, 128, 170
상황
　~의 심리적 의미　125
　~의 심리적 특성　124
　~의 심리학　123
샤리프, 아짐　224
선마이크로시스템스　193
성격
　과학적 성격 모델　41
　얼굴 특징과~　81, 85
　예측 모델　137

초보적인 성격 이론 41
테스트 41~42, 48
성격 프로필 36, 39, 42, 47, 49,
149
성적 취향 25
세갈린, 크리스티나 77
세계보건기구 174
세이버라이프의 100달러 미션 165
섹싱 37~38
센서 19, 34, 88, 93, 105~107,
112, 122, 124, 170
셔먼, 린 123, 125
소득 19, 72
소셜 미디어 19, 39, 49, 52~53,
68~69, 77, 86~88, 96, 170
소유 효과 236
슈워츠, 앤드루 55~56, 66,
68~69
스노든, 에드워드 194, 199
스니커즈 119
스마트 글래스 128
스마트폰 86, 88, 93, 98,
103~110, 112~113, 120, 122,
127, 170, 196, 259
스미스, 에스텔 179
스와시 258

스위프트, 테일러 35, 57, 121
스트레스 42, 46, 95, 119~120,
168, 170~171
스틸웰, 데이비드 59~60, 62
스파이더봇 171
시리 237, 239~240
시행착오 학습 39
신용 협동조합 264
신용카드 19, 25, 35, 77, 87, 93,
97~99, 194, 196, 217
심리 타깃팅
선한 방향의 잠재력 158
~에 동원되는 직관 53
~의 위험 135
~의 힘 22, 151
전통적인~ 209
심리 프로필 26, 76, 96, 135
심장병 137
심층신경망 82

ㅇ
아리스토텔레스 236
아마존웹서비스 249
아벨, 마틴 217
아이로봇 198
아이히슈태트, 요하네스 70, 181

아퀴스티, 알레산드로 236
아폴로 11호 238
알고리즘 128, 204
알리, 추쿠라 175
애리얼리, 댄 232
애플 48, 109, 170, 200, 239~240, 248
앨런, 제니퍼 154
어플라이매직소스 216~218
얼굴 특징 81, 85
연합 학습 238~240, 257
오픈 AI 146
와이사 173, 175, 177~178
와일리, 크리스 135
외향성 42, 44~45, 47, 58~59, 66~67, 80
외향성 상태 117~118
외향성과 연관되는 페이스북 '좋아요' 59
우, 팀 249
우울증 170~171, 174~175, 181
우호성
    대출 상환금을 연체할 가능성 162
운전석 협동조합 258
워드 클라우드 55~56, 65~69, 71~75
워봇 173~174, 177~180
윌러, 롭 150, 186
윌슨, 티모시 103
유퍼 173
윤리 148, 192
음모론 187
음성인식 기술 86, 230
의사결정 편향 236
인과관계 63
인사이트 168~169, 176, 217~218, 220~222
인센티브 구조 250
인스타그램 51, 57, 113, 185, 241, 249
임신중단 94, 135, 184, 186~187, 201

ㅈ

자기 표현 70, 99
자기결정권 28, 201, 230, 233, 237, 263
자제력 42, 65, 101~102
장기 기증 234~235
재무건전성 160, 162~163
전국 농촌 전기 협동조합 협회 263

전국노동관계법 73
정서 불안 48, 205~206
정신 건강 치료 접근성 174
정체성 주장 52, 57, 91~93, 112
정치 참여 153, 158, 182
정치적 주장 148
조도 센서 105, 107
조작 12, 208~209

ㅊ
차별 27, 191~192
첫인상 91, 124
추진력 232
취리히 연방공과대학교 259, 261
취소 옵션 234~235, 237, 250

ㅋ
캄바타, 포루즈 83
캘리포니아 소비자 보호법 223
케임브리지 심리측정 센터 137, 217
케임브리지 애널리티카 25~26, 40, 134, 136, 148, 153, 207, 209~210
코르티솔 수치 추적 171
코스텔로, 토마스 187
코신스키, 미할 58~60, 62, 79, 83~84, 134
콜린스, 조안 119
크로거 103, 202
크로노스 202, 204
크루즈, 테드 134
크리스털노우스 203
클린턴, 힐러리 134

ㅌ
타깃 53~55, 79
태크먼, 앨리슨 70
터보하이어 203
테레사 수녀 45~46
테스토스테론 81, 171
통제권 184, 199, 231~232, 257, 259, 263
투명성 223, 226~227, 263
트럼프, 도널드 134, 207

ㅍ
파로크니아, 로버트 165
파인버그, 매슈 149, 186
페니베이커, 제임스 64, 68
페이스북 134~135, 143~144
펜틀랜드, (샌디) 알렉스 264
벨리스, 카리사 193

편향
  소유 효과 236
  자기중심적 151
포괄적 데이터 보호 규정 222, 232
푀기스하임 251, 253, 269
프라이버시
  ~는 힘이다 193
  설계된~ 233
프로파간다 210
플리슨, 윌리엄 117
플리커 77
피글렛 46~47
피드백 기능 52
피카르, 로절린드 170
피카소, 파블로 43
피타고라스 78

ㅎ
하라리, 가브리엘라 107, 121
하르조노, 토머스 264
하이트, 조너선 148
해리성 정체감 장애 116
핵심 정체성 114, 116, 135~136, 181
행동 변화 21, 232
행동 잔여물 32, 92~93, 104, 108, 112~113
헬로키티 53~54, 144
호혜성 209
홀, 톰 80
홀랜더, 로이 덴 242
홀로코스트 200
환경이 성격에 미치는 영향 122
후프네이글, 크리스 224
힐튼호텔 140~141, 149, 221

기타
5대 성격 특성
  경험에 대한 개방성 42~43
  성실성 42, 44, 92, 101~102, 108, 121, 123
〈가디언〉 134, 146, 242
〈뉴욕타임스〉 191
〈맞춤제작〉 94
〈빌리 밀리건, 24개의 인격을 가진 남자〉 116
〈애틀랜틱〉 73
〈얼굴은 인생의 이야기〉 80
〈오스트레일리언〉 168
〈파이낸셜 타임스〉 35
〈페르소나: 성격 검사의 어두운 진실〉 203

〈포브스〉 161
〈하버드 비즈니스 리뷰〉 142
AT&T 249
GPS 추적 194
MIT 172, 187, 264
MIT 미디어랩 170
OCEAN 모델 42
"그럴 가치가 있다"라는 오류 193,
 195, 198
"나는 숨길 것이 없다"라는 오류
 193, 198
《모두 거짓말을 한다》 94
《알고리즘의 조종》 135
《영구적 기록》 199